教育部人文社会科学重点研究基地基金资助项目

厦门大学宏观经济研究丛书

XIAMEN DAXUE HONGGUAN JINGJI YANJIU CONGSHU

币缘视角下银行体系的低利率现象

——基于美、日等国历史经验的实证研究

The Low Interest Rate of theBbanking System
from the Perspective of Currency Margin

李 杰 尤建强／著

中国财经出版传媒集团

经济科学出版社
Economic Science Press

开篇心语

——写在"厦门大学宏观经济研究丛书"出版之际

● 李文溥 ●

"厦门大学宏观经济研究丛书"是体现教育部人文社会科学重点研究基地——厦门大学宏观经济研究中心研究成果的系列丛书。因此，说丛书，还要先谈厦门大学宏观经济研究中心。

众所周知，长期以来——而且至今仍然——我国宏观经济理论与政策的研究中心在北京，其中道理不言自明。可是，教育部却将其唯一一个命名为宏观经济研究的重点基地布点于地处天涯海角，置身政治经济旋涡之外的厦门大学①，似乎有一点不合情理。

当然，这首先是申请者的意愿：厦门大学经济学院五系一所：经济系、财政系、金融系、统计系、国际经济与贸易系、经济研究所，内含四个国家级重点学科：财政学、统计学、金融学和政治经济学。这些系所及其重点学科，研究的重点领域是政府经济管理实践及相关的经济学理论。在此基础上，申请建立一个研究政府宏观经济管理实践与理论的研究中心，就其本身而言，是一个合理的选择。尽管正如识者所言：政府的宏观经济管理与规范意义上的宏观经济学还有些差别，但是，在既有基础之上，通过组建这个中心，集中一支队伍，研究宏观经济理论及其在中国的政策实践，带动一个有85年悠久历史的学院向适应中国特色社会主义市场经济需要的现代经济学教育和研究体系的转轨，却是申请者的决心和期望。因此，尽管知道还有差距，需要付出的努力多多，仍然义无反顾地做出了这一选择。

现在需要谈另一个方面。对于教育部而言，将宏观经济研究中心设立在哪所大学，显然有着诸多选择的可能，然而，最终选择了看似未必具有地利人和的厦门大学。此刻，愚钝的我只能找出两点理由：

1. 申请者的虔诚之心感动了上帝。自古就有民心即天心之说，作为自始参

---

① 根据教育部人文社会科学重点研究基地的设立规则，尽管在全国各大学设立了百余家文科重点研究基地，但是任何一个重点研究基地的名称都是唯一的。

与这个中心的组建和教育部人文社科重点研究基地申报工作的我认为：厦门大学宏观经济研究中心的申报过程及结果可以作为此说的例证之一。

2. 审时度势，反弹琵琶。显然，在北京等政治经济中心设立宏观经济研究中心，可谓顺风顺水，研究者得以享受诸多便利，研究中心成功的概率自然也大，但是，在中国目前的政府主导型市场经济体制下，身处政治经济中心的研究机构不免受磁场中心的引力影响，也是不争的事实。在这种情况下，外地的研究机构或许因此在人所习见的劣势中显出了一点另类优势。网络时代，各种研究所需要的资讯在通都大邑和偏远小城大体都能同样获得，信息差距不断缩小，因此，尽管劣势还存在，要弥补，还要付出艰苦的努力，但是，在非政治经济中心，研究宏观经济理论与实践的条件，还是基本具备了。而且，远离磁力场，从学术逻辑角度阐发其观点的欲望可能更强，有可能因此形成不同的见解。这对于中国的宏观经济理论发展，以及政策实践而言，未始不是一件好事——这大概是教育部下此决心的依据之一吧。

说了这么多，还都是假说和愿望，到底实绩如何呢？一句老话：实践检验。我们的计划是：这套丛书分文集、专著、研究报告三类出版，以期能够比较全面地反映研究中心的学术活动及其成果。其中，文集与学术活动相联系，主要反映研究中心近期在宏观经济理论与应用方面的探索；专著是研究中心课题研究成果的系统体现；研究报告是在研究中心为社会经济重要决策提供咨询研究的成果中，选择部分兼具出版价值的刊行。我们的设想，得到经济科学出版社的大力支持，慨然提供了舞台，使构想转化为现实，在此先行谢过。

但是，我们最关注的还是真正的上帝——读者。众位读者既是看官又是判官。我们希望你们能关心这套丛书，并给予严格的指正。希望在你们的关心和帮助之下，厦门大学宏观经济研究中心能不负期望，为中国的宏观经济理论的形成与发展，为改善中国特色社会主义市场经济下的宏观经济政策调控略尽绵薄之力。

市场经济是买方市场，酒香不怕巷子深是过去时代的事了。如今的图书市场也是供大于求。开篇伊始，倾吐心语，以期引起注意，虽系未能免俗之举，也是人之常情流露。书有序，大体本意如此。然吾何能，敢为丛书作序！然而，要吸引读者，仅有心愿还是不成的，关键还要做好文章。至于文章是否精彩，就敬请列位指点了。

2006 年 6 月写于厦门大学白城

前 言*

自 2008 年以来，以欧元区、日本、英国、美国为代表的发达国家金融市场纷纷进入低利率时代。在欧元区、瑞士等国家或地区甚至进入负利率。经济学中，实际利率为负尚可以用货币幻觉解释，但名义利率为负在经济史上前所未闻。

尽管美国自 2015 年底启动加息进程，全球经济原则上已进入加息周期。但可以预期，此次利率周期的顶点将低于上次利率周期的顶点。是什么导致低利率的？1982 年以前，通货膨胀是经济学家的噩梦，连美国都不能不顾忌通货膨胀。进入 2000 年以来，发达国家的通货膨胀竟然消失了？日本为通货膨胀率达到 2% 的目标而多年内持续加大货币投放量而不可得。但是，俄罗斯、巴西等发展中国家的通货膨胀依然是政府面临的大难题。这在过去是不可想象的。因为传统的经济学告诉我们，当经济增长停滞，货币增发量与通货膨胀同比例变化。那么中国会不会也陷入低利率陷阱？中国会不会也有一天无论如何增发货币也无法刺激通货膨胀？

此外，美国特朗普总统为什么废除巴黎协定？2003 年，美国入侵伊拉克。许多评论家认为，美国入侵伊拉克是为了控制伊拉克的石油。结果是中国而不是美国收购了许多伊拉克的油田，让不少人大跌眼镜。美国入侵伊拉克的真正目的是什么？

如果将视野放长远些，苏联冷战为什么失败？布雷顿森林体系解体的真正原因是什么？美国目前为什么陷入危机？特朗普总统政策最本质的地方是什么？

以上问题看似之间完全没有联系，且用传统经济学、传统地缘政治理论根本无法回答。

---

* 本书获教育部哲学社会科学重大课题攻关项目："地方债发行机制与监管研究"（项目批准号：14JZD011）资助。

运用王湘穗、乔良等近年提出的币缘理论能够从新的视角回答上述问题。在1971年以前，地缘政治是政治家制定各项政策的主要理论依据，在1971年以后，币缘政治是政治家制定各项政策的主要理论依据。

布雷顿森林体系运行期间，虽然西欧各国家经济从战后恢复过来，但与苏东国家相比，并没有取得压倒性优势。苏联解体后，主权信用货币摆脱了黄金枷锁，世界经济格局巨变，导致政治格局也发生重大改变。建立牙买加体系后，美国通过大规模向发展中国家投资，带动资本主义世界国际贸易规模上升，各国根据比较优势、自然禀赋进行分工，经济效率大为提高，造就了西方的经济繁荣、政治稳定、社会安定，造就了四小龙的经济崛起。相反，苏东各国家依靠出口石油、黄金、稀有金属换汇，但换来的外汇却是美国可以随意印刷的美元。至少在国际金融领域，苏东国家完败。牙买加体系的成功运行是苏联解体的金融因素。

美国入侵伊拉克，主要是为了保证伊拉克石油用美元计价、交易。中国收购部分伊拉克油田是高风险的投资项目。厂家没有商家赚得多，商家没有银行赚得多。美国控制伊拉克油田，是为了掌握石油定价权，通过控制衍生品交易才是有赚无赔的大生意。

特朗普废除巴黎协定，是因为欧元区国家廉价收购了许多发展中国家的碳排放权，而巴黎协定的实施将会大幅度提高碳排放权的价格。特朗普施政目标之一是"再工业化"，巴黎协定无异于为他人作嫁衣。

币缘理论能够全部解释或者部分解释当年国际社会许多重大经济问题、政治问题，甚至是许多社会问题。

本书就是币缘理论在经济领域内的运用。从全球低利率现象出发，发现低利率的主要原因是美国摆脱黄金枷锁后，在主权信用货币下，财政赤字通过美联储发行基础货币弥补，货币供给的无限性为低利率提供了可能。美联储相当于世界央行，其他发达国家政府财政赤字同样通过发行基础弥补。如果再加上发达国家老龄化，货币需求下降，则低利率现象就将发生。此外随着金融深化，各种金融衍生品的泛滥，金融资产/GDP值日益提高，各类金融资产必然要求一定的收益率，租金、利息、股息等资产性收益占GDP的比例更高。但每年创造的GDP有限，客观导致各种风险资产收益率有所降低。无风险资产收益率（即类似国债、央行再贴现利率、银行存款利率）必须大幅度降低，否则如果风险贴水过低，投资者将不再持有风险资产，这也导致低利率。

在美元本位下，美联储相当于世界央行。欧元区、日本、英国和中国央行的独立性各异。官方储备及构成、央行资产基础是衡量各国货币区强弱的尺度。欧元区独立性最强，日元区依附于美元区，英镑区是美元区的合作伙伴，人民币刚刚起步。本书进一步研究了人民币国际化。还研究了在低利率下，美国、日本、欧元区、英国各国系统性重要银行资产负责及损益情况变化。

　　在以上研究的基础上，本书进一步探讨了中国陷入低利率陷阱的可能性。自1989年2月市场体制改革以来，中国经历了3次完整的利率周期，正在进行第4次周期。整体上，1年期整存整取利率、1年期贷款基准利率等无风险利率呈螺旋向下的特点。随着大规模基础建设高潮期即将结束、金融深化进程、地方政府、企业、个人财务负债率高企，以及生育率显著下降，中国进入低利率的条件已经具备。此外，随着刚兑在近期被打破以及地方政府债置换，中国迟早进入低利率时代。同时，以、美、欧、日、英系统性重要银行为案例，说明低利率环境对中资商业银行的启示。

目录

Contents

第一章　全球低利率环境：形成和冲击

通常情况下，在市场经济或者类似市场经济的环境下，资源或者资本会向具有较高回报率的行业和投资标的集中，所谓"天下熙熙皆为利来，天下攘攘皆为利往"。如何衡量这些投入的成本、风险和回报，有史以来，借贷的利息成为较好的衡量方式。到了金融市场发达的工业时代，利率成为衡量所有资本品的收入和回报的唯一形式，人们是否投资于一个标的，剔除通货膨胀后的实际利率水平是他们唯一看重的。各个国家的利率水平也许有所不同，这取决于各个国家的长期潜在经济增长的潜力，在短期，利率会受到金融市场和货币政策因素的干扰大幅波动，但长期都会回归到这个国家的自然增长率水平附近。然而实际上，利率的上升和下降无不时刻受到政府这个有型手掌的拨弄，当经济陷入萎靡和通缩，政府倾向于降低利率，奖励放贷，以刺激经济，恢复增长；当经济走向繁荣甚至进入泡沫，政府往往会大幅提升利率，限制投机行为，提升投资和获取资本利得的成本。

所以有必要定义什么是低利率，低利率目前在学术界尚无权威定义。笼统而言，所谓低利率就是 10 年期国债发行利率、央行发布的存贷款基准利率（名义利率）、央行再贷款利率等无风险利率长期处于2%以下。如果上述无风险利率长期低于1%以下，可以肯定该国家或地区已经进入低利率时代，而负利率是低利率的一种特殊情况。

低利率的研究是一个比较宏大的课题，低利率的根源是什么？本研究的侧重点是从币缘理论出发，研究低利率的最深层次的因素，然后从美、欧、英、日、中央行资产负债结构，再从美、日等发达国家低利率环境的历史经验出发，观测低利率环境对这些国家经济结构带来的冲击，包括大类资产的变化和金融环境的变化，总结主要发达国家在低利率时期金融行业的结构变化，以及银行业整体资产、负债、收入结构的变化和微观银行近十年来资产负债结构的变化，最后提炼低利率环境对商业银行资产负债和收入产生的影响（如图1-1所示）。

图1-1　低利率环境对银行经营的传导机制

一、当前全球主要国家低利率乃至负利率的原因是什么？

利率是货币的价格，货币的价格由什么决定，基本上有两个大的观点，即凯恩斯认为利率是由货币的供应和需求决定的，跟实体经济无关；而反方观点如魏克塞尔就认为利率是由资本的边际生产力决定的，会有一个随生产效率相关的自然利率，市场上发生的货币利率会围绕这个自然利率上下波动。因此当央行的基准利率或是实际利率低于这个自然利率，就可以视为经济处于低利率环境。

（一）低利率是纸币本位制下的特有产物

只有在纸币本位制下，货币才能无限供给。政府货币供给过多，即铸币税征收过多是低利率的前提条件。

在金属货币体系下，由于作为货币的金、银、铜稀缺，每年新增的货币量有限。自1760年产业革命以来，在大多数时间，贵金属货币增长速度总是滞后于可交易商品及资本品增长速度，导致通货紧缩。例如，美国在南北战争后至第一次世界大战期间，由于经济高速发展导致长达几十年的通货紧缩。虽然有些政府通过铸造不足量的金银铜币以增加财政收入，扩大货币供给，但由于手法过于拙劣，居民拒绝使用，导致私人铸币盛行，政府往往无法收到多少铸币税，最终得不偿失。因此，在金属本位币时期，国家财政税收体系不健全，金融体系不完善，货币通常处于稀缺状态，高利率成为常态。

第二次世界大战爆发后，英国遭受严重破坏，无力再支撑英镑本位制。1944年7月，英国被迫按照美国的怀特方案建立了布雷顿森林体制，该体制本质是终结了持续自拿破仑战争结束之后长达一个多世纪黄金英镑本位制，建立了黄金美元本位制，该体系是以外汇自由化、资本自由化和贸易自由化为主要内容的多边经济制度，构成资本主义集团的核心内容。该体系的建立也意味着大英帝国对全球事务主导权的丧失。

布雷顿森林体系有其制度的根本性缺陷，即特里芬悖论，要满足世界经济和全球贸易增长之需，美元的供给必须不断增加，但是美元供给过多不能保证全部兑换黄金，导致美元币值不稳定，与美元国际货币地位不相符，但是美元供给不足则清偿手段不足。此外，第二次世界大战以后，黄金的产量仍然不足。只要是国际货币，特里芬悖论均存在。只是在金本位制下，特里芬悖论问题表现得特别显著。

第二次世界大战后，随着各国经济逐步恢复，各国政府纷纷将美元储备兑换成黄金，美国政府黄金储备不断下降，已无力支撑。根据万得数据显示，美国黄金储备由1948年的21682吨、价值244亿美元下降到1971年的9070吨、价值102亿美元。其中1971年，法国带头挤兑黄金，导致当年流失黄金储备770吨，迫使尼克松总统在当年8月15日宣布停止承担美元兑换黄金的义务。但是，美国黄金储备仍然下降，1973年下降到8584吨。彻底废除布雷顿森林体系后，目前美国黄金储备仍维持在8000吨以上。

有观点认为，长期持续经常项目赤字是导致美国被迫放弃布雷顿森林体系的主要原因，这是错误的观点。1960~1970年，美国连年保持经常项目盈余，11年间经常项目盈余合计高达357亿美元。相比之下，在1盎司35美元的价格下，美国流失的黄金总价值仅142亿美元。美国被迫放弃布雷顿森林体系的主要原因是，布雷顿森林体系限制了美国对外直接投资、海外驻军及转移支付的能力。

美元与黄金脱钩之后，尼克松总统要求中东石油出口国必须用美元清算，贸易盈余用于购买美国国债，实现美元—石油—美债内循环，在此基础上1976年建立了牙买加体系。在牙买加体系下，美元基础已经不是数量有限的黄金，美元之锚也不再是美国强劲的基础制造业，而是无限的纸币甚至是电子数字，是石油等大宗商品定价权。没有美元的国家实际上排除在国际贸易体系之外。在美元—

石油体系下，整个世界货币分成三部分：一是美国完全自主的货币体系；二是英国、日本、欧元区成立之前的德国、法国以及目前加入 SDR 的中国，货币政策具有较大的自主性，可以影响国际利率走势，有相当大的自主货币发行权；三是广大发展中国家及小型发达国家，其从货币严格意义上讲不再是主权货币。在固定汇率下，小国为了维持汇率，货币发行量与外汇储备必须保持严格的比例关系。如港币，发行量与美元储量保持严格比例，港币不能称为货币，只是美元的兑换券。有黄金制约，布雷顿森林体系不利于美国向全球征收铸币税，而目前的美元—石油本位制下，美联储实质处于全球央行的地位，更有利于美国向全球征收铸币税。

一个证明是，当黄金与美元完全脱钩后，1974～2016 年，美国经常项目赤字合计 10.68 万亿美元，最近一次经常项目盈余是 1991 年，也仅仅 28.98 亿美元。尽管欧元区成立之后，有欧元的挑战，但美元的地位仍牢不可破。截至2016 年，欧元区 19 国 GDP 规模 27.82 万亿欧元，而美国同期是 18.62 万亿美元，然而全球各国外汇储备、国际清算交易份额、资产定价，美元仍远超欧元，占主导地位。

（二） 负利率是低利率的极端形式

自 2007 年美国爆发次贷危机，2009 年欧洲爆发主权债务危机，2012 年日本首相安倍晋三推出以"超宽松货币政策、扩大财政支出和经济改革"为主轴的安倍经济学，2014 年以俄罗斯、巴西为代表的大宗生产国爆发汇率危机。虽然美国、欧洲、大宗生产国爆发经济危机的原因不尽相同，但由美国、日本、英国、欧元区掀起的货币战已白热化。目前，已有欧元区、日本的央行基准利率和10 年期国债收益率均进入负利率，瑞士的存款利率及 10 年期国债收益率进入负利率，瑞典的央行基准利率进入负利率，丹麦、挪威、荷兰、比利时、奥地利等西欧发达国家利率水平已经基本接近于零，波兰、捷克、匈牙利等东欧国家也进入了低利率时代（如表 1 - 1 所示）。

自金融危机后，美国、日本、欧盟等央行轮番实行量化宽松，但只是造成资产价格大幅上涨，资金主要集中在银行系统空转，没有流入实体经济，通胀率仍然过低甚至通缩。实施名义负利率有利于降低实际利率，既可以压低汇率促进出口，同时也可提高通胀率促进投资和消费。但是，负利率直接损害的是银行利润，如果银行利润受到侵蚀甚至亏损，银行资本实力削弱，则银行可能将成本转嫁给客户。目前，欧盟、日本等国主要问题不是银行惜贷，而是客户没有贷款需求。负利率的实效性有待观察。

表1-1　　　　　　　　　　　　实行负利率的几个国家

国家	项目	初次进入负利率时间	利率（%）	项目	初次进入负利率时间	利率（%）
欧元区	央行基准利率	2016 年 03	0	10 年期公债收益率	2016 年 06	- 0.0245
日本	央行基准利率	2016 年 02	- 0.1	10 年期国债收益率	2016 年 03	- 0.0565
瑞士	存款利率	2015 年	- 0.18	10 年期国债收益率	2015 年 12	- 0.04
瑞典	央行基准利率	2015 年 02	- 0.1			

注：（1）2016 年 7 月后，日本 10 年期国债收益率为 - 0.2525% 。（2）欧元区公债收益率时正时负，11 月 11 日为 0.3261% 。
资料来源：各国央行网站。

（三）各国中央政府为弥补财政赤字或刺激经济造成流动性泛滥

第一，美国长期持续经常项目赤字造成美元流动性泛滥的主要原因。美国政府因控制石油定价权导致的战争、高福利支出、减税导致常年财政赤字，进一步导致经常项目赤字。其他国家经常项目不可能长期赤字，除非能够长期从国际金融市场融资。美国经常项目赤字可以发行国债，国际投资者也乐意持有美国国债。在美元本位制下，由于美国常年经常项目赤字造成美元泛滥，许多贸易顺差国家货币也增发过多。例如，加入 WTO 后，2001～2014 年，中国贸易顺差强制结汇是人民币被动增发的主要原因。

第二，有一定货币主权的国家也有超发货币的冲动，如欧元区、日本、英国。次贷危机后，欧元区、日本、英国均采取了量化宽松政策。中国在 2008 年经济危机后，也出台了 4 万亿元财政刺激政策。

第三，没有节制的货币超发导致中央政府、地方政府、企业、银行、个人五类负债主体债台高筑，已经难以负荷。其中，每个国家具体情况有所不同。美国主要体现在中央政府、地方政府、个人债务负担较重。美国企业是私企，预算硬约束，现金流不足企业通常倒闭，财务负担有限。美国国债相当一部分依靠外国人购买，外债负担较重。中国是地方政府、国企债务负担过重，但中央政府、个人财务负担相对较轻，外债负担也较轻。日本是中央政府负担过重，但由于日本民间储蓄率高，国债主要是本国居民承担，居民个人负担轻，同时国家持有巨额外国资产。欧元区是内部分化巨大，银行系统资产质量、盈利能力差。从西方国家财政收入与债务负担来看，中央政府、地方政府仅能够付息，还本已力所不及，因此国债利率持续走低是大概率事件。

第四，中央政府是一切债务主体的最终承担者。在一定条件下，个人债务、企业债务可以转嫁给银行等金融机构，银行等金融机构能够转嫁给中央政府，地方政府债务在一定程度上也可以转嫁给中央政府。例如，2007 年美国雷曼危机引发的金融风暴，由次级按揭贷款人违约造成包括雷曼、花旗、AIG 在内的众多金融机构的流动性危机，然后美国政府对上述金融纾困，并通过美联储四次量化宽松，提高金融机构盈利能力。这实质意味着美国联邦政府接盘了金融企业的巨额亏损。同样，中国地方政府平台在债台高筑的前提下，中央政府通过允许扩大地方政府债的发行，以及通过发放低利率的国开债，置换高利率的银行贷款，在某种程度上也兜底了地方政府债务。根据辜朝明《大衰退》（2009），日本在 20 世纪 90 年代房地产泡沫后，众多企业蒙受了巨额亏损，其企业行为由"利润最大化"变成了"债务最小化"，盈利用于偿还债务，造成投资需求不足。为了提振有效需求，日本中央政府长期通过赤字财政扩大有效需求，提高企业的盈利能力，导致中央债务总额不断膨胀，本质上也承接了企业债务。

此外，在复杂的经济关系中，众多的其他因素也对利率的变化产生影响，单一的利率决定理论很难解释当前全球低利率环境的现实，总的说来决定和影响其变化的因素主要是平均利润率、资金供求状态、国家经济政策、物价水平和国际利率水平。

1. 全球经济失衡，传统经济增长模式的停滞

一方面，20 世纪 70 年代以来，美国作为全球经济的发动机，特别是在布雷顿森林体系瓦解后，经济增长的速度开始进入下降通道，各项资本投入的回报率也随之下降；另一方面，美国印钞速度提升，各国利用自身外汇储备购买了大量美国国债，提供给美国远超于其实体经济需求的资金供给，过剩的美元供给创造了大量的金融创新和衍生产品，推动了美元利率的持续走低，见图 1 - 2。

2. 主要发达国家进入利率下行周期

20 世纪 80 年代以来，主要发达国家利率开始下行，特别是 2008 年国际金融危机发生后，主要发达国家相机抉择，推行了量化宽松的货币政策，同时纷纷下调本国的基准利率。

进入 20 世纪 90 年代以后，包括日本在内的主要发达国家利率中枢持续下移，10 年国债等长期利率持续走低，部分发展中国家利率也开始下行。

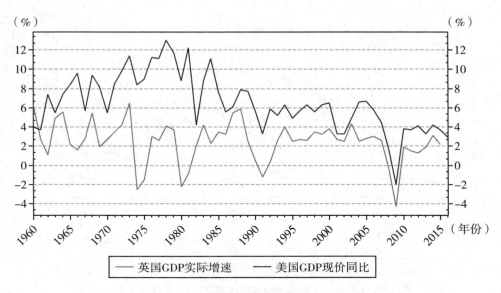

图1-2 英美两国的经济增长速度

资料来源：Wind资讯。

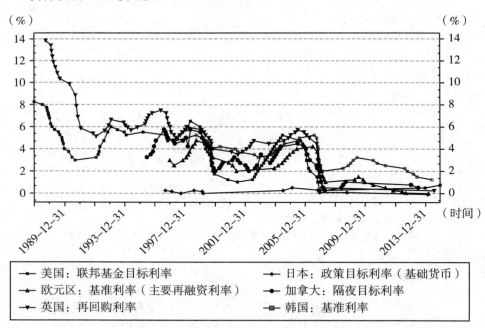

图1-3 20世纪90年代以来主要发达国家的基准利率水平

资料来源：Wind资讯。

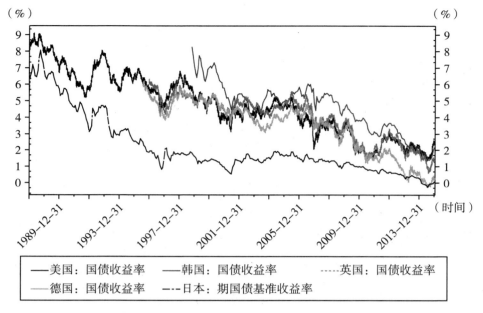

图 1 - 4　20 世纪 90 年代后 10 年主要发达国家的国债收益率情况

资料来源：Wind 资讯。

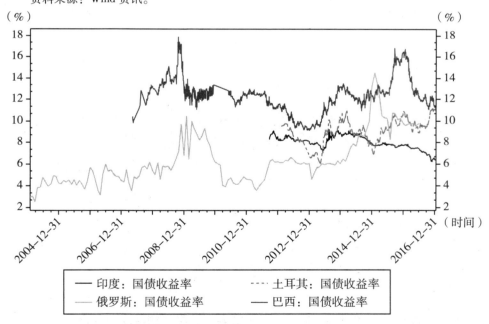

图 1 - 5　20 世纪 90 年代后 10 年主要发展中国家的国债收益率情况

资料来源：Wind 资讯。

3. 人口老龄化趋势加剧

从 20 世纪 80 年代以来，全球人口老龄化趋势越来越严峻（如图 1-6），特别是发达国家，2015 年发达国家 65 岁以上人口占比超过 17%，人口老龄化导致了劳动人口的减少，降低了对资金的供给和需求，间接上推动了利率的下行，如老龄化严重的日本，很早就实行了零利率政策。

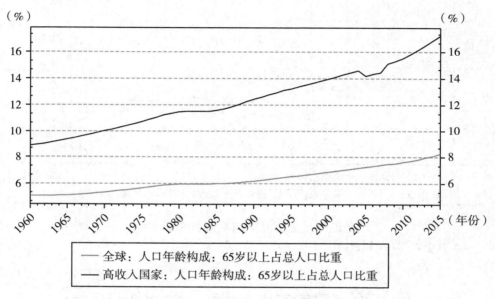

图 1-6　全球人口老龄化趋势

资料来源：Wind 资讯。

4. 金融自由化的后果

从 20 世纪 70 年代开始，主要发达国家英、美、日先后启动并完成了利率市场化，使得人为抑制的利率成为历史，利率开始回归经济体的基本面；再加上随着金融资本时代的开启，以金融大爆炸为核心的金融自由化浪潮推动了信用的大规模创造，从而衍生出巨量的货币，客观上造成了货币供给的过剩，带动了长期利率下行。

5. 通货膨胀水平的下降

1973～1982 年的大滞胀结束后，随着西方国家金融深化，尽管货币增发幅度大涨，由于货币主要功能是在资本市场、生产资料市场流通，只有极少货币注入消费品市场，导致主要发达国家的 CPI 持续走低（见图 1-7），部分国家如日本等进入了通缩环境，通货膨胀水平对利率的高回报提出了反向要求，使得实际利率水平也开始随之走低。

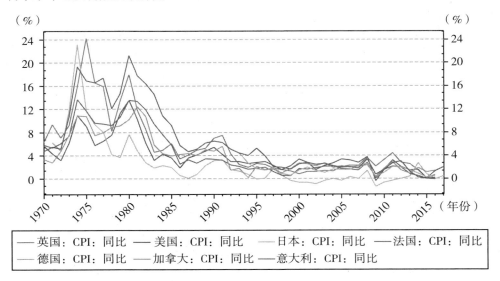

图 1-7　主要发达国家通货膨胀水平
资料来源：Wind 资讯。

二、低利率政策在宏观层面上的好处和坏处

本书的研究对象是名义利率。就经济学而言，微观经济学研究的是相对价格，不涉及货币，市场可以出清，因此微观经济学又叫价格理论。微观经济学较少涉及利率，其利率是未来各期与基期商业数量的比例，不涉及货币。宏观经济学涉及货币，所谓价格是名义价格，不存在市场出清概念。宏观经济学更关注实际利率，因为实际利率与通货膨胀、汇率、就业、投资息息相关，因此宏观经济学又名货币理论。金融学更关注名义利率及利差以及由名义利率引发的套利行为。由于发达国家与发展中国家通货膨胀率生成因素不同。发达国家长期通货膨胀率较低，某些国家如日本甚至陷入较低的通货紧缩。因此许多发达国家实际利率早已处于低利率状态甚至负利率状态。就银行而言，银行收入是由资产负债业务带来的，银行收入来源有三大类：利差收入、价差收入、手续费收入。这三类业务均与资产负债相关，其中利差收入仍占重要部分。

商业银行收入主要来源于利差收入、交易收入即价差收入、手续费收入。尽管现代商业银行手续费收入占营业收入比越来越高，但利差收入仍不可忽视。部分价差收入也是建立在利率波动基础上产生。如票据、债券业务，在带来利息收入的同时，在利率下行时均有可观的价差收入。我国部分银行善于价差赚取收入，如平安银行、民生银行。贵金属业务除了有代理收入外，也会产生价差收入。信用卡分期收入实际就是利息收入。保函、承兑等表外业务也是以银行承担风险为代价赚取的收入。银行卡年费、按揭业务收费、各类罚没收入建立在银行资产业务基础之上。代理保险、代销基金、托管收费、委托贷款代理收入、投行业务收入、理财收入均是建立在客户资产负债业务之上，只是银行不承担风险而已。因此商业银行资产负债规模结构仍决定商业银行利润规模，而资产负责管理的核心是名义利率差。本书主要研究名义利率，为什么全球处于低利率的深层次原因以及各国央行反映及商业银行资产配置。

对于大多数经济体而言，低利率的好处显而易见，低利率能够促进投资与消费，企业能够借到利息便宜的资金，个人也可以借入低成本的资金来进行按揭贷款等各项消费；长时间保持低利率的货币政策对一个经济体有以下益处。

第一，通过下调利率刺激经济。在经济的下行期，低利率政策会通过央行的货币政策传导机制，为社会提供更低成本的资金，刺激企业更多的资本投资，个人也会由于更便宜的借贷成本更多地负债来消费，诸如按揭和汽车贷款会随着利率的下调而增加，这两者都会对经济起刺激作用。此外，类似高铁、地铁、机场、高速公路、水库等大型基建项目收益率较低，而主要成本是资金成本，在低利率下上述项目亏损会减少甚至有微盈的可能性。

第二，修复银行的资产负债表。通过低利率政策，央行为银行体系提供了大量的低成本的短期资金，银行的净息差有望得到提升，美国在 2008 年四季度下调利率接近 0 的水平，到了 2011 年，美国银行业的净息差提升了 21%，主要是由于美国银行业降低了其资产端工商企业的贷款（较 2008 年的高点下降了 25%），而增加了高收益的债券和消费贷款类资产。

第三，推动资产价格上升。在低利率环境下，企业和个人会增加对股权、地产的需求，推动这些金融资产价格的上涨，银行为了对冲贷款利息下降带来的利差损失，也会有动机去追逐诸如衍生品等高收益资产。资产价格的上涨有利于居民提升消费，但也会导致债务的进一步膨胀。

当然，低利率政策是一把"双刃剑"，整体上看，低利率环境催生的货币超发首先对银行的资产负债表带来冲击，银行很难通过高储蓄利率来向居民转嫁成本，总的来说低利率政策的不利因素有：

一是通货膨胀威胁。低利率环境下，过剩的流动性和较低的负债成本通常会推动资产价格的泡沫化，20 世纪 70 年代，美联储正是由于没有及时提高适当的利率水平而造成了大通涨。二是消费大于储蓄引发过度消费的威胁。在短期，消费的拉动对经济体有益，但是长期来看，过度的超前消费提升了经济体中个人部门的杠杆，而这部分杠杆的风险对冲手段很少，当个人的不良资产大幅上升，会伤害那些以利息收入为盈利核心的金融类企业，三是过分追逐高收益资产。当利率下降，投资回报率也会随之下降，个人和投资者对投机性的高收益的投资更感兴趣，2003～2004 年，美国的许多投资者在低利率环境下开始买入大量的次级抵押债券，后者在当时能够提供相对较高的收益，甚至通过杠杆加大买入量，导致了 2008 年次债危机的爆发。四是金融机构的资产错配风险。低利率时期，金融机构会倾斜于更多配置长期的资产，特别是当短期利率大幅低于长期利率的话，金融机构倾向于买入更多的长期国债，如果利率突然上行，这些资产的价格会迅速下跌；同时，较低的短期利率会减少货币市场基金的盈利能力，美国的货币基金为很多大公司通过商业票据等形式提供了大量短期的流动性，从 2009～2010 年，美国的货币基金从 3.9 万亿美元下跌到 2.8 万亿美元。五是通缩风险。长期的低利率环境有可能会把经济体推入类似日本那样的通胀经济，在通胀率接近 0 的水平下，以利率政策为核心的货币政策不再有效，政府的宏观政策篮子将只剩下财政政策。六是资产价格暴涨，负利率扭曲了资产定价。资产价格通常与利率负相关，利率低则资产价格上涨，利率高则资产价格下跌。长期的低利率造成资产价格大幅度上涨，造成社会贫富差距拉大。在低利率下，欧美股市连续创出新高，房市价格过高会导致年轻人买不起房产，甚至影响社会稳定。负利率使各种资产定价模型、理论丧失作用，完全扭曲了资产价格。

三、低利率环境下全球银行业资产负债和收入结构的变化

从大的逻辑上来说，当利率开始下行，资本的回报也随之下行，要想增加回报，一是需要增加投入的杠杆，二是增加资本周转的速度；在低利率环境下，全球金融行业的结构变化也是朝着这两个方向来演进。

（一）低利率环境对金融行业的冲击

20 世纪 80 年代以来，随着布雷顿森林体系的崩溃，英美等国家开启了新一轮的金融自由化浪潮，增加了金融衍生品的供应，通过杠杆和资产证券化进一步增加了货币和信用供应，间接地推动了利率的下行。在金融自由化背景下，全球对冲基金等非银行投资性金融机构得到了大发展，这些影子银行的兴起挑战了传统银行业的经营模式，同时金融监管和经营环境的变化也给传统的银行业带来了

巨大的压力。在这个大背景下，全球银行业经营进入大的转型期，各家银行的战略也出现分化。

　　以美国为例，从图1-8、图1-9和表1-2可以看出，在20世纪80年代开始的利率下行和金融自由化带来的整个社会信贷开始大膨胀的背景下，银行提供的信贷总额并没有显著增长，而保险公司（IC）、养老金（PF）、共同基金（MF）、政府支持的金融机构（GSEs）和其他非银金融机构贡献了主要的信用创造增量；同时，各类金融工具开始大发展，特别是货币市场工具和债券发展速度远远超过了贷款增长的速度，到2014年，美国非银金融机构的资产是银行业总资产的三倍。

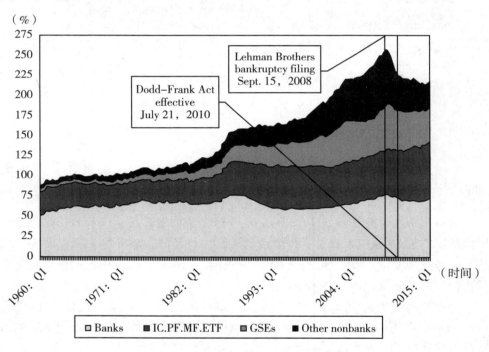

图1-8　美国各家金融机构信用创造情况

资料来源：FED，招商证券。

表1-2　　　　　　　　　2014年美国金融机构资产分布情况　　　　单位：十亿美元

银行	保险公司	养老金	政府支持的金融机构	其他非银金融
21232.7	7814.1	17678.5	8044.7	25736.4

资料来源：FSB。

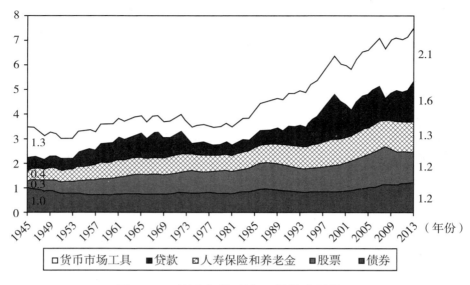

图 1 – 9　美国各类融资工具的发展情况

资料来源：FED。

（二）近十年全球系统性重要银行（G – SIBs）30 家银行资产负债和收入的变化情况

全球系统性重要银行（G – SIBs）是全球金融稳定委员会（FSB）在全球范围内圈定的近 30 家较大规模、跨境活动活跃、与其他金融机构关联程度高、结构和业务较为复杂，以及难以替代的金融机构，通过观察这些银行的经营变化可以大概知晓全球银行业的整体经营情况。

经过长时间的低利率环境，特别是 2006 年至今，全球系统性重要银行（G – SIBs）经历了 2008 年的金融危机、欧债危机等一系列危机，银行业的整体资产负债和收入大致有如下的变化。

1. 资产规模和结构变化

近十年 G – SIBs 总资产增长大致两倍，和全球非银金融机构资产的增长速度大致持平，但是其中贷款类资产仅增长 34%，虽然客户贷款及垫款占比有所上升；同时交易性金融资产增长 3 倍，权益性投资增长一倍。值得注意的是，多数银行资产规模都受 2008 年金融危机的影响冲高回落，有些银行（如裕信等）在十年内资产规模基本保持不变，其中投资银行如高盛、摩根士丹利等在十年内由于受到有毒衍生品资产的影响总资产甚至是下降的。

（1）零售资产占比的提升，特别是居民贷款，欧洲主要银行居民贷款余额显著回升，2015 年突破了前期高点；2016 年，欧元区家庭贷款余额达到 5.37 万亿欧元。

（2）衍生品资产敞口压缩。近十年内，G - SIBs 交易性金融资产占比有所下降，尤其是近年来欧洲的商业银行大幅压缩了衍生品相关的资产，特别是在德意志银行衍生品危机爆发后，G - SIBs 对衍生品交易都趋于谨慎。

（3）短期和流动性资产配置大幅增加。2006 年以来，全球系统性重要银行基本都加大了现金及现金等价物资产的配置，十年来 29 家 G - SIBs 银行现金类资产占比提升将近 15 倍；如欧洲个别银行（如苏格兰皇家）现金等价类资产十年来增加了近 10 倍，显示了这些银行在金融危机后通过谨慎的资产负债策略以提升流动性资产占比。

2. 负债结构变化

近十年来，G - SIBs 的存款类负债占比保持稳定，增长速度接近总资产增速，其中活期存款占比有所上升，定期存款占比有所下降；同时，总负债中，长期借贷占比持续下降；另外，由于 2008 年金融危机的爆发，G - SIBs 交易性金融负债占比下降。

3. 收入结构和盈利性

低利率乃至负利率环境对银行的盈利性影响较大，G - SIBs 十年来营业收入仅增长 18.8%。其中，利息收入增长 32.2%，手续费及佣金收入十年仅增长 32%；同时，利息收入、利息支出占比下降，且利息支出下降幅度更大，因此利息净收入占比有所提升；另外，近年来，在费用支出中，贷款损失准备的占比下降明显。

第二章 低利率环境深层次的讨论：币缘政治

一、币缘政治是当今美国政治的生命线

在讨论币缘政治之前，有必要先介绍与币缘政治概念紧密相关的地缘政治概念。地缘政治是政治地理学说中的一种理论。主要是根据地理要素和政治格局的地域形式，分析和预测世界或地区范围的战略形势与有关国家的政治行为。传统的地缘政治理论有海权论、陆权论、空权论、文明冲突论。

自从进入大航海时代，地球真正成了地球村，全球各民族的命运开始密切相连。远在欧洲的三十年战争（1618～1648年）是改变中国明王朝命运的一个重要因素。① 在"二战"之前，这个世界的本质是弱肉强食。在"二战"之

---

① 1580～1640年，全球进入小冰河期，气温下降。整个欧亚大陆陷入饥荒、战争、混乱。张居正"一条鞭法"已使中国进入了银本位制。英格兰西班牙战争（1585～1604年）导致西班牙白银输入体系陷入混乱，而三十年战争（1618～1648年）导致西班牙主导的全球白银贸易生产体系彻底崩溃。荷兰取代西班牙主导了全球贸易体系，导致明朝江南地区外贸收入急遽下降，白银输入减少以及财政收入的下降，而白银数量的下降导致通货紧缩，朝廷缺乏白银作为军饷内剿农民起义，外拒后金。内忧外患之下，明朝灭亡。

后，普世价值理论暂时主导世界格局。"二战"之前决定世界命运的霸主是英国，"二战"之后是美国。英国、美国在不同时期能够决定人类文明及世界格局的走向。西班牙、荷兰、法国、俄罗斯、德国、中国在不同时期是全球地缘政治重要参与者，能够重大影响世界格局的发展。奥斯曼帝国、葡萄牙、瑞典、奥地利、意大利、伊朗、日本在不同时期是地区性地缘政治参与者，能够影响地区格局。其他大多数国家只能顺应时局。现在的世界格局，美国、中国是地缘政治的主要决定者，欧盟、俄罗斯、英国、日本是地缘政治的重要参与者，有重大影响力。印度、巴西、印度尼西亚、伊朗、土耳其是地缘政治次一级的参与者，正在发挥越来越大的作用。按照中国地缘政治学家张文木在总结麦金德、卡尔·豪斯浩弗、斯皮克曼、凯南、布热津斯基等地缘政治大师理论与实践成败①的基础上提出了的新定义，地缘政治的本质是研究国家目标与国家资源在特定地理空间相匹配及其矛盾转化的学问，本质上应理解为国家"养生"与争取有方向的世界和平的学问。

币缘政治是近十多年新兴起的学说。至今币缘政治尚没有一个权威的定义。按照币缘政治学家乔良、王湘穗的定义，币缘是指若干经济体围绕核心货币形成一种紧密的经济关系，这种紧密的经济圈最终会形成币缘圈，并在此基础建立相对一致的政治态度，并相对一致的国际政策、安全保障机制。币缘政治不仅是经济金融概念，而是包括经济金融、政治军事的综合概念。币缘政治产生很早，长期从属于地缘政治。但在布雷顿森林体系瓦解后，主权信用货币取代贵金融货币后，金融业对实业取得压倒优势后，币缘政治开始发挥主导作用。

地缘政治是"二战"前贵金属本位下，更适应宗主国（中心）—殖民地（外围）的经济模式。经济以农业、商业为主，社会财富主要体现为稀缺商品（如胡椒、茶叶、丝绸、皮毛）、农业土地。工业革命后，社会财富以工业产品为主。贵金属本身就是最重要的财富。在币缘政治下，按国际分工，全球国家分为金融消费国、制造品生产国、大宗生产国与低端制造业生产国四类，社会财富由土地、实业制造向金融业、高科技产业转移。财富形式也由农业土地、贵金属转

---

① 麦金德是英国地缘政治学家，提出欧亚非大陆是个整体，位居欧亚非大陆中央，联系欧亚非大陆的东欧是世界战略的重心，其理论可提炼为三句名言："谁统治了东欧，谁就统治了大陆腹地；谁统治了大陆腹地，谁就统治了世界岛；谁统治了世界岛，谁就统治世界"。卡尔·豪斯浩弗是纳粹德国的地缘政治学家，主张扩大德国的生存空间。斯皮克曼修正了麦金德的结论："谁控制边缘地带，谁就统治欧亚；谁统治欧亚，谁就控制世界的命运。为此美国、英国、俄国将会扮演关键角色影响欧洲沿海地区的控制，因此影响世界的基本权力关系。"斯皮胡曼奠定了冷战的地缘学术基础。凯南正式提出了冷战理论，主张从欧洲、中东到日本全面遏制苏联。

变为城市商业住宅用地、股票、债券。不动产的面积重要性下降，不动产的区位相对更加重要。股票市值完全取决于预期现金流、未来利率。知识产权、创意、先进理念更能带来财富。财富由实际占有向未来预期转化，而且更加变幻莫测，各种资产价格如过山车般大幅变化。

地缘、币缘概念相似但有所不同（见表2-1）。在地缘政治中，人口数量、国土面积、产业结构（农业、原材料等大宗商品来源地、基础工业和市场倾销地）的完整性及自给自足能力、基础制造业起决定作用。在币缘政治体系中，金融实力、海军实力、科技实力、人口质量、占据战略通道、高端制造业（即抓住产业链中高附加值的部分，将低附加值部分布局在境外国家，不要求整个产业链的完整性），以及对整个产业链的掌控更起决定作用。人口规模在地缘政治和币缘政治中均至关重要，但人口素质在币缘政治中更突出。国土面积、纵深非常重要，但占据重要战略通道的价值更突出。军事实力在决定地缘政治和币缘政治中起着决定性作用。其中，海军（含海军航空兵、海军陆战队）对币缘政治实力起主要决定作用，而陆军、火箭军（核武器部队）对地缘政治起相对重要作用。此外，币缘最重要的核心是掌握对各种标准工业品、大宗商品、外汇、利率等的定价权。

在币缘政治中，大国小国的定义与经济学定义有些类似。经济学的大国、小国标准按照储蓄和投资影响国际利率程度划分。币缘政治的大国、小国标准不仅取决于储蓄和投资影响国际利率程度，还取决于本国货币是否实现了资本市场可兑换（货币完全浮动）、是否加入SDR货币篮子、财政体系是否健康。在经济学中，俄罗斯是小国，瑞士比俄罗斯更有资格称为大国。在币缘政治体系中，美国起决定作用。欧元区仅次于美国，自成体系。英国、日本起重要作用。其中，英国可以说是美国的助手，分一杯羹。日本仍是美元区的重要组成部分，向美国交纳铸币税。中国刚刚开始崭露头角。瑞士、加拿大、澳大利亚、新加坡，以及中国香港有相当影响力。在币缘体系中，沙特等海合会产油国起重要杠杆作用。

例如，土耳其如果丧失了黑海海峡的控制权，则几乎丧失地缘价值作用。又如，印度在地缘政治上是一支新兴力量，但在币缘政治中几乎完全没有话语权。再如，俄罗斯在币缘政治体系中价值有限，但在地缘政治中举足轻重，屡次扮演了最后一根稻草的作用。类似还有印度、巴西、南非，其在国际上地缘地位远超币缘地位。瑞士在地缘政治中无足轻重，但在币缘政治中颇有分量。蒙古国面积是中国香港几十倍，但在币缘政治中可以忽略不计，而中国香港弹丸之地，但在币缘政治中是战略要地。

表 2 - 1   **地缘政治与币缘政治的侧重点**

	币缘政治	地缘政治
军事	海军（含海军航空兵、海军陆战队）起决定作用	陆军、核武器火箭军起决定作用
人口	金融人才、高端制造业人口、人口质量	人口绝对规模、基础制造业人口
领土	控制多少重要战略通道	领土的面积、纵深
产业结构	金融业、高端制造业、对全球产业链的完整性掌握	基础制造业的完整性、大宗商品、农业
争夺核心	大宗商品（以石油为典型）定价权	贵金属产地的控制权
是否储备货币	是国际结算货币，有铸币权	不是国际结算货币，无铸币权
金融中心	通常有全球性国际金融中心，如阿姆斯特丹、伦敦、纽约、巴黎、慕尼黑	通常无全球性的国际金融中心
历史阶段重要性	1971年布雷顿森林体系瓦解后，主权信用货币阶段，金融业利润更丰厚，币缘政治占主导地位，并且越来越重要	1971年以前，贵金属货币阶段，商业、制造业占国民经济的主导地位时期，地缘政治更重要
影响国际利率程度	货币政策能够影响国际利率的国家是币缘大国	对地缘政治起重要作用的国家未必是币缘大国，如俄罗斯、印度以及改革开放前的中国

在"二战"之前，在美国的政治决策中，币缘政治从属于地缘政治。在布雷顿森林体系期间，币缘政治重要性越来越突出。根据弗朗西斯·加文的研究，自艾森豪威尔至尼克松，美国各届总统在维持国际收支平衡方面所花费的精力，不亚于思考如何与苏联争霸。在布雷顿森林体系瓦解，尤其是牙买加体系之后，金融业占据经济的主导地位，地缘政治越来越从属于币缘政治。

二、币缘政治主要体现在征收铸币税收入

什么是铸币税收入？按照经济学定义，铸币税是政府掌握铸币所享有的好处。本书将铸币税分为三个层级。

（一）第一层级的铸币税

在贵金属本位下，原本铸币税的意义是金币的含金量价值与所标出的价值

差，还可以体现为挖掘提炼贵金属所获得的利益。例如，一枚金币用了 5 克黄金，标明 1 元。而 1 元却有能够购买 10 克黄金购买力，则政府发行这枚金币就有 5 克黄金（0.5 元）的铸币税。这是最简单意义的铸币税。在新兴数字货币下，通过"挖矿"获得的数字货币价值与挖矿成本（电费、矿机成本）的差额也属于这一概念。

在金本位、银本位等金币本位制下，控制黄金、白银矿藏产地提炼、运输线是重中之重。西班牙在美洲的殖民、英葡联盟、美国西进运动、英国发动两次布尔战争均是这个逻辑下的产物。英国侵占印度、两次鸦片战争也有这方面的含义。当然，这是最低级别的铸币税收入。金银仅仅是金银，没有杠杆作用，不是资本。自大航海时代以来，西班牙是这一阶段铸币税收入的典型代表。自西班牙、葡萄牙掀起大航海时代以来，自 1521 年开始，尤其是 1545 年秘鲁波托西银矿大规模开采之后，白银如潮水般涌入欧洲，并通过西欧与中国、印度的贸易逆差流向中国、印度。据贡德·弗兰克（2000）的估算，从 16 世纪中期至 17 世纪中期，美洲生产了 30000 吨白银，日本生产了 8000 吨，合计 38000 吨。如果减去留在美洲及损失的部分，最终流入中国有 7000 ~ 10000 吨白银，其他流向欧洲、中东、印度等地（见表 2 - 2）。

表 2 - 2 　　　　　　　　　工业革命前贵金属的来源

产品	主要产地	次要产地
白银	墨西哥 秘鲁 日本	东北欧 波斯 中亚 缅甸、泰国、越南
黄金	西非、东南非 西属美洲（16 世纪） 巴西（自 1690 年，18 世纪） 东南亚	日本 波斯 中国
铜	日本、瑞典	
锡	马来亚	

资料来源：查尔斯·金德尔伯格：《世界经济霸权 1500 - 1900》，商务印书馆 2003 年版。

西班牙凭借滚滚而来的白银收入，建立了世界上第一个日不落帝国。但西班牙衰落的原因如下。

第一，由于钱来得太容易，造成了西班牙王室的穷奢极欲。西班牙在制度创新、技术创新方面也相对迟钝，没有建立起完整的资本主义体系。西班牙始终借助热那亚的银行体系，没有建立自己的资本主义体系。而热那亚、威尼斯、佛罗伦萨等意大利城邦贸易体系是围绕奥斯曼帝国建立的，其金融体系以地中海为中心。西班牙的白银始终是白银，没有变成白银资本。西班牙的白银海外收入引起英格兰、法国、荷兰的嫉妒，在伊丽莎白统治时代，英格兰、法国、荷兰组织海盗抢劫西班牙货船。海盗与英格兰皇家海军融为一体，分享抢劫收入。相反，凭借滚滚涌入欧洲的白银，荷兰反而建立了初级而相对完善的资本主义制度。

第二，西班牙在欧洲本土部分是个松散的帝国，下辖荷兰、葡萄牙、奥地利、匈牙利、意大利等地。荷兰、葡萄牙都有独立意识，国家缺乏共识。西班牙不得不耗费巨额资金镇压各地的独立。西班牙作为人类史上第一个全球范围的海权国家，位于欧洲大陆，一方面既要与英格兰、荷兰、法国争夺海外殖民地；另一方面还要与英国、法国、荷兰争夺欧洲霸权，同时与奥斯曼帝国争夺地中海霸权，力量过度分散。

第三，西班牙作为天主教国家，过于强调宗教的正统性，花费过多精力卷入与新教国家、奥斯曼帝国的战争。例如，西班牙完全没必要过度卷入三十年的战争。

（二） 第二层级的铸币税

第二层级的铸币税定义为，在贵金属本位下，通过建立资本主义体系，集约使用贵金属获得的收益。

1. 荷兰建立初级的资本主义体系

1609 年，荷兰独立。独立之后的荷兰成为第二个海上霸权国家，荷兰商船数量、战舰数量均为世界第一。荷兰继承了意大利各城邦的金融体系，并进一步完善了银行体系、汇票、会计制度、保险、合约经营、契约体系、股份制公司、证券交易所、产权等先进资本主义制度。荷兰能够以部分贵金属作储备，撬动更多的贵金属。同时，当时荷兰造船业、纺织、捕鱼业、航运等方面的实体经济产业也位居世界第一。根据富田俊基（2011）的研究，在三十年战争期间（1618~1648 年），通过银行、汇票等资本主义信用体系，荷兰能够以 3% 的利率发行国债，募集军费，支持英格兰、北欧的新教盟军。相反，西班牙只能以数倍的高利率借款，且由于多次违约，还经常借不到钱。长此以往，新教联军拖垮了西班牙帝国的财政。西班牙从美洲向欧洲大陆输送了数额巨大的白银，但荷兰更好地使用了这些白银。从某种角度而言，同时拥有最先进实业经济和金融业的荷兰利用了西班牙从美洲大陆输入欧洲的白银打败了西班牙。

2. 英国完善了资本主义体系

1680 年，世界上第一个证券交易所在阿姆斯特丹成立。1688 年，荷兰执政威廉三世成为英格兰国王，将荷兰一整套先进资本主义体系也引进了英国。同年发动光荣革命，翌年宣读了《权利宣言》，在此基础上建立了现代财政体系，并缔结了英荷同盟。借助荷兰低息贷款，英荷联盟赢得了大同盟战争（1688 ~ 1697 年）、西班牙王位继承战争（1701 ~ 1714 年）、奥地利王位继承战争（1740 ~ 1748 年）的胜利，削弱了共同的敌人法国。1707 年，安妮女王通过联合法案合并苏格兰和英格兰议会，苏格兰和英格兰放弃独立地位，而成为一个统一的不列颠王国。在英荷同盟的框架下，英国在全球建立了广大的殖民地。

1694 年，英格兰银行成立，是全球第一家真正意义上的中央银行。由于西班牙、中国实行银本位制，而中国凭借茶叶、丝绸、瓷器等商品，国际贸易长期盈余，大量白银最终流向中国。在实行了一段时间金银复本位制之后，由于金银价格反复多变，不利于金融稳定。因此，英国决定采用金本位制，这时的金本位制是金币本位制。1703 年，葡萄牙与英国签订《梅休因条约》①，确保葡萄牙殖民地巴西出产的黄金流入英国伦敦而不是荷兰阿姆斯特丹。1717 年，物理学家牛顿首次将每盎司黄金价格固定在 3 英镑 17 先令 10.5 便士。1816 年，英国通过《金本位制度法案》，从法律形式承认黄金作为货币的本位发行纸币。此后英国尽可能垄断了黄金产地。通过两次布尔战争（1880 ~ 1881 年；1899 ~ 1902 年），英国占领南非，而南非当时是全球最大的黄金生产国。同时，澳大利亚、加拿大也是排名靠前的产金国。英国通过建立金币本位制消除了复本位制下价格混乱的弊端，保证了世界市场的统一和外汇市场的相对稳定。大航海时代以来，中国通过茶叶、瓷器、丝绸持续贸易顺差，白银大量流入中国。自明朝张居正一条鞭法后，中国实行银本位制。此外，印度、日本也实行银本位制。英国最先明确实行金本位制，导致欧洲金贵银贱，金银比价与中国、印度金银比价存在套利空间，越来越多的白银流向中国、日本和印度②，黄金沉淀在欧洲，导致中国、印度长期实行银本位制，越来越多的欧洲国家实行金本位制。

---

① 条约肯定了军事与政治同盟，条约准许英国的羊毛和毛织品输入葡萄牙（包括其殖民地），同时葡萄牙的酒类进入英国也享受关税优惠。虽然葡萄种植业有所发展，但葡萄工业彻底被摧毁，被迫用巴西出产的黄金弥补贸易逆差。1822 年 9 月，巴西脱离葡萄牙独立，因此该条约失去意义。1836 年，该条约废除。

② 印度实行银本位制直到 1893 年，日本 1898 年实行金本位制，中国实行银本位制直到 1935 年蒋介石政府币制改革。

金币本位制下，金币具有无限法偿性质，可以自由铸造、自由融化、自由输入、自由输出。建立金本位制后，白银在英国成了大宗商品。金银比价逐步上升，进一步削弱了采用了白银本位制的中国和盛产白银的拉丁美洲国家。同时，建立金币本位制后，银行数量大幅度增长。黄金更多只是商业银行储备金，日常更多用银行券、辅币交易。这样国家可以用少量的黄金撬动较多的交易，并且能够以较低的利息成本借到资金，同时通过保险降低风险。

模仿荷兰，英国也建立健全了的各项资本主义制度。英国统一后，1760～1840年，英国以纺织业为突破口，发明了蒸汽机，掀起了伟大的工业革命。由于荷兰长期为反法同盟提供战争经费，荷兰人均税负为欧洲最重。英国经济发展上来之后，荷兰大量资金投向英国，荷兰人坐收利息，尽管荷兰人产生了工业革命的萌芽，但毕竟没有爆发工业革命。七年战争（1754～1763年）中，荷兰没有过多参与。七年战争中，借助普鲁士菲特列大帝的天才军事才能，英国以微小的代价剥夺了法国、西班牙众多殖民地，获得了巨额收益。以后，翅膀长硬了的英国以荷兰支援美国独立为理由，在1780年片面废除当初威廉三世所主导英荷同盟条约，发动了第四次英荷战争（1780～1784年）。英国靠着优势海军，封锁荷兰利润丰厚的海外贸易通道，把军备废弛的荷兰彻底打垮，并掠夺荷兰丰厚的商队物资与殖民地，同时赖掉历年欠荷兰的巨额债务。作为全世界金融中心的阿姆斯特丹，战后被伦敦取代，英国开始获取世界金融霸权。英国金融业、制造业均为世界第一。

根据富田俊基（2011）的研究，拿破仑战争（1803～1815年）期间，凭借金融霸权，英国能够以比拿破仑更低的利率募集到更多的资金，不仅能够为英军提供资金，而且支撑普鲁士、奥地利等盟国将战争进行到底。英国起到了"一战""二战"美国的作用。工业革命后，英国产品质量最佳。凭借先进的制造业，即使拿破仑封锁英国产品，英国商品还是源源不断被走私进入欧洲。因此，凭借金融业和制造业的双重优势，英国取得了第二次英法百年战争的胜利。

同时，英国控制了全球主要贸易通道，占有辽阔的殖民地。许多国家与英国贸易时，为了方便也持有大量英镑。持有英镑能获得利息，持有黄金没有利息。在这种情况下，英镑拥有者不会真的兑换黄金，黄金和英镑同时成各国公认的国际储备。但如同银行必须保持必备的存款准备金及备用金，英国政府发行的英镑及国债终究还是受黄金储备制约。

荷兰铸币权霸权被英国取代的原因是：第一，英国不仅有金融业也有制造业。荷兰金融立国，在一定程度上培育了工业革命的雏形。但是，英国统一后真正掀起了工业革命，拥有先进金融业的同时也拥有最先进的制造业水平。有强大的制造业，金融具备更坚强的支撑，同时有先进的金融业也可以为制造业提供资金。最终，同时拥有金融业和制造业的英国取代了荷兰，同时已经启动工业革命的英国最终战胜了法国。第二，荷兰不具备成为大国的条件。荷兰毕竟是小国，人口、面积、资源均有限，且比邻大国，没有成为一个大国的先天条件。荷兰地处大陆，法国、普鲁士等国在一旁虎视眈眈，有限的财政力量被迫分散给了陆军，不能将大部分投入海军。

尽管荷兰霸权被英国所取代的过程，没有荷兰取代西班牙霸权那么血腥。荷兰铸币权的丧失说明，没有雄厚军事实力尤其是海军实力做背景，多年积累的财富随时可以被掠夺，铸币权也容易丧失。

第一次世界大战后，为避免挤兑黄金。各国纷纷采用了金块本位制和金汇兑本位制，这显然是两种变形的金本位制。金块本位制下，黄金作为货币发行的准备金集中在中央银行，国家不再铸造金币和流通金币。流通中的货币由纸币代替，法律规定纸币的含金量，可以按含金量与黄金兑换，但限定用途和起始数量。例如，英国在1925年规定一次至少兑换400盎司，约值1700英镑，这实质上限制个人兑换黄金的能力。金币的铸造流通被禁止，黄金已经不再发挥自动调节货币供求和稳定汇率的作用。实行金块本位制的是英国、美国、法国等强国。

在金汇兑本位下，核心国家以黄金为储备建立本国的货币体系，外围国家以黄金及核心国家货币为储备建立本国货币体系。由于持有核心国家货币有利息收入且更便于结算，而持有黄金没有利息收入，在一定程度上外围国家更愿意持有核心国家货币作为外汇储备。金汇兑本位制下，外围国家货币与实行金本位制或金块本位制的核心国家的货币保持固定的比价，并在后者存放外汇或黄金作为平准基金，从而间接实行了金本位制，该币制又称为虚金本位制。显然，那个核心金块本位制国家能够拉拢更多实行金汇兑本位制的外围国家与本国货币相挂钩，那个国家就能够以更有限的黄金撬动的货币。在实行金汇兑本位制的国家，黄金及挂钩的货币均是外汇储备。因此，各国千方百计促使其他国家货币与本国纸币相挂钩。尽管"一战"后英国受到极大削弱，但凭借广大的殖民地，与英镑挂钩的国家最多。由于国际结算90%是英镑，一些国家干脆储备英镑，将英镑等同于黄金。在伦敦开设英镑账户，可以获得利息，而储存黄金则非但没有利息，还要付出保管费用，持有英镑比持有黄金既方便又有利可图，所以有的西方经济学者把第二次世界大战前的国际金本位制度称作英镑本位制度。

"二战"后，英国霸权被美国取代，主要原因是：第一，由于垄断全球大多数有利可图的国际贸易导致制造业相对荒废。英国掀起了工业革命。德国在统一之后，采用李斯特贸易保护主义政策，制造业逐步赶了上来。美国南北战争之后，统一了市场，也采用贸易保护主义政策，制造业也逐步赶了上来。在"一战"前夜，英国制造业被美国、德国超越。相比，由于英国在拿破仑战争后，垄断了从英吉利海峡到上海的航线，坐享国际贸易红利，不思进取，制造业水平逐步落后于英美。1757～1849年，英国彻底征服印度，通过高筑贸易壁垒，彻底摧毁了印度的手工纺织业，印度成为英国最丰饶的殖民地。同时，为了扭转持续几百年的贸易逆差，英国向中国出口鸦片，造成中国白银外流，并挑起了两次鸦片战争（1840～1842年、1860年），让中国成为半殖民地半封建社会。1848年，英国从中国窃取了茶叶种子，在印度广泛种植，然后出售到全世界。1875年，英国获得苏伊士运河的股份和控制权。1879年，英国又从巴西窃取了橡胶种子，在马来西亚、泰国广泛种植。1849～1870年，澳大利亚发现金矿。为了夺取南非的金矿，又发动了两次布尔战争（1880～1881年、1899～1902年）。按照梅新育（2015），作为全球多边贸易多边支付体系中心的英国，1910年的国际贸易结构中，对印有6000万英镑贸易盈余，对华有1300万英镑贸易盈余，再加上对日本、澳大利亚、土耳其有贸易盈余。相反英国对美国、西欧、加拿大等工业国家贸易逆差高达1.2亿英镑。分析1910年英国的贸易结构，来自印度、中国、澳大利亚、土耳其、南非等殖民地、半殖民地滚滚而来的财富支撑了英国维多利亚黄金时代。相比而言，制造业要拼质量、拼价格，利润微薄。英国制造业犯了所谓的"荷兰病"，变得不思进取，对西欧、对美国贸易都是逆差。第二，英国采用了错误的地缘政策。自维多利亚女王时代，英国地缘政治的核心就是挑拨离间、纵横捭阖，挑动欧洲列强互斗，在欧陆强国忙于欧洲大陆内部事务无暇顾及海外事务时，大力在海外扩张，维多利亚女王、老皮特、小皮特、帕默斯顿、迪斯雷利均是高超的离岸平衡手。欧洲大陆的悲剧就是英国的喜剧，欧洲大陆的悲剧向来就是英国有意识创造的。但当英国竭尽全力在欧洲大陆制造一个又一个悲剧时，美国趁机发展壮大。拿破仑战争，战胜国表面是英国，其实更是美国的胜利。在欧洲列强为了诸如西里西亚、但泽、克里米亚等地争抢激烈时，拿破仑轻易将占美国领土1/4的路易斯安那州几乎白送给美国，俄罗斯帝国将阿拉斯加州卖给美国，西班牙更是将佛罗里达、加州等半卖半送丢给美国。

美国"一战"前，英国的工业产值已落后于美国、德国，其中德国成为世界科研中心。从战争潜力来看，美国面积、人口，以及工业潜力远大于德国，而英国豢养的走狗日本又觊觎英国远东殖民地。英国在保持全球主要航线顺畅及维护海外殖民地、保持欧洲均势两个战略目标中，最多只能实现一个，最后英国还是错误地选择了遏制目标，两次选择与不具备成为超级大国条件的德国血战到底，与德国同归于尽。

相反，"一战"前的美国已经成长为巨人。如果说英国的战略是欧洲大陆的悲剧就是英国的喜剧。那么改两个字就是美国的战略，欧亚大陆的悲剧就是美国的喜剧，英国是欧亚大陆的一部分。英国没有意识到自身已成为美国制衡欧亚大陆的棋子。"二战"期间，利用丘吉尔的好出风头，罗斯福总统通过租借法案对英国敲骨吸髓，美国榨干了英国最后一个便士，美国在1944年拥有全球75%左右的黄金储备；以帮助英国反潜战的名义合法占领了英国耗时几百年费尽心机、鲜血、金钱侵占的许多重大战略通道；通过大西洋宪章"民族自决"原则，合法地拆散大英帝国，原英联邦的核心骨干澳大利亚、加拿大、新西兰、爱尔兰①成了美国的铁杆小弟；通过布雷顿森林体系，剥夺英国的国际铸币权，结束英镑体系。

站在地缘政治的角度，所谓"二战"就是美国利用德国、苏联、日本三个国际秩序挑战者，与苏联合作利用英、法打垮德、意、日，削弱苏联，并拖垮英、法的战争，德、意、日是战败国。站在币缘政治的角度，美国通过"道威斯"计划、"杨"计划贷款扶持纳粹德国重整军备，通过技术援助扶持苏联的重工业化，通过进口日本生丝并向日本出售废钢铁、石油变相支持日本入侵中国，并向同盟国高价出售武器积累了全球80%的黄金，战争结果是摧毁了法郎经济区、日元经济区、荷兰盾经济区、里拉经济区，极大压缩了英镑区，通过布雷顿森林体系建立美元—黄金本位制，这个意义上英法荷才是最大的战败国。

3. 美国建立了布雷顿森林体系

"二战"后期，美英两国分别提出了"怀特计划"和"凯恩斯计划"。实力更为雄厚的美国胜出，建立了布雷顿森林体系。核心内容是：

（1）美元与黄金挂钩。按照35美元/盎司的黄金官价，各国政府或中央银行可按该价用美元向美国兑换黄金。

（2）其他国家货币与美元挂钩，其他国家政府规定各自货币的含金量，通过含金量的比例确定同美元的汇率。

（3）实行可调整的固定汇率。《国际货币基金协定》规定，各国货币对美元的汇率，只能在法定汇率上下各1%的幅度内波动。否则各国政府有义务在外汇市场上进行干预，以维持汇率的稳定。

（4）建立货币基金组织和世界银行，前者提供短期资金借贷以保障国际货币体系的稳定，后者提供中长期信贷来促进成员国经济复苏。

显然，布雷顿森林体系也是一种金汇兑本位制。与战前各国实施的金汇兑本位制相比：一是消除了其他国家货币与黄金挂钩的权力。原来英镑、法郎、日元等"军阀割据""山头林立"，现在只有美元有资格坐庄，美元的地位突出了，

---

① 爱尔兰在1919年英国"一战"后衰落趁机独立。爱尔兰总理德瓦莱拉在希特勒自尽后赴德国驻爱尔兰大使馆悼念，总统德格拉斯海格发出吊唁函。

美元等同于黄金。二是只有外国政府才有资格兑换黄金，个人不能兑换，进一步限制了兑换黄金。美国政府更可以用更少量的黄金撬动更多的资源。

建立资本主义信用体系、商业银行及中央银行运营机制和实行金本位制，是第二个层级的铸币税。由于存在杠杆效应，这个层级铸币税显然远高于第一层级。

荷兰、英国、布雷顿森林体系解体前的美国是这阶段铸币税的典型代表。其中，建立初级资本主义体系和商业银行的荷兰，征收的铸币税收入高于西班牙。最先实行金币本位制、建立完整中央银行及商业银行体系的英国征收的铸币税高于荷兰。实行布雷顿森林体系的美国，其征收的铸币税收入超过英国。

金币本位制下，商业银行使用黄金做准备金，用汇票支付大额交易，可撬动的更多黄金。银行体系下的金币本位制收入高于纯粹使用黄金、白银做交易的铸币税收入。金块本位制下，黄金作为外汇储备，黄金已不再流通，限制黄金兑换，以有限黄金撬动的货币更多。如果哪个大国能够让更多实行金汇兑本位制的小国与本国货币挂钩，那么哪个大国的黄金能撬动的货币更多。金块本位制与纸币作为外汇，大国以有限黄金储备可撬动的资源更多，铸币税收入高于金币本位制。布雷顿森林体系下，黄金和美元均是外汇，且只有政府才能向美国兑换黄金，因此美国的铸币税收入又多于金汇兑本位制下铸币税收入。通俗地讲，如果金币本位制下 1 盎司黄金可以撬动 2 元货币，那么金块本位制下 1 盎司黄金可以撬动 3 ~ 5 元货币，而布雷顿森林体系下 1 盎司黄金可以撬动 6 元货币。同样是实行金块本位制，英国 1 盎司黄金可以撬动 4 元货币，而法国只能撬动 3 元货币，因为与英镑挂钩的国家更多。

但是，在布雷顿森林体系下，随着战后各国经济大发展，与快速经济增长及更快速的国际贸易增长相比，黄金产量增长仍是不足。根据弗朗西斯·加文（2016）的研究，布雷顿森林体系之所以无法支撑，是长期持续的国际收支赤字，导致黄金大量流失。

国际收支可以分解为三类：经常项目、单方转移、资本项目。整个 20 世纪 50 ~ 60 年代，美国都维持着经常项目盈余。以 1960 ~ 1961 年为例，美国经常项目盈余分别达 28.2 亿美元、38.2 亿美元。由于美国冷战需要，美国对外提供庞大援助及海外驻军，单方转移长期保持赤字，分别是 40.6 亿美元、41.3 亿美元。第三类资本项目上，美国长期在境外投资，出现巨额赤字。例如，1960 ~ 1961 年，美国对外投资分别达 25 亿美元、26 亿美元，而同期外国对美国投资只有 3 亿美元、4 亿美元，则美国资本项目净逆差 22 亿美元。综合这三类账户，1960 ~ 1961 年，美国国际收支赤字分别约达 34.4 亿美元、25.1 亿美元。

由于美元就是外汇，美国国际收支赤字可以用美元支付，而不必支付黄金。

只要外国政府不恶意将美元转换为黄金，布雷顿森林体系仍可以支撑下去。实际上，1967年以后，对美国国际盈余主要国家联邦德国、日本政府领导人向美国提供了不将美元兑换成黄金的承诺。同时，不愿意过多承担美国驻军费用的联邦德国总理艾哈德被美国轰下台。

因此，导致美国国际收支赤字的主要原因不是经常项目赤字，而是美国对外投资的需要，以及美苏争霸军费开支。持续不断的国际收支赤字导致布雷顿森林体系瓦解。实际上，1958年，随着欧洲各国经济复苏，主要西欧国家实行了经常项目下可兑换。从那时起，国际收支平衡就是美国总统的头等大事。随着20世纪60年代美国因越南战争而支付的军费开支越来越失控，美国资本全球投资规模越来越庞大，国际收支赤字越来越巨大，黄金流失加剧。1971年，尼克松总统只好废除布雷顿森林体系。

（三）第三层级的铸币税

1971年，布雷顿森林体系解体后，美元不再兑换黄金。经过几年的酝酿，1976年1月，国际货币基金组织构建了牙买加体系。其核心是：

（1）美元与黄金脱钩。建立美元为主体，英镑、马克、法郎、日元为外围的多元化储备货币体系。

（2）汇率体系多元化。采用浮动汇率制与固定汇率制并存的货币体系，其中发达国家多采用浮动汇率制，发展中国家多采用固定汇率制。

（3）增强特别提款权（SDR）的作用等。

牙买加体系另一个重要成果是建立了西方七国首脑会议机制。为了解决布雷顿森林体系解体之后的金融乱象，1975年11月，由美、英、法、德、日、意六国领导人开会商讨全球经济政治问题。此后，加拿大、欧共体主席也应邀参加。

狭义的铸币税定义指的是政府由于印制货币的垄断权而获得的收入。在纸币本位下，必须进一步考虑物价及通货膨胀。这里铸币税是一个宏观经济学概念[①]。铸币税用 SE 表示，M 是当期货币量，M_{-1} 是上期货币量，$M - M_{-1}$ 是当期新增货币投放量，这里货币量指的是基础货币。P 是当期物价水平，P_{-1} 是上期物价水平，则当期的铸币税为：

$$SE = \frac{M - M_{-1}}{P} = \frac{(M - M_{-1})}{M} \frac{M}{P}$$

---

① 根据诺贝尔经济学家弗里德曼的《价格理论》，微观经济学更多研究价格机制，宏观经济学更多研究货币理论。微观经济学模型是相对价格，没有货币因素，因此又叫价格理论。宏观经济学有价格，主要研究通货膨胀、就业等关系，因此又叫货币理论。

铸币税收入规模除了与新增货币投放量 $M - M_{-1}$ 相关，还与物价水平 P 相关。1975～1985 年，美国铸币税平均占政府非铸币税收入的 6.02%，占 GDP 的 1.17%。铸币税收入不容轻视。只要不引发高通胀，铸币税相比其他税收成本偏低。

但是，政府发行货币会造成用 IT 表示通胀税，通货膨胀税是指的是通货膨胀给民众造成的损失。$\widehat{P} = \dfrac{P - P_{-1}}{P_{-1}}$，则通胀税可表达为：

$$IT = \frac{(P - P_{-1})}{P} \frac{M}{P} = \frac{\widehat{P}}{1 + \widehat{P}} \frac{M}{P}$$

在经济增长停滞，即 Y 和 Y_{-1} 分别表示当期和上一期国家 GDP，当则 $Y = Y_{-1}$，没有国际储备货币概念、资本市场时，$\dfrac{M}{P}$ 等于 $\dfrac{M_{-1}}{P_{-1}}$，$IT = SE$，通胀税等于铸币税。

相对而言，美国政府是对美国国民负责任的政府，尽力在全球征收铸币税而不是向美国民众征收通货膨胀税。

国家征收狭义铸币税的前提条件是：一是本国货币是否国际结算货币，在国际上的地位。如果本国积累了巨额外汇储备，则实质上向他国支付了铸币税。如果本国货币是国际储备货币，则可向外国人征收铸币税。通过近几十年的改革开放，尤其是加入 WTO 后。1999 年末，中国外汇储备 1547 亿美元。此后外汇储备逐年递涨。截至 2014 年 6 月末，中国外汇储备达到近几年最高值 39932 亿美元，同期基础货币由 29271 亿人民币增长至 279899 亿元。2000 年以后，同期人民币汇率 8.2783 上升至 2014 年的 6.1428。2014 年同期 M_2 由 11.76 万亿元上升至 120.96 万亿元。如果我国外汇储备兑换为人民币平均按 7 计算，则我国基础货币几乎全部是央行强制结汇形成。我国政府向美国政府支付了巨额铸币税。加入 WTO 后，我国货币发行模式就是在强制结汇下被动的货币发行。2014 年 7 月后，外汇储备开始流失，为弥补基础货币下降以避免通货紧缩。央行通过常设借贷便利、中期借贷便利、发行央票、逆回购等方式增加基础货币。实行浮动汇率制，有些政府或地方政府货币发行量与美元储备相挂钩，在一定程度上是美元的代用券。如港币，中国银行、渣打银行、汇丰银行三家发钞银行在发行任何数量的港币时，必须按既定汇率向金管局交出足额美元，记入外汇基金账目，领取了负债证明书后才可印钞。这样，港元与其说是货币，不如说是美元的兑换券。

二是资本市场发展程度。如果一国资本市场由不成熟向成熟过渡，则快速上涨的楼市、股市、债市、大宗商品市场甚至文玩市场均可吸纳大量货币。近十几年，我国房地产价格增值了十倍，股市总市值也倍增，文玩市场火爆，均吸纳了巨额货币。当然，在国际贸易体系中，石油等大宗商品结算使用的是美元。华尔街已逐步将工业品、农产品标准化，实现大宗商品化并上市交易。在金融创新下，外汇、利率、债券、股市、房地产均建立了衍生品交易市场。美元主要在美国境内境外资本市场流通而不是消费品市场流通。

三是高经济增长率。在货币流通速度不变的前提下，货币规模与经济规模同比例增长不会导致通胀。例如，GDP 增长率达到 10%，那么基础货币增长 10% 不会导致通胀，而 GDP 增长停滞，基础货币增长 10%，可能会造成 10% 的通胀率。

四是居民通胀容忍程度。居民对通胀的容忍程度越高，越信任本国货币，政府征收的铸币税越多。如果一国居民使用美元来替代本国货币流通，政府将收不到铸币税。一年 2% 左右的通胀率可能更有利于经济增长。相反，通缩对经济及民众的伤害更大。

以上只是纸币本位下教科书描述的铸币税收入。由于国家结算货币最大份额是美元。美元境外以现金持有的美元所节省的利息，以及世界各国投资美国国债利率与美元平均投资收益率的差额，这是美国第一个层面，也是最直接的铸币收益。对美国而言，铸币税主要体现在第一、第二点。对欧元区、日本、英国而言，铸币税主要体现在第二点。对其他发展中国家而言，铸币税仅体现在第三、第四点。对美国而言，仅仅这一部分的铸币税收入就超过了上面第二层级的铸币税收入。

前面所述是狭义铸币税，美国是本阶段铸币税的主要受益者。广义的美国铸币税还有至少以下五个方面。

第一，直接投资便利、货币政策任意性、制造国际金融危机从中获利等隐藏的利益。美国向全球各国投资直接使用美元，不受黄金等储备限制。该方面看似简单，但实际利益巨大。以中国为例。中国正在推进"一带一路"倡议，同时建立亚洲基础设施投资银行。尽管中国拥有强大的基础制造业，尤其是在高铁、公路、机场建设能力方面实力雄厚，在现阶段向世界发展中国家投资时，仍必须用美元投资而不是人民币投资。因此，中国用于境外投资金额的上限是我国持有的外汇储备，而且投资是有成本的，这个成本就是投资境外时期的美债收益。相反，美国在全球范围内投资金额没有上限，境外投资成本低，直接投资便利实际赋予了美国有空手套白狼的权利。

货币政策任意性方面。这里的任意性是指相对其他国家货币政策的自由。其他国家在经济衰退时，可能需要降息，但由于美国处在加息周期，因此不得不放弃加息。制造业国家为了增加出口，需要下调汇率时，无论实行固定汇率制还是浮动汇率制，其实都要征得美国同意，至少是默许。

美联储可以印出任意数额的美元。2008 年美国金融危机爆发。如果是其他国家爆发金融危机，如俄罗斯、希腊，必须采取本币大幅度贬值、资产贱卖、不良金融企业破产倒闭、求助 IMF 纾困。但美国非但不资产贱卖，反而出台 4 轮 QE，救助严重亏损的金融企业，美国资产价格在下降之后反而大幅度上涨。2007 年末，美联储基础货币 8372 亿美元，2014 年 8 月达到 40750 亿美元的峰值，随后美联储宣称其进入缩表阶段。尽管美国基础货币量有所压缩，但实际上，储蓄率过低并丧失基础制造业的美国根本不可能实现缩表。截至 2017 年 8 月，美联储缩表无实质进展，反而有反弹趋势。8 月末的基础货币仍达 39100 亿美元。

制造国际金融危机从中获利方面。自从尼克松总统放弃布雷顿森林体系后，非西方国家爆发了 1982～1986 年席卷墨西哥、巴西、委内瑞拉、阿根廷、秘鲁、智利的拉美经济危机；1994 年的墨西哥金融危机；1997 年席卷泰国、马来西亚、印度尼西亚、韩国的亚洲金融危机；1998 年俄罗斯主权信用危机。发达国家中，1992 年的英镑危机；1991 年开始长达 10 多年的日本经济危机。每一次他国的经济危机都是美国资本的机会。华尔街、资产评级公司、纽约时报等媒体密切合作，通过在资本市场上屡试不爽的"引爆危机—逢低吸货—制造虚假繁荣（培育危机）—拉升出货—再次引爆危机"循环，实现资本增值收益。

第二，通过全球资产定价掌握的权力。在大宗商品交易时代，大宗商品价格主要不取决于供需双方博弈，在期权、期货、互换等衍生品的对冲下，大宗商品成为金融产品时其价格主要取决于套利定价模型。中国是石油、铁矿石等众多商品的第一进口大国（需求端），也是稀土、钨等矿藏的第一储藏大国、生产大国、出口大国（供给端），但中国从来没有掌控过石油或稀土的定价权。由于美联储决定利率、货币发行量，实际上美国也决定其他国家外汇、黄金等贵金属价格。大宗商品交易所基本设置在美国、英国，英国市场依附于美国。即由华尔街决定石油、铁矿石、粮食价格、外汇、黄金价格。在美元体系下，由美国华尔街等各投资银行、穆迪等评级公司决定各国主权债券评级，在一定程度上决定主权债券、各国企业融资成本、价格。

全球最成功的风险投资基金、风投基金经理基本都在美国，经理（员工）股票期权、合伙人制度等创新制度是硅谷的历次高科技革命的助推器。截至 2017 年 7 月，在新技术革命浪潮下，苹果、Alphabet、亚马逊、脸书以及微软（按市值排名）等高科技公司的市值位居全球企业前 5 位，市值合计达到 3.03 万亿美元。其中，苹果一家公司市值已经超过了德国大多数知名制造业市值总和。理论上，美国出售苹果公司就可以购买大多数著名德国制造业上市公司，出售苹果加 Alphabet，美国就可以购买几乎所有的日本制造业上市公司。

第三，掌控世界银行、国际货币基金组织等机构所享有的权利。世界银行、国际货币基金组织（IMF）是伴随着布雷顿森林体系建立的，以上国际金融机构主要通过美元结算此外，亚洲开发银行、中国出资组建的亚投行也是通过美元结算。美国是世界银行、IMF 第一大股东，当爆发金融危机时，美国可决定是否救？如何救？在这个过程中大有上下其手、中饱私囊的机会。1997 年亚洲金融危机后，韩国由于长期经常项目逆差陷入金融危机。在美国的主导下，韩国进一步开放国内市场，美国趁机打进了韩国的金融市场。

第四，各类形式金融机构垄断带来的利益。穆迪、标准普尔等资产评级公司对全球政府债券、企业的评级霸权垄断；普华永道、德勤、毕马威、安永四大会计师事务所对于全球会计审计的垄断；麦肯锡、盖少普、埃森哲等管理咨询公司对于管理方面的垄断；高盛、摩根大通在投资银行业务的垄断；纳斯达克、纽约交易所等对于上市交易的垄断；芝加哥商品交易所对农业大宗期货的垄断；运通、discover 在国际结算支付方面的垄断；黑石、新桥在全球收购兼并、资本运作的垄断性；道富银行、纽约梅隆银行在交易银行方面的垄断性。此外，美国各类律师事务所基本也垄断了对于国际法律事务的解释权。以上各类形式的金融机构及金融咨询机构，既为美国创造了巨额利润，也增加了美国的话语权，为美国赚取了大量服务项目盈余，弥补贸易项目赤字。如果一国完全开放穆迪等资产评级公司、普华永道等会计师事务所、麦肯锡等管理咨询公司在本国开展业务，那么该国财政货币政策、上市公司等所有经济信息机密将被美国金融机构一览无余。甚至从某种程度，美国比该国领导人更掌握该国真实经济情况。此外，高盛公司的众多高管在欧美政府参政，如美国财长包尔森、努钦等。美国金融机构可以准确判断目标国家经济虚实，并设计一套方案发动最完美的攻击。

例如，由于希腊，美国高盛为希腊政府量身定做"货币掉期交易"方式，为希腊政府掩盖一笔 10 亿美元的公共债务①，使希腊满足入欧条件。希腊入欧后，继续通过国际借贷维持高福利政策，并创造了长达 8 年的虚假繁荣。2007年，美国雷曼危机爆发。为避免美元汇率大幅度贬值，并避免其他国家趁机低价收购美元资产，美国在 2009 年 12 月定时定向引爆希腊主权债务危机，并迅速蔓

---

① 根据欧盟《稳定与增长公约》，加入欧元区各国财政赤字不得超过当年 GDP 的 3%；公共债务不得超过 GDP 的 60%；中期预算应实现平衡或盈余。1999 年，希腊政府是首批 12 个申请加入欧元区唯一被拒的国家。随后高盛主动找上希腊，设计了一套方案：希腊发行 10～15 年期 100 亿美元国债。高盛将 100亿美元按 1.35 美元/欧元本应该兑换到 74 亿欧元，但高盛按 1.19 美元/欧元的汇价兑换到 84 亿欧元。希腊政府通过 10 亿欧元的"盈利"使得财政赤字仅为 GDP 的 1.5%，因此希腊政府在 2001 年 1 月 1 日顺利加入欧元区。高盛该笔业务赚取 3 亿欧元的费用。

延至整个欧洲，引发欧债危机。又如，穆迪、标普公司调高某国主权债务评级，某国融资成本就下降；调低某国主权债务评级，某国融资成本就上升；把某国主权债务评级定为垃圾级以下，某国就很难甚至无法在国际金融市场上融资。至于主权评级调增调减的原因，永远可以找到完美的理由，永远有免费的经济学家为之辩护。

第五，掌握了全球银行清算系统。世界银行、国际货币基金组织、国际清算银行基本由美国控制；运通、discover垄断了国际结算支付；花旗银行、美国银行为代表的商业银行在境外具有广泛的分支机构。美国遍布全球的商业银行清算体系与英国、欧洲、日本的商业银行清算体系交织在一起。英国、欧洲、日本、瑞士等发达国家普遍尊重美国的权威。控制了全球清算系统，意味着美国能够运用经济金融手段制裁任何个人、组织甚至国家。当美国制裁伊朗时，中国购买伊朗石油就无法转账，必须用飞机满载现金运送至伊朗支付。

在纸币本位下，利用美国的铸币能力，美国金融业逐步做大。上面讨论过，正是由于金汇兑本位制，布雷顿森林体系制约了美国向外资本输出、在全球驻军的能力。打破黄金的枷锁后，美国经济结构乃至全球经济体系发生重大改变。

第一，在构建美元货币资本体系的基础上重塑了全球资本体系。与西班牙帝国霸权金融基础是垄断白银生产运输，荷兰霸权金融基础是白银本位制、完善的商业银行，英国霸权金融基础是黄金本位制、完善的中央银行（即英格兰银行）与商业银行体系，美国霸权金融基础是美元货币资本体系。美国通过资本输出、经常项目逆差向全球其他国家输出美元，其他国家得到美元之后投资美债，形成美元—美债循环。其中，美国投资其他国家产业，得到高收益的股权收益，其他国家投资美国债市，得到低收益的固定收益。通过股权债权收益差，美国获利甚丰。

第二，在构建以美国为核心的产业体系的基础上重塑了全球产业体系和贸易体系。长期以来，美国基础制造业向新兴工业化国家转移，形成以美国为主轴，遍布全球的产业链，国际贸易额飞快发展。美国向全球大规模投资，控制了石油、铁矿石等主要资源产地。按照比较优势禀赋，美国在全球范围内布局产业链生产，美国掌控盈利最丰厚的品牌、设计、保险、采购、订单等关键环节，将简单生产、组装过程放在工资水平偏低的不同的发展中国家。例如，以美国苹果公司为例，美国负责设计、技术监控和市场销售；闪存屏幕在日本生产；信息处理器是韩国制造；全球定位系统、微电脑、摄像机 WIFI 德国制造；所有部件在中国组装；海外总部放在爱尔兰以实现避税。苹果利用供应链的大规模掌控优势，获得成本优势和技术优势。但是，有利有弊，长期输出实业导致美国产业开始空心化。借助美元体系，德法等欧洲国家、日本也各自建立了或大或小的全球产业体系。其中欧元区成立后将东欧国家纳入欧元区，日本力图将东南亚国家纳入日元区。全球经济摆脱了两次世界大战之间的壁垒分明的隔阂，国际贸易量大幅度攀升。在全球分工合作基础上，1973～1989年，参与这一体系的国家经济水平均得到快速发展。在国际大分工背景下，国际贸易额突飞猛进。

如同任何一种新生事物，在刚产生时积极因素起主要作用。布雷顿森林体系刚刚解体后，牙买加体系进一步释放了生产力。在很大程度上，在美国实业衰败之前，美国通过货币创造、全球产业布局解决了对外投资、海外驻军费用难题，赢得了冷战胜利。相比之下，苏东集团只有通过实业生产、出口石油获得外汇，高昂的军费拖垮了苏联经济。1978年改革开放后，中国初步加入了美国主导的资本产业贸易体系。2000年加入WTO后，中国彻底融入了全球贸易体系。苏联解体后，苏东欧也加入了该体系。

但是长此以往，也造成了以下后果：

一是货币的用途发生质的转变。贵金融本位下，货币创新的目的是如何集约使用贵金融，由金银复本位制向欧洲实行金本位制和中国、印度、日本实行银本位制错位发展；由金币本位制向金块本位制、金汇兑本位制转变；由两次世界大战期间各国货币集团竞争的金汇兑本位制到美国一股独大的布雷顿森林体系。此外银行券等都是为了集约使用黄金。由于黄金产量有限、黄金本身消耗的制约，银行尚主要服务于实体经济。在贵金属本位制下，各国经济发展受到贵金属生产的制约。工业革命后，各国经济大发展，贵金属生产量跟不上经济发展，造成通货膨胀率极低，在某些年份造成通货紧缩，如美国在1815～1833年、1865～1896年、1929～1933年经历的几次漫长的通货紧缩。

在打破布雷顿森林体系实行牙买加体系后，所有的金融创新围绕的核心就是扩大纸币的应用场景。不仅大宗商品、劳动力、土地、生产资料等生产要素实现商品化，进入市场交易，股票、债券、外汇等金融市场更是蓬勃发展，甚至利率、汇率、保单等也开始上市交易，金融衍生品层出不穷。货币主要在金融市场内流通，直接用于终端消费品交易的货币占比极少。金融深化程度不同，导致发达国家和发展中国家通货膨胀生成机制截然不同。

二是金融业脱离实体经济实现盈利，造成美国制造业彻底衰落。在纯粹纸币本位下，商业银行本身就是货币创造体系中的一部分，每年货币增量远超金本位时期。金融业收益远超制造业收益，造成实业萎缩。在摆脱黄金枷锁之后，金融业完全可以脱离实体经济而盈利。在纸币本位下，商业银行的盈利模式发生质的转变。货币增发会导致房地产、股票价格、大宗商品价格自然增长。投资银行可以通过资产增值获利。依赖同业业务，资金可以在银行体系空转。自1980年以来，商业银行普遍向零售业务转型，导致中低收入家庭负债累累。银行、证券、保险等金融机构盈利能力远远超过实业。金融业通过垄断实业企业上市融资、发债融资、贷款、保险，通过利率、汇率的调整，取得了对所有产业、每个产业整个产业链上下游各阶段产成品、半成品的定价权，不仅可以调整不同行业的利润水平（包括该行业从业人员的薪酬水平），还能调整每个产业上下游原材料、半产品、产成品到最终产品的利润水平（包括该行业从业人员的薪酬水平）。在此基础上，美国甚至能够决定一国的 GDP 规模，调节国与国的收入水平。例如，美国能够通过降低油价来降低俄罗斯、沙特等大宗生产国的外汇收入，也可以通过提高油价消耗中国的外汇，还可以通过抬高粮食价格造成中东的"阿拉伯之春"。一国经济结构越单一，越容易被美国操控。

1971 年以前，世界首富往往是钢铁、石油、汽车、百货等实业家。目前，世界首富主要是依赖股市市值支撑的高科技企业家、金融家。金融业从业人员、律师、医生是任何一国的高收入群体，工程师收入普遍相对下降。发达国家制造业从业人员、制造业占 GDP 比例逐年下降。目前，除了具有技术垄断性质的飞机制造、制药、材料、芯片等高端制造业，以及部分奢侈品行业尚有利润，类似食品加工、服装、装修家具、玩具、家电等大多数基础制造业与农业一样几乎无利可图，钢铁、化工、汽车、机械等行业利润也非常微薄。尤其是中国、苏联东欧集团也加入美国主导的经济体系之后，农业、制造业利润更加微薄，美国主导的资本体系、铸币税空间更加广阔，经济更加脱实向虚。

三是美国政治的主导权由实业界向华尔街转移。之前，美国有句俗话，"民主党属于摩根家族的，共和党属于洛克菲勒的，摩根、洛克菲勒基本仍以实业为主"。1971 年以前，艾森豪威尔总统还警告政权被军工复合体操纵，但军工复合体仍是实业。目前，随着美国经济金融化，制定美国政策逐渐从白宫转移到华尔街。2007 年的次贷危机爆发后，闯出大祸的华尔街非但没有受到惩罚，反而利用 4 万亿美元救助再发一笔横财。

四是重新塑造了国际货币体系。在欧元区成立前，SDR 篮子有美元、马克、日元、法郎、英镑五种货币。在欧元区成立之后，SDR 篮子有美元、欧元、日元、英镑四种。美元区是全球最强大的货币区，欧元区是完全独立于美元区的货币区，英镑区是与美元区互补合作，处于从属性的货币，日元区依附于美元区。

三、海权与币缘政治的关系

相对而言，海权、陆权都是地缘政治和币缘政治的基础，但海权与陆权相比，海权更侧重是币缘政治的基础，陆权更侧重是地缘政治的基础。控制海洋的国家享有铸币权。

1492 年，哥伦布发现美洲新大陆。1497 年，葡萄牙人达伽马到达印度。欧洲人绕过奥斯曼帝国，直接与印度、东南亚、中国开展国际贸易，并向美洲移民，将白银黄金等贵金属运回欧洲。自此，在西方的主导下人类进入大航海时代。相比之下，文艺复兴时期意大利热那亚、佛罗伦萨等各城邦主导的地中海贸易从属于奥斯曼帝国的贸易体系。在国际贸易时代（1492～1760 年），财富更多的来自国际贸易而不是传统农业、畜牧业。在控制国际贸易航线的基础上掌握国际贸易的国家往往是世界第一强国。工业革命后（1760～1973 年），财富来自国际分工。一国只有主动参与国际分工，占据国际分工的制高点，才能掌握更多的财富。在信息时代（1973 年以后），在布雷顿森林瓦解后，按国际分工，国家分成三类：第一梯队是美国、英国，掌握国际金融业制高点。新加坡、瑞士，以及中国香港由于占据国际战略通道和历史原因，也分了国际金融大餐的一杯羹。其中，新加坡和中国香港是美元体系的组成部分。第二梯队是德、日、韩、法、北欧等国，占据高端制造业高地，中国台湾勉强也加入第二梯队。第三梯队是大宗商品生产国、农业大宗生产国和低附加值商品制造国，主要从事农业、采掘业、低附加值有小商品生产。其中，沙特阿拉伯等海合会是比较纯粹的原材料大宗商品国。巴西、南非既是大宗商品国，也是农业大宗生产国。越南、泰国介于农业大宗生产国和低附加值商品制造国之间。马来西亚、东欧国家是低附加值商品制造国。非洲大多数国家是农业生产国。中国正由第三梯队低端商品制造国向第二梯队高端制造生产国进军。

历史上，海权国家能够掌控国际贸易通道。在掌控国际贸易通道后，就能够征收铸币税，就能够进一步主导国际规则的制定。例如，西班牙（1494～1609 年）①、荷兰（1609～1688 年）②、英国（1689～1944 年）③、美国（1944 年至今）依次是各个时期世界第一海权强国，同时是全球第一国际金融中心。其中远离欧洲大陆的岛国英国及远离欧亚大陆的美国长期位居第一强国位置。同时期的欧洲要么存在一个陆权强国，要么同时存在几个陆上强国。1529 年奥斯曼帝国第一次围困维也纳之前，奥斯曼帝国在东欧具有压倒性优势。1683 年之前，

---

① 1494 年 6 月 7 日，在教皇的调解下，西班牙和葡萄牙达成瓜分欧洲以外新发现陆地的《托尔德西里亚斯条约》，是西班牙开始崛起的起点；1609 年，荷兰（含比利时）从西班牙哈布斯堡王朝独立，西班牙丧失近半的税收收入，是西班牙开始衰落的起点。此外，西班牙在之前的英格兰—西班牙战争中也元气大伤。

② 1688 年，荷兰的威廉三世在英格兰议会支持下成为英格兰国王，被称为光荣革命。翌年威廉三世接受《权利法案》，奠定了英国君主立宪制的基础。光荣革命被视为荷兰霸权移交给英国的转折点。

③ 1944 年，美国主导布雷顿森林体系的建立，英国丧失金融主导权。

奥斯曼帝国最后一次围攻维也纳，奥斯曼帝国在东欧具有相对优势①。西班牙在1609年前在西欧具有相对优势。即使存在相对强大的第一陆权强国，也仅是第二强国。例如，1648~1815年法国基本是陆上第一强国②，但法国弱于荷兰和英国，当时奥地利帝国、俄罗斯、瑞典以及后来居上的普鲁士也是陆上强国。1815~1907年的俄罗斯基本上是第一陆权强国③，英国是世界第一强国，法国、普鲁士（统一后的德国）、奥匈帝国也是举足轻重的重要国家。同样还有德国（包括德意志第二帝国和希特勒第三帝国，1907~1945年）、苏联（1945~1989年）和2010年之后的中国。

在地缘政治中，按照地理位置、海岸线陆地线比例、港口、国际贸易比例、商船数量等，国家通常划分为海权国家、陆权国家、半海权国家半陆权国家。例如，英国、日本、美国通常被认为是纯海权国家。德国、苏联是比较纯粹的陆权国家。中国、荷兰、法国、意大利、土耳其是半陆权半海权国家。当然，这是一种笼统的概念。虽然马达加斯加、斯里兰卡是岛国，但没人将其视为海权国家。虽然瑞士、奥地利是内陆国家，但比马达加斯加、斯里兰卡、巴布亚新几内亚、海地这些岛国更具有海权属性。

自从飞机出现后，取得制海权、制陆权的前提条件统统都是取得制空权。在现代化战争中尤其如此，空权起决定性作用。但为什么不是空权最强国享有最丰厚铸币税？

一国的GDP、国民收入取决于该国在国际贸易的地位。在国际贸易运输成本方面，大宗商品仍是海运最便宜，陆地运输（含管道运输）成本偏高。国际贸易仍以海运为主，陆运为辅，空运只是运送旅客。"二战"期间，美军、日军没有独立空军，只有海军航空队、陆军航空队，优秀飞行员优先分配到海军航空队，顶级飞行员分配至航母舰队。空军作战任务通常分配给海军、陆军，甚至是火箭军。因此至今没有哪个国家是空权国家之说。下面讨论的海军包括从属于海

---

① 奥斯曼帝国很早兴起，于1453年占领君士坦丁堡，成为全世界的霸主。1529年围攻维也纳失败后开始走下坡路。1683年围攻维也纳再次失败，标志着奥斯曼帝国开始衰落。在俄罗斯帝国兴起后，彻底衰落。

② 1648年三十年战争结束，西班牙哈布斯堡王朝战败并签订《威斯特伐利亚和约》，被严重削弱，德国进一步被碎片化，死亡了30%以上的人口。法国在红衣主教黎塞留的英明领导下，坐收渔利，得到阿尔萨斯州。法国主导建立威斯特伐利亚体系，被认为是法国崛起的起点。1815年，拿破仑战败，列强通过《维也纳会议最后议定书》，法国失去对欧洲大陆的主导权，欧洲大陆进入维也纳体系。

③ 1815年拿破仑战争后，尽管蒙受克里米亚战争（1853年7月至1855年12月）的失败，但借助普鲁士、奥地利和俄罗斯三国盟约，俄罗斯帝国基本取得欧洲大陆的支配权。19世纪基本上是英俄博弈，俄罗斯是英国制衡的头号重点。鉴于俄罗斯在日俄战争中受到巨大损失，太平洋舰队和波罗的海舰队全军覆没。为应对咄咄逼人的德国，1907年8月31日，英俄在圣彼得堡签订《英俄条约》，结束了英俄在整个欧亚大陆的大博弈，划分清楚了在波斯、阿富汗、中国西藏的势力范围。

军作战任务的空军、海军陆战队，陆军同样如此。海军与陆军性质有质的不同。

（一）海权国家赢者通吃

1. 海军以强凌弱

与陆军相比，海军战史上很少有以弱胜强的战例，基本上是以强凌弱、以多胜少，而且战损通常比陆战更悬殊。很少劣势海军将优势敌人拖垮的案例，海军不存在所谓的超限战。① 占优势的海军国家往往从一点点的优势开始，优势越拉越大，而不像陆军存在战争临界点，过了临界点优势就会变成劣势。技术革命直接决定海军作战结果。绝对技术代差很难用数量优势、地缘优势、作战意志或训练水平弥补。现代一艘宙斯盾驱逐舰或核动力潜艇（配备足够数量导弹鱼雷）能够轻松歼灭"二战"时期全部美国太平洋和大西洋舰队。10架飞机未必能够歼灭全部"二战"美军飞机（即使配备足够数量导弹），100辆M2坦克更没可能击毁美军8万辆坦克。至今美国陆军对阿富汗的游击队无计可施。

以人类历史上的太平洋战争为例。（整个太平洋大小海战详见附表一）。偷袭珍珠港至印度洋海战是日军联合舰队拥有绝对优势时期。日军海军航空队飞行员素质、零式飞机质量、日军鱼雷性能超过联军，日军训练强度尤其是夜战能力远远超过联军，此外日军还占有突然袭击优势。与此相对应，在该阶段日军也创造了压倒性的战绩，而损失可谓微不足道，仅损失了几艘运输船、100多架飞机、3艘驱逐舰。②

珊瑚海海战至圣乔治角海战是相持期间，美军与日本装备数量及质量尚没有质的差距。依赖雄厚的陆军装备优势、雷达优势、情报优势、后勤优势，美军虽然取得了瓜岛战役、新几内亚战役、布干维尔岛战役的绝对胜利，但仅就海空战而言，美军与日军均互有胜负，损失惨重，总体上日本联合舰队损失略大些，但尚在可以承受的范围之内。随着美军新型舰艇的逐步下水，装备的逐步改善，如F4式战机在2013年8月投入使用。美军总结经验教训，高级将领优胜劣汰，指挥能力逐步提高，海军广大官兵技战术水平逐步提高。从刚开始萨沃岛海战美军近乎全军覆没，到后期在后起之秀伯克上校的指挥下，美军在圣乔治角海战创下了3∶0的压倒性胜利。美军表现渐入佳境，战损比逐步改善。整体而言，越到后期美军表现越出色。布干维尔岛战役就比瓜岛战役表现出色。

从突袭特鲁克至战争结束是美军占据绝对优势时期。1944年以后，美军最

---

① 鱼雷艇、水雷、潜艇、导弹最初发明时，曾起到以微小代价消灭价值巨大战舰的作用，但鱼雷艇、水雷、潜艇、导弹本身也是技术革命的一部分。

② 这期间日军摧毁联军航母1艘、战列舰10艘、巡洋舰10艘、驱逐舰17艘、飞机1000多架。

先进的埃塞克斯级重型航母、独立级轻型航母、卡萨布兰卡级护航航母以及弗莱彻级驱逐舰大规模服役后，同时美国潜艇破交战取得巨大成效，美国海军对日军开始取得了压倒性优势，战损比也是一面倒。例如，美军空袭特鲁克，击沉摧毁47艘舰船，总计20万吨，击毁飞机270架，而美军的损失可以忽略不计。又如，马里亚纳大海战是人类历史上最大规模的航空母舰决战，美军仅阵亡76人、损失123架飞机、四艘军舰轻伤，可谓微不足道，相比日军航母3艘、油船2艘被击沉，计10万吨以上，此外战列舰、巡洋舰、油船各1艘被击伤，损失飞机600架（含岸上飞机）以上，阵亡3000人以上。日本引以为傲的海军航空兵主力近乎全军覆没。再如，莱特湾大海战是人类历史上最大规模的海战，虽然哈尔西上将指挥失误，美军仍重创日军联合舰队水面部队。日军被击沉空母4艘、战列舰3艘、巡洋舰9艘、驱逐舰9艘，计30.6万吨，阵亡10000人以上。美军被击沉护航空母3艘、驱逐舰3艘，计3.7万吨，伤亡3000多人，战损比仍悬殊惊人。例四，坊之岬海战已经是美国海军航空队对日本单方面的屠杀。由于海军完全切断了日本石油补给线，开战初期所向披靡的日本联合舰队残余部队成了摆设。

太平洋战争如此，大西洋海战也基本如此。尽管整个"二战"，德国海军基本被英国海军压制，但德国潜艇破交战表现可圈可点。德国潜艇在"二战"中击沉1600万吨盟军船只（主要是英国），加上其他水雷、水面舰队、飞机等攻击方式，共击沉盟军船只2100万吨。但是，这些战果主要集中在1943年5月以前。在对付德国潜艇的技术装备，如庞大的护航航母、驱逐舰编队，搜索雷达、磁控仪、新式声呐、深水炸弹被研制并大量装备，以及建立在运筹学、统计学基础上的护航制度完善前，德国较少数量的潜艇取得了重大战果，英国对德国潜艇战一筹莫展。根据汤因比（2015），英国一年造船仅为100多万吨。如果没有美国根据租借法案，提供给英国大量物资，英国必然战败。在1942年7月以后，上述装备大量装备英军及护航制度完善后，尽管德国潜艇数量增加，但战果逐渐下降。自1943年5月以后，德军大量潜艇被击沉，而更先进的ⅩⅪ型潜艇迟迟没有大量装备军队，德军破交战宣告失败。

与德军在大西洋的破交战相比，美军对日本的破交战更为成功。[①] 日军没有能力装备先进的护航武器，美军战损比逐步优化，以至于最后美军潜艇无船可击。相比之下，开战前日本潜艇数量虽然也不少，但由于没有装备雷达，与德

---

① 日本战前海运船舶吨位590万吨，战争中新建410万吨，其中被击沉862万吨，因进水而失去作用94吨，合计956万吨。损失原因，54.7%被潜艇进攻而破损占比54.7%，30.9%被飞机破坏，14.4%是美空中力量及其他原因。上述统计中，完全被潜艇击沉的日本船只占比63%。

国、美国同时代的潜艇存在几个致命缺点，且作战理念落后，几乎没有发挥应有的作用。

在战争开始的时候，往往海军最先在战争中损失殆尽。例如，日本太平洋战争，首先是海军在马里亚纳大海战、莱特湾大海战中基本全军覆没，但海军航空队、陆军航空队仍有微弱的战斗力，陆军中其所谓的关东军、中国派遣军、南方军、国内军四大主力基本保存。同样，纳粹德国在其潜艇破交战失败后，海军几乎全军尽墨后，盟军才有可能进行诺曼底登陆。在纳粹投降前，纳粹在北欧的军队仍保持完整编制。意大利海军、法国海军在"二战"中均无过人表现。

科技在海战中起决定性作用。如果德国海军在战前大量装备潜艇并采用日本的氧气鱼雷，并尽快装备ⅩⅪ型潜艇。同时日军能够更加高效利用潜艇，更早装备雷达并采用自杀式武器"回天鱼雷"，则尽管可能无法逆转战争结果，但无疑将给盟军更大杀伤。相比，尽管德国虎式坦克、豹式坦克均比盟军先进，但依旧无法扭转战局。

战后，科技的决定作用被放大。以色列海军虽然吨位比叙利亚、埃及小得多，但以色列海军师出美国，阿拉伯海军师出苏联。以色列海军科技水平、训练水平比阿拉伯国家海军高半拍。尽管1967年第三次中东战争中，埃及海军曾用冥河导弹击沉过以色列驱逐舰、商船各1艘，但整体上以色列海军吊打阿拉伯国家海军。在1973年10月6日的拉塔基亚海战中，以色列导弹艇编队击沉叙利亚海军导弹艇3艘、鱼雷艇、扫雷艇各1艘，以方毫无损失。

战后最大规模的海空大战是1982年的马岛战争。阿根廷海军与英国海军相差一个时代，因此阿根廷海军和陆军在战争中几乎没起到半点作用。阿根廷空军与英军同时代的武器只有少量的超级军旗飞机和仅5枚飞鱼导弹。当飞鱼导弹消耗殆尽后，阿根廷只有采用常规方式进攻英军。虽取得巨大战果，[①] 但飞机损失殆尽后，只有认输。

2. 海军具有规模经济效应

与其他军种相比，海军、海军陆战队和配属的海军航空兵具有很强的规模经济效应。与陆军，以及空军和火箭军相比，海军及海军陆战队耗资巨大、规模经

---

① 阿根廷空军使用5枚飞鱼导弹出击3次，就取得击沉英军谢菲尔德号驱逐舰、大型货船大西洋运送者号2艘的巨大成果，且出击飞机安全回归。相比，常规战中，取得击沉考文垂号驱逐舰1艘，热心、羚羊护卫舰2艘、加拉哈德号登陆舰1艘，此外击伤英国军舰若干艘，炸弹没有爆炸，但是出击的阿军飞机基本全军覆没。阿根廷空军在战争中的表现可圈可点，可歌可泣。飞鱼导弹20万美元一枚，而谢菲尔德号驱逐舰3亿美元。

济效应最强，然后依次是空军、陆军、火箭军。美国海军军费占比常年超过50%。拥有 12 艘航母编队的海军与拥有 1 艘航母编队的海军，生产 12 个航母编队的单价远比仅生产 1 个航母编队的单价低，而 12 艘航母的综合作战能力却远远超过 1 艘航母的 12 倍。此外，占领全球海上重要战略通道、港口的驻军费用也非常昂贵。海军陆战队形成起码的作战能力，需要配备两栖攻击舰、登陆艇、直升机、两栖装甲车辆等先进装备，同时需要陆战步兵、装甲兵、炮兵、工程兵、防化兵、空降机降兵、蛙人等多兵种配合。没有一定规模基数，根本形不成战斗力。"二战"中，只有美国有实力打军级规模以上的登陆战。"二战"以前，英国、日本海军经费占比也长期超过 50%。

3. 建设一支海军的周期较长

打造一支精品海军，周期漫长，有"一年陆军，十年空军，百年海军"之说。首先，海军军舰的生产周期长，一艘航母由铺设龙骨到下水，通常需要两年多，建设一支规模以上舰队往往长达 10 年以上。其次，海军是一支精英兵种，海军军官要求高深的文化知识、不畏牺牲的勇气，甚至要求高贵优雅的气质、不俗的谈吐行止，培养高素质的海军军官及合格的海军士兵也需要较长时间。最后，占据海上重要战略通道①及重要战略支点需要漫长时间积累，并巧妙把握历史机遇。

以英国海军为例，1704 年英军利用西班牙王位继承战争之机，占据直布罗陀，卡住了地中海的喉咙。为保障英吉利多佛尔海峡的绝对安全，避免受到欧洲强权国家的控制，避免成为进攻英国的跳板，英国帕默斯顿首相在 1830 年策划了比利时的独立。1833 年，英国驱逐西班牙，占领马岛，卡住了麦哲伦海峡的通道。1878 年，利用第九次俄土战争，英国站在奥斯曼帝国一边调停有功，奥斯曼帝国将塞浦路斯岛租让给英国，可以随时卡住黑海海峡、苏伊士运河的运输。在 1870 年英国鼎盛时期，英国控制了英吉利海峡、直布罗陀海峡、苏伊士运河、斯里兰卡、新加坡，以及中国香港、中国上海等重要贸易通道。

4. 海军保护国家作用反而可能有限

与陆军相比，海军军费过于昂贵，而且可能毫无作用。一句话说得好，海军

---

① 全球最重要的战略通道有：从欧洲至中国东北的整个航线，波罗的海海峡及基尔运河、英吉利—多佛尔海峡、直布罗陀海峡、黑海海峡（土耳其海峡）、苏伊士运河、曼德海峡、霍尔木兹海峡、马六甲海峡、南海、台湾海峡、朝鲜海峡。此外，巴拿马运河非常重要。麦哲伦海峡、好望角、佛罗里达海峡也有重要商业价值。此外，马岛、直布罗陀、塞浦路斯、夏威夷、塞班、斯里兰卡、新加坡，以及中国香港、中国台湾等战略枢纽也非常重要。

是奢侈品，陆军是必需品。但如果没有成为全球第一强海军①，没有占据主要国际战略通道，海军也无法起到保家卫国的作用，尤其是位于欧亚大陆的半陆权、半海权国家或纯陆权国家。一方面，陆军要花费巨额重金保护国土安全，另一方面，要花费巨额费用建设海军，力量分散，往往两头落空。"一战"前，德国威廉二世军费一半用于打造海军，但长年困守基尔港。"一战"失败后，德国全球第二强海军只有化为"彩虹"②。路易十四执政期间，法国海军规模超过英国，在对付英国、荷兰海军的同时，由于同时要应付奥地利、西班牙、荷兰等列强的陆军，因此主动裁减了海军。法国拿破仑战争时期同样如此。"二战"时实力不凡的法国海军被英国海军围歼，在希特勒和丘吉尔的双重压力之下，主力自沉于土伦港③。意大利、苏联的海军在"二战"也无太大建树。

海军具有以上四个特点使海权最强国家有着赢者通吃的特点。同样，国际货币也有赢者通吃这个特点。白银曾长期充当国际货币。1717 年，英国首先实行金本位制，1816 年以法律形式加以确定。随着英国国力蒸蒸日上，此后其他工业化国家为了避免金银比价频繁波动，纷纷放弃金银复本位制或银本位制，也采用了金本位制。④

（二）海权与铸币权是一枚硬币的两面

这里军队主要指的是海军（含配属海军的空军、海军陆战队）及控制重要海军通道。

没有第一海军强权地位就无法征收到足够铸币税，同样如果无法征收足够的铸币税就无法供养一支强大的海军。正是海军相对于陆军的四个特点，当丧失海权第一强国地位而无法征收足够的铸币税收入时，海军通常成为国家财政的沉重

---

① "一战"前的英国海军目标是英国海军实力等于海军第二和第三强国实力之和，"一战"后与美国并列世界第一，目前基本销声匿迹。

② 1918 年德国"一战"失败，根据协议，德国庞大的海军舰队将被战胜国瓜分。1919 年 6 月 21 日，不甘心将舰队交给英国的冯·罗伊特将军下令将德国军舰自沉。

③ 1940 年 6 月法国战败投降，希特勒允许法国留下一支舰队，条件是保持中立。7 月，丘吉尔下令英军全歼了法国在法属阿尔及利亚的达喀尔港和米尔斯克比尔的舰队。1942 年 11 月，英美联军发动火炬战役，歼灭法国在阿尔及利亚阿尔及尔港、奥兰港及摩洛哥卡萨布兰卡的海军。以上英美合计歼灭法国 2 艘旧式战列舰、1 艘战列巡洋舰、1 艘巡洋舰、5 艘驱逐舰、10 艘潜艇、7 艘鱼雷艇，让巴尔、黎塞留 2 艘战列舰重创。维希法国三军总司令达尔朗下令土伦、达喀尔的法国海军开往北非，加入盟军。北非法军的投降激怒了希特勒，因此希特勒下令夺取法国土伦的法国舰队。此时英国一只庞大的舰队也开向土伦，如果土伦法军拒绝向英军投降则歼灭法军。土伦的法军既不愿投降德军，也不愿意投降英军，因此全部自沉，包括 3 艘战列舰、8 艘巡洋舰、17 艘驱逐舰、16 艘潜艇、16 艘鱼雷艇，以及 70 多艘辅助船只。

④ 1871 年，德国实行金本位制。1873 年，丹麦、瑞典、挪威实行金本位制。1893 年，印度实行金本位制。1886 年，日本甲午战争胜利后利用清朝赔款建立了金本位制。

负担，往往自动大幅裁减，集中资源建设空军、陆军。英格兰王国与西班牙帝国战争（1585~1604年），英格兰与西班牙两败俱伤。西班牙的衰落更多由荷兰独立战争（1566~1609年）和三十年战争（1618~1648年）决定。荷兰独立使西班牙丧失了近50%的财政收入。同时，英格兰、荷兰、法国联合打劫西班牙商船队，使西班牙大量丧失海外收入。西班牙铸币税收入下降后，日渐无力承担海军的巨额支出。大同盟战争期间（1688~1697年）的法国，面临海上、陆地两面作战，被迫保陆军弃海军。"二战"后英国海军规模、战斗力仅次于美国，但当印度独立、苏伊士运河被剥夺后，英镑失去主要国际结算货币地位，尤其是牙买加体系成立后，原英镑区的前殖民地国家纷纷与英镑脱钩，与美元或一篮子货币挂钩，英国无法征收到足够铸币税后，尽管英国历来优先发展海军，但英国海军仍逐年裁减，现在已经沦落为一支无足轻重的力量。"冷战"时期，美国海军耗掉苏联海军。苏联"冷战"失败解体后，俄罗斯、乌克兰同样优先裁减海军。半陆权半海权国家以及纯陆权国家，如历史上的奥斯曼帝国、葡萄牙、西班牙、荷兰、法国、德国、俄罗斯，当面临欧亚大陆其他国家军事威胁时，面临海上陆地两面作战时，海军都是优先裁减目标。

欧亚大陆可以同时存在几个陆权强国，但除了少数时期，但往往只有一个海权最强国，由这个海权最强国征收国际铸币税。可能在短期内同时存在几个海权国家，割裂铸币权，但海权一股独大的特点终究促使海权的大一统格局。自大航海时代以来，西班牙海军、荷兰海军、英国海军、美国海军在不同时期称霸海洋。1492~1588年，西班牙海军基本统治海洋。1609~1676年，荷兰海军基本统治海洋。1697~1914年，英国海军基本统治海洋，尤其在1805~1914年占绝对优势。1945年至今，美国海军统治海洋。英西战争中，1588年，英格兰海军击败西班牙的无敌舰队，但在随后的战争中英格兰失利，损失惨重。此后，荷兰、法国分别成为海权、陆权第一强国。此后英国海军在不同阶段分别打败了荷兰海军、法国海军、"一战"时的德国海军。尤其是自拿破仑战争以来，英国海军战略目标是建设两强海军，即英国海军吨位及整体实力大于等于全球第二、第三海军国之和。仅"一战"前德皇威廉二世大肆造舰，挑战英国海军权威。"冷战"时期至目前，美国海军实力远远大于其他国家海军实力之和。仅在海权最强国霸权交接时存在并立状态。1589~1607年，西班牙、英格兰、荷兰三强并立。1676~1693年，法国、荷兰、英格兰海军三强并立，法国海军略占优势。两次世界大战期间（1918~1939年）呈现美英日法意德六强并存时期。但以上时期时间都不长久。

海权国家尽量不直接占领欧亚大陆的陆地，而是将更多国力应用在发展海军和占领全球战略通道上，更多地挑逗陆权国家互斗，自己以裁判自居，集中力量打击最强陆权大国。斯图亚特王朝查理二世低价出售法国敦刻尔克，放弃欧洲大陆最后一片领土，保持了 200 多年的世界第一强国地位。否则该片领土将成为欧洲列强制约英国的人质。对在欧亚大陆上爆发的陆地战争，应尽量置身事外，等交战双方精疲力竭，当有确定以微小代价赢得胜利的把握时，再加入战团，趁火打劫，谋取最大利益。例如，自大同盟战争至日俄战争时的英国，"一战""二战"时的美国。当海权国家违背该原则时，将受到惩罚。英国不合时宜的发动两次布尔战争，并在两次世界大战中赤膊上阵，英国彻底沦落成地区性强国。20 世纪五六十年代，美国不合时宜地在苏联、中国的边缘地带先后发动了朝鲜战争、越南战争，21 世纪又在伊拉克、阿富汗发动了反恐战争，均耗尽国力而事倍功半。

全球海权最强国控制全球主要国际战略通道，能够随时切断其他国家贸易通道，在此基础上掌握一定的商品定价权，并制定国际贸易规则、金融规则，该国货币成为主要国际贸易结算货币、国际储备货币，在此基础上在全球范围收取国际铸币税，并用征收到的铸币税供养这只海军，形成闭环。因此，最强海军并占据全球主要战略通道、全球征收铸币税是一枚硬币的两面。

通过全球驻军，美国政府可以向盟国提出许多过分的经济要求。例如，20 世纪 60 年代，美国要求德国、日本政府通过经常项目盈余持有的美元用于购买美国国债，而不是向美联储挤兑黄金。又如，1985 年 9 月 22 日，美国、英国、日本、联邦德国、法国共 5 个国家的财长和央行行长签署"广场协定"，迫使日本、联邦德国提高本币汇率。又如，2008 年次贷危机之后，美国监管部门在 2014 年后频繁对德国、法国、英国的商业银行进行天文罚款。相反，欧元区国家、英国、日本从未向美资银行进行过大额罚款。

（三） 由铸币权引发的战争

1. "一战""二战"期间海权列强并存的原因

有必要介绍"一战""二战"期间经济格局，当时全球经济格局主要是经济区域化和金汇兑本位制。

（1）经济区域化，壁垒森严。拿破仑战争后"一战"前（1815~1914 年），英国实行自由主义贸易政策，相反美国、德国采用李斯特保护主义政策，制造业取得了巨大成功，美、德制造业先后超过了工业革命的发源地英国。"一战"后，英国、法国等老欧洲国家借助殖民地，打造出一个英镑经济区、法郎经济区，每个经济区实际就是一个币缘区。作为宗主国的英国、法国，分别占据垄断英镑币缘区、法郎币缘区的高端制造业、金融等利润丰厚产业，而殖民地则以矿业、农业、低端制造业为主，处于产业链的下端。由于英国占有最广阔富饶的殖民地，掌握从英国至上海这条利润最丰厚的航线，因此从英镑币缘区获益最多，法国其次。此外，荷兰、比利时、葡萄牙都有殖民地。1929年经济大危机以后，尤其是1932年渥太华会议之后，各国越发封锁市场，国际市场更加被割裂。美国作为后起之秀，在"一战"中发了战争横财，GDP总额位居全球第一。虽然殖民地有限，[①] 但凭借雄厚的制造业，庞大的国内市场，美元是仅次于英镑的结算货币。但是，"一战"是美国政府资助协约国打败了同盟国，但英法控制了巴黎和会，威尔逊总统的十四点原则没有得到重视。德国是战败国，空有全球最先进高端的制造业，但殖民地全部被剥夺，背负巨额战争赔款。意大利、日本虽然是"一战"战胜国，但殖民地较小，制造业实力薄弱，资本薄弱。在巴黎和会上，意大利代表被英、法代表轰出会场。日本在"一战"时占领的市场被英美排挤出去。苏联十月革命后，受到资本主义国家围堵，也成立了卢布区。

（2）金融实行金汇兑本位制，英国是最大获利国。尽管英国制造业衰落了，但英国所占据的殖民地最广大，人口最多。同时英国掌握南非、澳大利亚、加拿大的金矿。英镑具有全球最大的国际铸币权。"一战"后，为避免挤兑黄金。各国纷纷采用了金块本位制和金汇兑本位制，这显然是一种变形的金本位制。在英镑—黄金本位币下，与英镑挂钩的国家越多，相当于英国以有限黄金可撬动的英镑越多。因此，英国千方百计促使更多国家货币与英镑相挂钩。通过英镑与黄金挂钩，英镑是国际主要交易结算货币。这里意味着两个含义：一是英镑是英镑经济区内的结算货币；二是法郎区、里拉区、荷兰盾区、日元区等经济区在与英镑区及相互交易时，通常也采用英镑结算。甚至实力第二强的美元区与英镑区发生贸易时，也要采用英镑结算。美国殖民地虽少，但美国国土面积最大、人口增长迅速，在"一战"后制造业全球最强，通过主导德国战争赔款资金循环[②]，美元也成为重要的国际清偿货币，也具有相当国际铸币权。显然，与哪个国家货币相挂钩，用哪个国家货币进行结算的国家越多，哪个国家享有越多的铸币权。

因为金汇兑本位制，如果那个货币区经常项目逆差过大，将导致黄金外流导致通货紧缩。因此在每个货币区的内部，中心国与外围国之间鼓励贸易、金融正常发展，但在货币区之间则高筑关税壁垒，竞相汇率贬值将他国的商品拒之门

---

① 美国殖民地有菲律宾、古巴、波多黎各，并在巴拿马拥有特权。

② "一战"期间，英法俄等协约国及意大利向美国借了巨额资金，美国一举由债务国变成债权国。战后，根据《凡尔赛和约》，德国需向英法意等国巨额赔款，但英法意收到的德国赔款需要向美国偿还借款，鉴于德国战败后无力偿还赔款，仅偿还几笔后经济陷入崩溃，但战胜国仍需要偿还对美国借款。因此美国向德国贷款，用于恢复经济并偿还英法等国赔款。因此形成了美国向德国贷款、德国向英法等协约国赔款、英法等协约国向美国还款的循环。

外。世界各国在20世纪二三十年代快速增长之后，由于金属货币增发跟不上经济增长需要，更由于贸易壁垒，于1929年陷入严重的经济危机，其中德国希特勒政府率先采取了凯恩斯政策，经济快速恢复，而美国仍长期经济萧条。

造成1929～1933年席卷世界的经济大危机的原因很多，解释的名著汗牛充栋，不乏弗里德曼这类大师的巨著。有贫富差距悬殊论、福利制度不健全论、监管机构缺位论、财政平衡论，即各国经济学家囿于平衡财政预算观念，不敢实施财政刺激。其中，经济区域化和金本位制也是重要原因。经济区域化造成各国以邻为壑，商品不流通，各国为鼓励出口，货币竞相贬值，大打贸易战。金本位制造成挤兑，各国争取黄金留在本币缘区流通，造成全球范围内货币紧缩、国际贸易量大幅下降是重要原因。许多国家甚至采用易货方式。例如，20世纪30年代，纳粹德国有高超的军工制造业，正在准备扩军备战，需要进口中国钨砂。中国有钨矿，需要购买德国先进的武器装备。但是，德国、中国外汇均极度短缺而无法交易，最终中德只有采用易货这种最原始的贸易方式。

导致第二次世界大战爆发的原因很多，各方面书籍众多。但德、意、日三国币缘区范围最为狭小，尤其是德国，空有不亚于美国的科研实力及尖端制造业却无用武之地，其抑郁愤懑可想而知。

当时五强海军并存的重要原因是经济区域化，同时并存英镑经济区、美元经济区、法郎经济区、日元经济区、里拉经济区。五个经济区域有大小强弱之分，但均与其他世界市场相割裂。因此每个经济区均可以从中获得铸币税。[①] 并且每个经济区铸币税与海军规模基本成正比。希特勒上台后，德国也组建了一支海军，按规模世界与法国、意大利并列第四。此外，荷兰（代表荷兰盾经济区）、苏联（代表卢布经济区）也各建立一支规模不大的海军。但在历史大多数时间内，全球范围内通常只有一个最强海军强国，其他国家海军通常是陪衬。

2. 中国币制改革、日元经济区与日本全面侵华

为说明货币圈的重要性，有必要指明中国币制改革与日元币缘圈与日本全面侵华的关系。中国迟迟不加入日元经济区，是日本发动侵华战争的主要原因。

---

① 1922年华盛顿会议期间，美国、英国、日本、法国和意大利五个一战赢家签订了《限制海军军备条约》（华盛顿海军条约）限制主力舰的吨位（3.5万吨）和主炮口径（不得超过16英寸），并规定美、英、日、法、意五国海军的主力舰（战列舰和战列巡洋舰）总吨位比例为20∶20∶12∶7∶7。此外还规定了缔约国航空母舰、潜艇等的总吨位、标准排水量、火炮口径。此后伦敦条约延续了华盛顿条约。1935年6月18日，英德签订海军协定。德国海军舰艇总吨位不超过华盛顿海军条约和伦敦海军条约所规定的英联邦国家海军舰艇总吨位的35%。此外，还规定了潜艇等吨位限制。由以上条约规定，美英日法意德六国海军实力比大致为20∶20∶12∶7∶7∶7。

1815～1907年，世界地缘博弈的主角是英国和俄罗斯。为在远东对抗俄罗斯并压制中国，英国选择日本作为其利益的守望者。借助英日同盟①，日本取得了中日甲午战争和日俄战争的胜利。此外，日本参与八国联军侵华、"一战"对德宣战并占领中国青岛、向袁世凯提出《二十一条》、干涉苏联十月革命等重大历史事件均在英日同盟框架下进行。"一战"结束后，日本在远东已经成长为一个强大的帝国，囊括日本列岛、南库页岛及南千页群岛、朝鲜半岛、中国台湾，并占领了原德属的马绍尔群岛、马里亚纳群岛、加洛林群岛。

　　"一战"后，翅膀长硬了的日本开始觊觎英国在远东的利益，英国也开始对日本采取遏制政策。美国为了拆散日英同盟，建议用英美日法四国条约取代英日同盟。1921年，英国决定废止英日同盟，在西半球选择与美国合作。美、英、日、法国四国在当年12月13日签订了《关于太平洋区域岛屿属地和领地的条约》，简称《四国条约》。

　　扩大日元经济区是日本发动"九·一八事件"的主要原因。"一战"后，英国放弃了奉行多年的自由贸易主义政策，各货币区高筑贸易壁垒，排斥其他货币圈的商品和资本。同时，各国货币与黄金挂钩，黄金稀缺性制约了国际贸易发展。显然，这是一种极为低效的国际经济格局，导致了1929～1939年席卷世界的经济大危机。由于英美法荷等老牌资本主义国家采取经济区域化政策，日本在"一战"取得的国际市场份额又化为乌有。日本急迫需要开拓新的市场。在20世纪30年代以前，日本先后扶持了段祺瑞、孙传芳、张作霖、蒋介石等代理人，在中国东北及大陆有大额投资，日本在华的投资总额与英国相当，位于前列。出于民族大义等各种原因，这些代理人均与没有实现将中国经济与日本经济绑定。例如，1917～1918年，在寺内正毅任日本首相期间，通过代理人西原龟三，代表日本政府向段祺瑞政府提供了1.45亿日元贷款。② 由于庚子赔款、袁世凯政府善后大借款已将关税、盐税抵押了出去，段祺瑞只有以东北等省份的开矿权、练兵权、铁路修筑权为抵押。此次借款史称西原借款。但是，段祺瑞政府将贷款用于军费支出并没有还款意愿。北洋政府倒台后，该笔借款不了了之。此事对日本政府、军界的友华派打击很大。此后日本对张作霖的投资也泡了汤。张学良宣

---

　　① 1894年7月16日，《日英通商航海条约》签署，象征西方列强对日本之不平等条约与治外法权的结束，也象征着英国日本半结盟。翌日，日本大本营召开明治天皇的御前会议，决定发动日清战争（甲午战争）。1902年1月30日，英国打破从不结盟的政策，与日本在伦敦签订英日同盟，矛头针对俄国。日本暂时成为英国远东利益的守望者，成为制衡欧亚大陆的棋子。1904年，日俄战争爆发，日本战争军费50%以上由英美集团贷款提供。其中，前英国首相卡梅隆的祖父任职汇丰银行高管时，就是经办人之一。

　　② 1895～1945年，日元币值一直相对稳定，当时日元的购买力较高。1936年，100美元兑换300法币或309日元。太平洋战争前，女工的年薪280日元，日本陆海军大将的年薪也仅6600日元，10公斤大米2.5日元，福特进口车4500日元。

布易帜，中国形式上完成统一之后，1931 年，对东北垂涎三尺的关东军终于再也按捺不住，发动"九一八"事变，侵占了东北。

民国政府币制改革是日本 1937 年全面侵华的诱因之一。在"九一八事件"之后，日本尝试将整个中国纳入日元圈。尽管"九一八"之后，中国抗日救国运动高涨，但日本仍然加强对华经济渗透。1929～1933 年的世界金融危机，由于中国采用银本位制，金银比价大涨，银价相对下降，白银宽裕使中国避免了通货紧缩，中国经济幸运的是没有被大危机严重波及，保持了繁荣稳定。但危机结束后，银价开始上涨，白银外流，通货紧缩，严重影响经济发展。蒋介石国民政府在英国的帮助下，在 1935 年 11 月实施币制改革，废除延续上千年的白银本位制，法币与英镑挂钩，主动纳入英镑货币圈。因为民国政府仅规定法币与英镑挂钩，引起美国忌恨。美国变更购银办法，导致全球银价暴跌，影响中国外汇基金稳定。1936 年 5 月，民国政府被迫又与美国缔约《中美白银协定》，将法币又与美元挂钩。这样中国法币同时与英镑、美元挂钩，将中国经济纳入英美经济圈，经济开始取得成功。1936 年和 1937 年七七事变前的一年半，是中国经济表现最好的时期。中国加入英美币缘圈，没有加入日元圈，引起日本军国主义者的极端仇恨。当然，中国政府加入英美货币圈而不加入日元圈，也不排除民国政府在列强之间挑拨离间的嫌疑。对此，日本陆军中将铃木贞一①对此有清醒的认识，因此唆使时任 29 军军长的宋哲元不把北平、天津的白银输送到南京，极力捣乱破坏。根据阿诺德·汤因比的《第二次世界大战全史》（2015），这些白银存放在天津英法两国租界和北平使馆区的银行库房中，总值约 5350 万中国圆，当时价值超过 300 万英镑。

根据服部卓四郎②的《大东亚战争全史》，世界经济区域化，日本急迫需要原材料来源地和市场倾销地，扩大日元经济区是发动"九一八事件"的主要原因。因为民国政府币制改革没有纳入日元区，日本友华派销声匿迹，侵华派逐步掌权，这也是日本发动全面侵华战争的重要诱因。

整个抗日战争中，货币战争持续其中。1938 年 2 月，日本人在北平开办了联合储备银行，这是一家发行钞票的银行。日本人希望联合储备银行券排斥法

---

① 铃木贞一系侵华法西斯团体一夕会核心成员，昭和军阀统制派的核心人物，战后确认的 28 名甲级战犯之一，判处无期徒刑。该犯长期担任国务大臣，并曾担任近卫内阁的企划院总裁，陆军大学毕业后至东京帝国大学深造经济学，是日本军人中少数精通经济学的战犯。

② 在太平洋战争期间，服部卓四郎两度就任参谋本部作战科长，东条英机时任陆军大臣的秘书，是苏诺门坎战役的挑起者，太平洋战争的鼓吹者。其最终军衔虽然仅仅是大佐，但是能量巨大，罪行昭昭。由于英美不了解日本战争指挥体系，将其无罪释放。日本战后历史学家认为，日本陆军参谋本部、海军军令部几个低级参谋罪行可能超过所谓的几个甲级战犯。这几个低级参谋指的就是田中新一、服部卓四郎、迁政信、富永恭次、濑岛龙三、神重德之流。

币，因此希望掠夺上述在英法租界价值 300 万英镑的白银作为准备金。但英法政府表示拒绝，并且由英国政府担保，英国在华的两家主要银行提供了 500 万英镑，作为稳定民国政府合法货币的基金。日本政府对英国此举深恶痛绝。上述 300 万英镑的白银引起日、英、法三国长期争端。日本政府还要求英法租界当局下令在租界内禁止法币流通，接受联合储备银行的银行券，英法均表示拒绝。十四年抗战期间，日本持续通过制作假币扰乱国统区货币秩序。

此外，在民国期间，许多军阀大肆种植鸦片以募集军费，在辖区内实行银元鸦片本位制。例如，河南军阀刘镇华、云南军阀龙云、四川军阀刘湘均大量种植鸦片。解放战争期间，中国共产党实行的是小米本位制，掌握广大的农村地区，牢牢控制粮食、棉花、煤炭等基础物资供应。"二战"后，苏联先后将东欧、中国、朝鲜、越南、古巴纳入卢布经济区，甚至连资本主义国家芬兰也与卢布经济区联系紧密。东欧是轻工业生产区，中国、朝鲜、越南、古巴是农业生产区，苏联是重工业生产区。过于重视军事工业，轻视了农业和轻工业的发展，国际收支长期依赖石油大宗。苏联长期是黄金生产大国，在布雷顿森林体系瓦解前，黄金即外汇，在布雷顿森林体系瓦解后，黄金仅是大宗商品。当中国在 1978 年、东欧在 1989 年先后脱离了卢布经济区后，卢布经济区崩溃。不仅苏联、东欧、朝鲜、越南、古巴经济均经济崩溃，连与卢布经济区关系密切的芬兰经济也衰退了三年之久。

货币战争形式多变，成功失败案例均特别多，由于本书不是历史书，举例到此为止。

四、币缘政治经济学基础

（一）石油美元是美国币缘政策的核心

国际贸易体系中，交易量最大的商品是以石油、铁矿石为核心的大宗商品。按 2016 年全球原油进口量 21.18 亿吨计算，假设油价 350 美元/吨，则原油每年交易量 7400 亿美元左右。如果加上各类型精炼油，全球交易量更大。只要石油以美元定价，那么即使是与美国关系极为恶劣的俄罗斯，尽管美俄两国贸易量较少，但由于俄罗斯进口必需品经常需要支付美元，因此出口石油也必须得用美元结算，俄罗斯的外汇储备篮子也必须包含大量美元。此外，结算量较大的国际商品中，美国在飞机制造、芯片、大宗农产品（尤其是大豆、玉米）、娱乐、传媒、IT 等产业享有相对优势。例如，中（含台湾）、日、韩三国芯片行业是以围绕美国为轴心运转的，因此肯定要使用美元结算。

进入工业文明时代，因为石油、铁矿石等大宗商品供应引发的战争很多。仅以"二战"以例。

例一，在 1940 年 4 月，英国丘吉尔首相等对德强硬派开始掌权。英国酝酿入侵挪威切断德国的铁矿石进口，迫使希特勒发动北欧战役，抢先在英法联军之前占领挪威。

例二，在 1940 年 6 月，苏联入侵原罗马尼亚的比萨拉比亚（现在的摩尔多瓦），该地离罗马尼亚油田过近，而该油田是德国石油重要的供应地。德国石油主要从罗马尼亚和苏联进口。随后斯大林对罗马尼亚主权提出了更过分的要求，为保障石油供应，迫使希特勒下定决心入侵苏联。此外，英国驻扎在希腊，可以轰炸罗马尼亚油田，也迫使希特勒被迫入侵希腊。

例三，在 1941 年 7 月，日本非法入驻法属印度支那（越南）南部，美国随即对日本石油禁运，迫使日本狗急跳墙，12 月 6 日偷袭美国珍珠港，引发太平洋战争。

美国—海合会轴心是美元币缘关系的重要基石。根据"二战"期间，美国排斥了英国，长期给沙特阿拉伯提供贷款，满足沙特阿拉伯基本需要，建立了两国合作的基础。1945 年 5 月，欧洲战场大局已定的罗斯福总统在波斯湾会见沙特阿拉伯国王伊本沙特，确定了美沙结盟的基础。美国为沙特阿拉伯提供安全保证，沙特阿拉伯保证对美国的石油供应并且确定用美元计价结算。20 世纪 70 年代，美国与沙特阿拉伯结盟，沙特阿拉伯石油交易以美元结算，同时沙特阿拉伯说服其他海合会国家用美元结算。目前，全球石油贸易结构中，以沙特阿拉伯、科威特、阿拉伯联合酋长国、卡塔尔为核心的海合会及以海合会为基础的 OPEC 仍是国际石油的主要提供商。因此无论沙特阿拉伯、科威特、卡塔尔等君主制国家实行的政治制度多么与普世价值相背离，甚至众所周知沙特阿拉伯是基地、伊拉克和大叙利亚伊斯兰国（ISIS）的大金主，卡塔尔是穆兄会的大金主，但美国—海合会轴心仍牢不可破。

沙特阿拉伯等海合会出售石油并收到美元，除了满足进口需要外，然后用美元购买美债，多余的美元购买高价美国武器，形成美元美债闭环。由于海合会收取美元，其他石油进口国也必须持有大量美元储备用于购买石油。哪个石油生产国国家敢于挑战美国的权威，将石油与美元脱钩，转与其他国家货币相挂钩，轻者切断其海洋贸易线，重则动用美军消灭谁。萨达姆·侯赛因妄图将石油与欧元相挂钩，导致小布什总统发动第二次海湾战争，占领了伊拉克并绞死了萨达姆。在美国看来，控制伊拉克石油产地并开采石油、提炼石油虽然是一项利润丰厚的生意，但操纵伊拉克石油交易结算才是重中之重。

此外，国际清算体系是由美国主导建立的。如果美国拒绝某国、某公司、某个人进入国际金融体系，该国、该公司、该人甚至无法借贷、支付、结算。伊朗霍梅尼革命之后，美伊关系反目成仇。美国长期制裁伊朗。由于伊朗核危机，自2008年4月后，伊朗完全停止使用美元结算，采用欧元、俄罗斯卢布、土耳其里拉、印度卢比、韩元等货币结算。为经营与伊朗的贸易，中国成立了珠海振戎公司。由于中国无法向伊朗支付石油款，部分中国欠伊朗的石油款竟然通过振戎提供钻井等服务这种易货方式结清。最后，据说中国不得不用满载通货的飞机飞往伊朗，支付完剩余的石油款。

上面论证过，军队（主要是海军）、铸币权是一枚硬币的两面。没有强大的美国海军，控制全球主要贸易通道，美国无法保证石油大宗国的安全，无法保证全球贸易体系的正常运转，就无法迫使石油大宗国采用美元作为结算货币，甚至无法保证美国及其盟国境外资产的安全。没有滚滚铸币税收入，美国也无法供养起一支强大的军队，包括世界最强的美国海军。美军、美元是美国国际关系政策的基石，是一枚硬币的两面，也是美元霸权的两根支柱。对于欧元区、英国、日本等盟国，美国为其提供安全保障，同时通过金融手段从其身上榨取铸币税。对于俄罗斯、伊朗、古巴等敌对国家，美国用军队等硬实力及金融软实力双管齐下，迫使其屈服。对于中国等意识形态既有合作又有竞争的国家，美国采取又打又拉的战术。例如，美国在中国拥有巨额投资，但美国刻意拉低中国政府的信用评级。中国政府拥有巨额外汇储备，资信就算比不上美国、德国，也比欧洲南部国家强得多。中国银行业尽管存在种种问题，但资产质量、经营能力远非2003年以前，可是穆迪对中国政府、中国银行业的评级却长期较低，抬高了中国政府、中资商业银行的融资成本。

近几年，石油美元格局变化巨大。美国对石油美元的操纵能力开始下降。

一是美国成为石油出口大国。美国页岩气、页岩油产量大增，美国有望成为全球第一产油大国。美国将由石油进口国成为石油出口国，撼动OPEC生产格局。美国对石油定价权的操控更得心应手。

二是伊朗、俄罗斯、委内瑞拉等石油生产国有脱离美元体系之虞。因为中俄半结盟，美国用武力、经济制裁等各种手段无法推翻上述三国政府。由于美国带头对伊朗、俄罗斯、委内瑞拉进行制裁，因此以上三个石油生产国有用欧元、人民币或本国货币等非美元货币结算的愿望，并一步步开始落实。

因此，美国也时时在寻找美元新的锚，如数字货币。

（二）保证各类大宗商品的定价权是美国币缘政策核心

1971年以前，美国科研水平领先全球，基础制造业、高端制造业实力能够保证曼哈顿工程、阿波罗登月等伟大工程圆满成功；1971年以后，美国科研的重点是金融创新。冷战胜利后，失去苏联的竞争，美国在航天航空、尖端制造业、数学物理化工等基础科学许多领域反而有所退步。

由于金融行业的高工资，耶鲁、哈佛、哥伦比亚等常青藤学府的经管学院集中了全美最优秀的人才，然后是法律、医学，而理工学院依赖中国、印度和苏联东欧的留学生。许多人认为 IT 技术、生物制药、高端制造业是高科技，其实金融创新也是高科技，美国已经基本垄断诺贝尔经济学奖。自 1969 ~ 2017 年，共79 位诺贝尔经济学奖得主中有 55 位是美国人，如果统计在美国工作的诺贝尔经济学奖得主，则美国基本垄断诺贝尔经济学奖。与美国在 IT 技术、生物制药、飞机制造、娱乐业、农业等传统比较优势行业相比，美国在汇率、粮食、石油等各类大宗商品定价权，以及在各类衍生产品的设计能力，对全球股市、债市的操纵能力远远超过任何对手，英国也仅仅是美国的助手而不是对手，这才是美国目前最核心、最垄断的竞争力。

此外，美国在会计准则、国际法、经济法、规则机制设计等方面也拥有权威。

（三） 加强全球产业布局，尽可能控制全球产业链

在布雷顿森林体系下，各国必须谨慎处理国际收支，国际投资、国际贸易规模有限。废除布雷顿森林体系后，解除了黄金枷锁，美国成为经常项目逆差的最终承担国，各国对经常项目逆差的容忍程度也大为提高。国际贸易规模、国际投资规模逐年上升。美国资本完全放开手脚向全球投资，通过选择向韩国、新加坡和中国的香港、台湾即"四小龙"转移实体产业，将上述地区纳入本国的产业体系中，同时慷慨地向这些国家或地区开放本国市场，促进了上述国家和地区经济发展，生活水平提高，进入高收入经济体行列。对于顺从美国的国家或地区给予奖励，如"四小龙"，当然起码的条件是加入美国的货币圈。对于反抗美国的国家进行经济制裁，如伊朗。1979 年以前，伊朗经济在某种程度上比"四小龙"繁荣，经过几十年的经济制裁，伊朗经济落伍了。此外 20 世纪 70 年代，在国际油价大幅上涨期间美国银行业大规模向拉丁美洲国家发放主权信用贷款。当 80年代初美联储加息遏制通货膨胀，境外美元回流。同时 1982 年以后油价大跌，拉丁美洲国家无力偿还贷款，纷纷陷入金融危机。尽管美国银行业损失也很重，但美国通过一系列苛刻的纾困政策加深了对拉丁美洲国家经济命脉的控制。

经过 1971 ~ 1989 年的运作，美元区囊括了除苏联之外大多数经济区域，通过西方七国首脑会议、北约等政治组织的调解，资本主义世界分工体系更加合理，国际贸易总额飞速大发展，在一定程度上促进了除苏联东欧之外全球经济大发展。20 世纪 80 年代美国、英国的里根 - 撒切尔金融自由化革命就是牙买加体

系下资本主义世界的国际分工大调整，美国占据国际金融业制高点，德国、日本掌握高端制造业，将基础制造业转移至"四小龙"，造就了"四小龙"的经济繁荣、政治稳定、社会安定。美元摆脱了黄金枷锁，相当于欧洲国家的货币、日元也摆脱了黄金。欧洲国家、日本也积极向境外投资。日本促成了马来西亚、泰国的工业化。1970年以前，朝鲜经济明显比韩国经济发达，70年代差距还不明显。自苏联东欧解体，朝鲜经济则一落千丈。

前面讨论过，荷兰取代西班牙、英国取代荷兰的重要原因是荷兰、英国均取得比竞争对手优惠的金融优势及实业优势，美国取代英国是两次世界大战让美国成为英国的最大债权国，美国获得了全球75%左右的黄金储备。同理，美国对苏金融战，1976～1989年牙买加体系的成功运转是美国赢得冷战胜利的经济因素。还有一点也很重要，即直到1989年，美国基础制造业尚未流失殆尽，1991年是美国经常项目盈余的最后一年。

中国改革开放标志着初步融入了以美国为主导的全球经济体系。苏联东欧卢布集团解体后，部分东欧国家逐步融入了欧元区经济集团，大部分苏联国家纳入了美元体系。2001年中国加入WTO，完全融入了美国经济体系。2006年越南加入WTO。1999年，欧元区成立，2002年欧元正式流通。尽管欧元区的成立构成了对美元的挑战，但美元区的空间仍更广阔了。

目前，美国仍在高科技产业具有绝对垄断优势。市值最高的高科技公司美国所占过半，微软、苹果、谷歌、亚马逊、脸书、推特、英特尔、高通、IBM等均为美国公司。此外，美国在飞机、大宗农产品（尤其是大豆、玉米）、娱乐、传媒等产业享有相对优势。在汽车、造船、基建、化工、冶金、钢铁、机械制造等基础制造业全线溃败。美国在全球实业产业布局的能力略有下降，但综合实力仍为第一。

（四）开展货币战争，将更多国家纳入美元体系

在两次世界大战期间的英镑黄金体系下，以及在布雷顿森林体系下，将更多国家纳入自己的货币体系都是币缘政治的重点。同样在牙买加体系下，将更多的国家纳入美元体系也是币缘政治的核心所在。加入美元体系的标志是外汇储备以美元为主，甚至全部是美元，将本国的货币与美元相挂钩，金融实力强的国家同时采取资本项目可兑换。

在金汇兑本位下，核心国以黄金为储备建立本国的货币体系，外围国家以黄金及核心国家货币为储备建立本国货币体系。"一战""二战"期间，核心国家有好几个，互相恶性竞争，是"二战"爆发的重要原因。在布雷顿森林体系期间，核心国家只有一个即美国。布雷顿森林体系瓦解后，由于没有黄金做最后背

书，美元成了主权信用货币，想让其他主权国家接受另一个主权国家的信用货币非常困难。世界货币具有网络经济学的平台效应特点，当大多数国家使用某一货币（如黄金）作为国际贸易结算货币，其他国家也不得不持有该货币交易。世界货币竞争类似于锦标赛，取得冠军可能不是表现优秀，而是瘸子里面出将军。美元要想成为世界货币，只需要把可能取代美元的黄金和其他主权货币打垮就成了。

白银、黄金均成为过世界货币，是因为欧亚大陆的居民不约而同均将白银、黄金当作货币。一个国家的主权信用货币要成为世界货币，就要打垮其他一切竞争者。美国具有强大经济实力、币值相对稳定的特点。美元要想成为世界货币，只要打垮黄金、英镑、马克、日元、法郎等可能成为世界货币的币种即可。西德、日本是战败国，处于军事占领状态，没有资格挑战美国。法国倒是积极与美国唱对台戏，但实力有限，法国凭借在非洲的原殖民地，建立了一个较小的货币区。① 美国将其他国家纳入美元体系的过程，也是美国极力打压黄金、其他主权的货币的过程。首先，美元任何时间均与黄金势不两立；其次，根据各国实力此消彼长，在不同的时期，英镑、卢布、日元、欧元都被美国列为头号打击对象。

1. 极力打击黄金

布雷顿森林体系瓦解后，美元与黄金势不两立。如果说美国如此经济规模尚且承担不了无限制兑换黄金的义务，那么德国、日本、英国等其他国家更无法承担。美国与英国合作，完全控制了黄金定价权。为了防止黄金"复辟"，美国几乎不遗余力打击黄金，长期形成美元涨黄金跌，美元跌黄金涨的模式。1968～1980年，黄金价格由最低点35美元/盎司上涨至850美元/盎司。由于广大发展中国家持有美债有利息收入，持有黄金反而要承担管理费用。在1980年黄金价格上涨到顶点之后，黄金价格开始回落至300～500美元/盎司并上下波动。2005年以后，黄金价格开始上涨至2011年9月的高点1900美元/盎司，此后又逐渐回落至2017年的1200美元/盎司。

2. 瓦解英镑区

在布雷顿森林体系解体后，美国首先彻底瓦解英镑区。如果说以美元黄金为本位制的布雷顿森林体系是美元踩在英镑的身体上建立的，那么美元本位制的牙买加体系则是美元踩在英镑的尸体上建立的。"二战"胜利后，原先的小的日元区、里拉区、荷兰盾货币区、法郎区不复存在，英镑区大大缩水，但在原英国殖

---

① 法郎货币区有贝宁、科特迪瓦、马里、几内亚比绍、尼日尔、塞内加尔、多哥、布基纳法索、喀麦隆等发展中国家，欧元区成立后，上述国家大部分加入欧元区。

民地仍保留了一部分。与英镑、法郎、马克、日元、卢布等货币相比，美元仍相对最稳定、流通范围最广。1971年，尼克松总统宣布美元停止兑换黄金。美元对所有发达国家货币采取浮动汇率，由于美元币值相对还是比英镑稳定，1972年以后中国香港、新加坡、马来西亚、南非、澳大利亚、新西兰等原来与英镑钉住的国家或地区陆续改与美元挂钩。虽然上述部分国家后来陆续改为与一篮子货币挂钩，但是独立的英镑货币区基本寿终正寝。

此后，1980年英国撒切尔政府放弃单打独斗，利用英联邦的优势，采取了配合美元经济区的政策，英国伦敦演变成全球离岸美元交易中心、全球外汇交易中心、大宗商品交易中心，游离于欧元区之外，与美元区合作，分美元霸权一杯羹。此外，亚投行成立后，英国带头加入，希望成为境外的主要人民币结算中心。这也反映了英国独立自主的一面。

3. 解体卢布区

"二战"结束后，苏联拒绝了布雷顿森林体系，与东欧国家组建卢布区，此后中国、朝鲜、越南加入了该体系。在1980年以前，苏联充分发挥了社会主义国家集中资源办大事的优点，经济增长迅速，重工业发展迅猛。根据许多经济学家的估计，1975年苏联与美国的经济规模差距最小。与资本主义体系相比，社会主义经济在基础设施、基础教育、收入平等、居民福利方面具有优越性，但消费品生产相形见绌，在产业升级创新上更是缓慢。此外，苏联东欧卢布货币区直到瓦解，也没有解决卢布资本运转问题，没有厘清各成员国内部价格体系，更没有解决内部国际贸易分工问题。社会主义国家阵营内部矛盾重重，各成员方经济结构基本相似，没有互补。苏联东欧整体错过了信息技术革命。

相反，布雷顿森林体系瓦解后，美国主导的西方世界通过大规模对外投资，国际分工更加合理，国际贸易量大幅度增长，加入资本主义体系的"四小龙"迅速摆脱了贫困，成长为高收入国家。在布雷顿森林体系下，苏联是石油、黄金、军工生产大国，苏联要依靠石油、黄金和军火出口赚取外汇收入，而费尽心机、辛辛苦苦赚到的外汇收入却是美国随意印刷的美元。美国在整个20世纪80年代中期说服沙特阿拉伯压低石油价格，并与英国配合打压黄金价格，导致苏联国际收支失衡、财政收入下降。货币战争是苏联解体的经济原因。

4. 削弱日元区

"二战"结束后，日本经济迅速发展。1970年，日本经济再次超过西德，直到2008年长期成为西方阵营经济规模第二强的国家。整个20世纪80年代，日本对美国的经济规模差距逐年缩小，1995年，日本、美国GDP规模比为历史最高，为 71.2%。日本已具有挑战美国的实力，以至于日本社会各界产生了"可以对美国说不"的错觉（盛田昭夫、石原慎太郎，1990），并引进了美国方面的反制（乔治·弗里德曼、梅雷迪恩·勒巴德，1992）。在冷战期间，日本长期在东南亚、拉美国家投资。为了感谢马来西亚、泰国在太平洋战争期间对日本的支持，日本主导了上述两国的工业化进程，并构建了所谓雁行经济模式。日本作为东亚唯一的发达国家，科学发达、技术先进、资金雄厚，居为头雁。日本将比较劣势行业转移至"四小龙"，新兴国家和地区"四小龙"为第二阵营。"四小龙"将其比较劣势行业转移至东南亚各国（泰国、马来西亚、菲律宾、印度尼西亚），东南亚各国为第三阵营。80 年代日本通过低息日元贷款加强对中国的经济渗透，尝试将中国经济纳入日本经济圈，刚刚改革开放的中国为第四阵营。

美国在 20 世纪 80 年代开始布局对付日本。1985 年 9 月，美国为改善国际收支不平衡状况，与日本、西德、法国、英国签订广场协议，美元大幅度贬值。实际上，广场协定后，美国经常项目收支无任何改善，但成功诱使日本泡沫经济越吹越大，泡沫流失破灭是日本经济长期增长的重要原因。冷战结束后，面对日本在经济领域咄咄逼人的态势，美国货币战争的矛头正式转向日元。一是默许中国人民币大幅度贬值。1994 年 1 月，中国废除汇率双轨制，将官方汇率与外汇调剂价并轨，人民币汇率由 5.8 一次性贬值到 8.7，中国出产的劳动密集型产品逐步取代了东南亚同类型产品。二是直接打击日本布局多年的境外产业链。1997 年，美国索罗斯等大亨导演了东南亚经济危机，致使东南亚国家经济大倒退，搅乱了日本精心设计的雁行经济模式。三是扶持韩国的芯片、汽车、造船等与日本直接竞争的行业。美国向韩国转让了芯片技术，为韩国汽车、造船等行业开放美国市场，三星、现代等厂商异军突起，压缩日本制造业利润。目前，曾在 80 年代叱咤风云的日本松下、夏普、日立等电子企业被韩国三星打得接连倒闭。日美 GDP 比值逐年下降，截至 2017 年该值仅为 25.2%，日本已经丧失向美国挑战的能力。日元区彻底成为美元区的外围组织，丧失单打独斗的能力，日元也仅仅作为套利机构的套利工具，美元的避险货币。

5. 全力打击欧元区

1992 年，在索罗斯的精心狙击下发生英镑危机，英国被迫退出欧洲汇率体系，这也是英国拒绝加入欧元区的先兆。作为欧洲经济第二（或第三）的经济大国，英国游离于欧元区之外，不利于欧元区的发展壮大。

欧元区成立之前，美国就通过南联盟一系列战争打压欧元。欧元区成立后，美国的主要打击对象是欧元区。从 2008 年的格鲁吉亚战争到 2014 年的乌克兰内战，美国明打俄罗斯，暗打欧元区，美国要防止乌克兰、白俄罗斯、俄罗斯本身成为欧元区的一部分。美国目标就是在欧洲和俄罗斯之间打下楔子，制造冲突，从中渔利。2007年美国次贷危机后，为防止欧元区趁机收购美国廉价资产，2009年12月美国马上在希腊引爆欧债危机，进一步导致意大利、西班牙、葡萄牙、爱尔兰等南欧国家陷入主权债务危机。认真观察的话，正是诸如《纽约时报》《金融时报》等美英自由派操纵的媒体一再鼓吹德国应当不计成本地纾困南欧国家，其真实目标是挑起西欧、南欧之间的矛盾。

2011年后，美国伙同沙特阿拉伯等海合会国家、土耳其利用叙利亚战争先后扶持叙利亚自由军、ISIS、库尔德武装，并通过难民问题制造了西欧、东欧之间的对立。2016年，英国脱欧的一大原因是难民问题，英国脱欧进一步打击了欧元区。目前，包括19个成员的欧元区分为三个集团，以德法为轴心，荷兰、比利时、奥地利、卢森堡、芬兰、马耳他为外围的核心区，以希腊、爱尔兰、意大利、西班牙、葡萄牙、塞浦路斯组成的财政赤字区，以波罗的海三国、斯洛伐克、斯洛文尼亚经济落后区。西欧东欧矛盾、西欧南欧矛盾重重。当然，欧元区也会对美元进行反击，中国主导的亚投行成立后，法国、德国、意大利、荷兰、奥地利、芬兰等欧元区国家不顾美国、日本、加拿大的反对，成为创始国。

原则上，除了欧元区、中国、日本、英国等规模较大的经济体，对于类似巴西、墨西哥、韩国、俄罗斯、沙特、土耳其等规模较大（GDP排名前20位）的非西方经济体，在盟国的配合下，能够出台有针对性的币缘政策、地缘政策和产业政策组合拳，在较短时间内打垮该国经济。例如，2014年3月，俄罗斯吞并克里米亚。美国说服海合会打压油价，加大页岩气、页岩油的开采，同时西方经济制裁俄罗斯。2014年俄罗斯卢布贬值50%以上，同时外汇储备大量流失。2013年俄罗斯GDP规模2.2万亿美元，全球排名第8位，到2017年俄罗斯GDP规模下降至1.3万亿美元，排名第14位。当然，以卢布计价的GDP下降有限。最近，土耳其在一系列事件同时与美国、欧洲唱对台戏，因新疆问题与中国关系心有芥蒂，同俄罗斯在叙利亚问题有矛盾。土耳其同时得罪了几大强国，预计是下一个经济危机对象。

目前，美元欧元矛盾是当今世界币缘政治的主要矛盾。当然，美欧表面是盟友，但明枪易躲，暗箭难防。只要法德轴心没有变动，或者德国经济没有崩溃，欧元区就暂时安全。当前，中国正力推人民币国际化，未来美国首要打击目标可能是人民币。但由于中国实行严格的外汇管制，美国缺乏直接打击人民币的通道。

（五）美联储投放美元的方式

（1）M_2的投放方式。美联储对外投放货币的方式通常是购买财政部发行的国债或房地美、房利美（以下简称"两房"）发行的两房债，但这只是第一步。

因为第一步美元只会在美国内部流通，造成严重通货膨胀。第二步有两种方式：经常项目方式和资本项目方式。

第一，经常项目方式。高盛、麦肯锡、安永出具研究报告，穆迪调高或调低评级，通过纽约或伦敦的大宗期货交易所，鼓吹石油短缺，配合以在中东制造地缘冲突，必要时美军亲自上阵，在中东制造摩擦，由海合会配合削减产量，拉升原油、铁矿石、粮食等大宗商品价格，造成美元国际贸易结算需求上升，完成美元出境投放。海合会购买美国国债或高价武器，完成美元回流。假设原油价格从350美元/吨上涨到980美元/吨，意味着结算需要的美元量增长了180%。按2016年原油进口量21.18亿吨计算，则原油每年交易量由7400亿美元左右增加至20700亿美元左右，增加1.33万亿美元左右。现代农业是石油农业，油价上涨也会带动大宗农产品相应上涨。此外，成品油、煤炭、天然气、铁矿石、稀有金属等大宗商品也会有所上涨。各种大宗商品的上涨带动对美元的需求大幅度上涨。最终，美元交易的年需求量可能增加2万亿美元左右。通过拉升油价比较易于在短期内实现美元交易量快速增长，而拉升飞机、芯片等高端制造业产品价格则显然不现实，因为高端制造业产品替代性太强。2009年以后，页岩气革命使美国逐步实现油气自给自足，油价上涨对美国经济有利无害。大宗商品价格上涨有利于削弱中国经济实力，缺点是会造成俄罗斯、伊朗经济实力增强。

第二，资本项目方式。这种方式通过加息降息、扩表缩表驱动。由于美联储是世界央行，美国降息导致全球平均利率水平下降，同时利率下降会导致美元汇率下跌。降息的同时美联储扩表意味着全球流动性泛滥。通过花旗银行、摩根大通、美国银行等商业银行，以及高盛、摩根士丹利等投资银行遍布全球的机构网点，向境外同业拆借资金或发放贷款。此外其他国家金融机构或企业看到美元汇率利率均较低，以为有利可图，也会发行美元债券募集资金用于长期投资。同时美国游资拿着廉价美元到其他国家股市、房地产市场兴风作浪，四处收购廉价资产。相反，加息意味着流动性紧缺，如果流动性仍然宽裕就采取缩表这种更极端的方式。国际资本回流美国，其他国家的企业也会提前还款。如果某个大量借贷美元的发展中国家经济产生了问题，本币汇率大幅下降，再加上加息因素，原先的低利率贷款成了高利贷。原本现金流能够覆盖贷款本息的好项目，很可能变成烂尾项目。美国一个加息降息周期可能长达10年，还能够从制造国际金融危机从中获利。

在现实中，美国往往双管齐下，需要向外输送美元时，美国降息的同时拉升石油等大宗商品价格，造成全球美元泛滥。2008年美国金融危机以来，通过四轮QE，释放4万亿美元基础货币。2009年1月21日，纽交所原油期货价格跌至33.20美元/桶，为2004年以来新低。但随后原油价格扶摇直上，至2013年8

月，纽交所原油期货价上升至 110 美元/桶。与此同时，2008 年 12 月，利率降至历史性最低点 0.25%。为刺激美国经济，该利率在此低位保持了 7 年之久。

回收美元同样要双管齐下。2014 年，经过几年的大放水，美国开始回收美元。一是干涉乌克兰大选，然后借助克里米亚事件、叙利亚内战，说服海合会操纵油价下降，打压俄罗斯、伊朗。纽交所原油价格由 2014 年上半年的 100 美元/桶降到 2016 年 1 月末的低于 30 美元/桶，当然煤炭、成品油、天然气、粮食等大宗商品价格也开始进入下降通道，造成哈萨克斯坦、阿塞拜疆、巴西等大宗商品国外汇收入大幅度下降。同时为配合美元回流，美联储宣称将加息、缩表。2015～2017 年末已加息五次，基础货币余额也略有下降。

加息有三个作用：一是造成国际游资资本回流。二是加息的同时美元汇率大幅度攀升。例如，有些大宗生产国汇率对美元贬值了 30% 以上，几年前低利率借入的美元贷款或美债一下子变成了高利贷，哈萨克斯坦、阿塞拜疆、巴西、俄罗斯等大宗商品国直接陷入经济危机。三是造成美债价格下跌。大多数国家外汇储备的主要形式是美债，加息造成许多国家外汇储备减值。

通过长达通常 10 年一个周期的美元投放回收过程，美国完成一次"薅羊毛"过程。鉴于目前美国是世界上最富裕、最强大、最先进的国家，是许多发展中国家富人的理想移民地。相当部分美元资金以资本项目形式流入美国就永久沉淀在美国，这相当于发展中国家单方面对美国进行了转移支付。

（2）M_0 的投放方式。在现代社会，拥有巨额现金往往与有组织犯罪、黑社会、偷税、逃汇、恐怖活动有关，特别是拉美国际犯罪集团基本使用美元现金交易、储藏、结算，尤其是墨西哥、哥伦比亚、阿富汗、金三角的贩毒集团。在交易、剿毒过程中，大量美元现金损毁、丢失，而损毁的美元现金等于美国政府法定债务的核销。CIA、FBI 在此方面涉入极深，这也是全球毒品交易屡禁不止的重要原因。

（六）美元霸权赋予美国的能力

美元即外汇。利用美元铸币权，美国可以不考虑国际收支平衡。即使是日本以及成立欧元区之前的德国，经济实力位居全球第二、第三，也必须谨慎处理货币政策，国民必须兢兢业业，省吃俭用，积累大量的外汇储备。而要积累宝贵的外汇储备，资源大宗国必须要拿出本国最宝贵的资源去交换。高端制造业国家必须钻研技术，产品精益求精，为了提高技术"门槛"，企业不敢以利润最大化定价，许多国家降低国民生活福祉补贴制造业部门。低端制造业生产国在提高产品质量的同时，还要压低价格，甚至作赔本买卖出口"换"汇。出口"换"汇而不是出口"赚"汇，一字之差体现了其他国家为获得国际贸易的门票而付出的代价。许多外国人到美国之后，都会吃惊地发现，本国出产的不敢消费的奢侈品在美国卖得更便宜，质量也比本国好。除了让美国人享受高生活水准外，美国独特的铸币税能力还赋予了美国许多打破经济规律的能力。

1. 蒙代尔—克鲁格曼三元悖论

任何国家，经济政策制定需要考虑国际收支平衡，国际收支平衡在某种程度比充分就业还要重要。根据蒙代尔—克鲁格曼三元悖论，一国经济目标有三个：货币政策独立性、汇率稳定性、资本项下完全流动。这三者，一国只能三选其二，而不能三者兼得。但是，由于美元即外汇，美国能够在实现货币政策独立性、资本项下完全流动下，不必牺牲汇率稳定性。实际上，世界主要国家的美元汇率定价必须征得美国同意。其他国家包括欧元区、英国、日本都要谨慎处理国际收支平衡问题。

2. 赤字融资限制

根据杰弗里·萨克斯、费利普·拉雷恩《全球视角的宏观经济学》（1997），萨克斯主要研究小国①财政赤字、贸易赤字、固定汇率、浮动汇率、利率、外汇储备、通货膨胀之间错综复杂的关系。一个国家，在实施浮动汇率制下赤字融资，表面是货币创造，最终是通货膨胀税。在实施固定汇率制下赤字融资，表面是货币创造，一开始是消耗外汇储备，当外汇储备耗尽，固定汇率无法保持时被迫实行浮动汇率，则最终仍是通货膨胀税。无论在何种汇率制下，其他非 SDR 篮子国家赤字融资都是由本国人民买单。欧元区、英国、日本赤字融资只能小部分溢出国外，大部分仍需要本国人民买单。相反，美国赤字融资由全球人民共同买单。

当美国由于储蓄率过低，税收过低而福利制度过于慷慨造成财政赤字后，除了增收和减支，通常依赖财政部发行国债弥补财政赤字。购买国债的主体有三类：美国居民、外国居民、美联储。三类主体购买美国国债的后果完全不同。

美国居民和外国居民购买国债不会造成通货膨胀。这一代美国居民购买国债意味着下一代美国居民承担债务负担，但意味着这一代美国居民要提高储蓄率，可以不造成经常项目赤字。如果这一代美国居民把国债收入用于加强基础设施建设，加强研发以提高生产力，那么这一代美国居民是把提高的生产力水平和债务

---

① 国际宏观经济学中的小国是指在资本高度流动下，在 IS – LM 模型下，国内利率等于国际利率的国家，即货币政策无法影响国际货币市场的国家，与国家人口、面积、GDP 无关。例如，俄罗斯、印度在国际经济学是小国，而瑞士反而可能是大国。

一起交给下一代美国居民，但如果这一代美国居民是用于奢侈消费，则纯粹给下一代制造债务负担。如果美国居民储蓄率过低，无力购买国债，则只有依赖外国居民购买。外国居民购买实际上是美国居民向外国居民融资，美国增加了外债，必定意味着经常项目赤字，下一代美国居民要向外国承担债务。美联储购买就是征收铸币税，通常会造成通货膨胀，同样也意味着经常项目赤字。

如果换作其他国家，长期双赤字，即长期财政赤字和经常项目赤字注定无法维持。日本和欧元区是经常项目盈余或基本平衡而财政长期赤字，必须保持一定储蓄率，由经常项目盈余弥补财政赤字；英国是财政状况尚能维持平衡长期经常项目赤字；中国是中央政府尚能维持平衡，地方政府财政已经左支右绌。

3. 可贸易部门和不可贸易部门的区分

根据 TNT 模型，一般国家经济部门被划分为可贸易制造业部门、可贸易大宗商品部门和不可贸易部门三个类别，由于可贸易制造业部门、可贸易大宗商品部门存在此消彼长的特点，许多国家长期受"荷兰病"的困扰。由于美元即外汇，美国整个经济部门可以说都是"可贸易部门"，导致美国企业不注重国际市场。即使按照国际贸易角度，美国经济可以划分为可贸易制造业部门、可贸易大宗商品部门、可贸易金融业部门、不可贸易部门四个类别。其他国家的金融业基本上是不可贸易部门，美国的金融业很大程度上是可贸易部门。通过高盛、花旗银行、标准普尔、麦肯锡、安永、黑石等各金融行业大鳄，不仅可以赚取利息、股息、服务费等经常项目，还能带来资本项目增值。

4. 通胀传导方式不同

通胀成因有需求拉动和成本推动两类。在美元体系下，由于金融体系、货币发行流通机制、经济结构迥异，大宗输出国、低端制造业生产国、高端制造业生产国、美国金融消费国四种类型国家对通货膨胀的承受程度完全不同。

石油及农产品等大宗生产国通常没有一个有弹性的金融市场，没有铸币税收入，其货币通常与美元或欧元挂钩。如果石油或该大宗商品价格大幅度下降导致外汇收入大幅度下降，当进口产品需求量刚性时必然导致经常项目逆差，当外汇储备又被耗竭之后，在固定汇率制崩溃后向浮动汇率制转变过程中，同时汇率大幅度降低可能会导致恶性输入型通货膨胀。[①] 如果因该大宗商品价格下跌而又导致财政赤字，财政赤字依赖滥发货币弥补，则会导致诸如 20 世纪 80 年代玻利维

---

① P_1、P_2 分别代表进口商品服务和本国商品服务的价格，权重分别是 a 和 $1-a$，则通胀为 $P = aEP_1 + (1-a)P_2$，如果 a 占比越高，则汇率贬值造成的通胀越显著。

亚、阿根廷的恶性通胀。2014 年以来俄罗斯、哈萨克斯坦、委内瑞拉等国经济形势即如此。

低端制造业生产国金融市场同样不发达，且其金融市场往往被外资银行所控制，如果资本项目又过早开放。在石油、粮食等大宗商品价格大幅度上涨时导致输入型通胀。此外，当经济因长期经常项目赤字而由资本项目弥补，这样导致外债逐年积累。但达到一定阈值，外资判断该国经济形势不稳时，外资往往抽回资本并引起恐慌，导致外汇储备迅速枯竭。如果资本大鳄采取攻击，在固定汇率制崩溃后向浮动汇率制转变过程中，汇率大幅度降低也会导致输入型通货膨胀。1997 年亚洲金融危机期间，泰国、马来西亚、印度尼西亚即为此案例。

高端制造业生产国通常有成熟的金融市场，资本项目已开放。通常高端制造业生产国注重经常项目保持平衡。即使因财政赤字发行国债，由于本国居民储蓄率高，购买者也是国内居民为主，如日本、德国。即使高端制造业生产国增长货币，通常通胀率也较低。自 2008 年以来，日本、欧元区均进行了量化宽松，但通货膨胀依然非常低。主要原因是：一是本国货币主要在股市、房地产、债市、生产资料市场流通，较少在消费品市场流通，增发的货币也主要被国内资本市场所吸收；二是欧元区、日元区仍有一定币缘空间；三是高端制造业生产国有一定技术垄断，有一定产品定价权，能够转嫁成本，产业结构相对完整，能吸纳的货币空间更广阔。因此相对大宗商品国、低端制造业生产国，高端制造业生产国通货膨胀相对可控。

美联储发行货币可以输出到国外，事实上 2008 年以后美联储四次量化宽松并没有造成美国太大的通货膨胀。相比，1970 年初、1980 年初两次石油危机均导致美国及西方经济陷入严重的滞涨。1980 年以来，美国经济的金融化，美元体系的逐步完善，导致量化宽松而不会造成通货膨胀。一是美国可以将美元输送到全世界，美元汇率贬值几乎不会造成美国通货膨胀。同样商品，美国物价水平甚至低于该商品的进口生产国。二是美国经济的金融深化，美元更多在资本市场流通，流入消费品市场的美元比例下降。三是美国衍生品市场发达。1980 年以后，随着石油、铁矿石、粮食、贵金属、标准化工业品等几乎所有大宗商品均实现金融化，期货、期权、远期等衍生金融产品的普及非常有利于熨平价格波动。大宗商品实现金融化之后，其价格更多取决于交易者的套利而不是供需平衡。四是美元霸权体系的更加完善，石油大宗国与美国的利益捆绑，形成美元—美债循环。1990 年以后，几次石油价格大幅涨跌，由于美国控制了大宗商品交易所，美国并没有发生较大的通货膨胀。

此外，大宗商品国、低端制造业生产国、高端制造业生产国、金融消费国在币缘体系、国际贸易的地位不同，决定了通货膨胀的生成方式、严重程度完全不同，同理也决定了名义利率的不同。纳入 CPI 统计口径的商品篮子，在上述四类国家重要程度依次下降，大宗商品国和低端生产国可能非常重要，但在高端制造业生产国、金融消费国中微不足道。

打个比方，美英金融消费国住三楼，高端制造业生产国住二楼（建有大的蓄水池），低端制造业生产国住平房（建有小的蓄水池），大宗生产国住平房（没有蓄水池）。美国放水，水可以流向一楼、二楼。高端制造业生产国放水，水可以流向一楼，同时自己蓄水池可以存水。低端制造业生产国放水，但很容易淹到自己。大宗生产国一放水就淹了。

5. 经济增长先决条件不同

根据索洛及罗默内生经济增长模型，根据既定生产曲线，存在最优储蓄率及最优增长率。除了美国，其他国家在经济起飞前必须节衣缩食，提高储蓄率。综合日本、"四小龙"等国家经济腾飞的成功经验以及拉美国家失败教训，提高储蓄率并采取出口导向政策赚取经常项目顺差是日本等国家和地区成功的关键。由于能够随时随地随意在国际资本市场以任意金额、任意低成本融资，即使美国的储蓄率基本为零甚至为负，也不妨碍美国正常经济增长。

6. 调整汇率自然造成贸易平衡

从货币史角度，国际贸易平衡从来就不可能存在，无论是否有汇率调节。在贵金属时代，宋朝之前中国长期实行铜本位制。自大航海时代，由于中国出产丝绸、瓷器、茶叶，全球贸易格局是：中国盛产生丝，日本盛产白银。中日生丝、白银价格存在倒挂，日本出口白银进口生丝。西班牙在美洲采掘银矿，运送到欧洲，欧洲先是葡萄牙，再是荷兰、西班牙、英国、法国用白银在印度、东南亚赎买香料，从中国购买丝绸、瓷器、茶叶，白银最终流入中国。中国自宋朝至清朝中叶，中国持续贸易顺差，源源不断的白银流入中国。中国较少生产白银，但持续的贸易顺差是明朝张居正实行"一条鞭法"，正式采用银本位制的根源，直到英国通过向中国输入鸦片，中国才由持续近千年的贸易顺差转为贸易逆差。世界各国普遍实行金本位制下，澳大利亚、南非、巴西等产金国长期贸易赤字。在牙买加体制下，美国经常项目逆差越来越大。英国在"二战"后也长期经常项目赤字。在现在的货币体系下，美国、英国是全球贸易赤字的最终承担者，其他经济体要么经常项目盈余，要么经常项目平衡，长期经常项目赤字通常会造成经济危机。在现代国际货币理论框架下，贸易平衡取决于储蓄率与投资率关系，货币政策有一定影响力。当储蓄大于投资就顺差，否则则逆差。在国际分工体系日益明确的今天，汇率贬值对经常项目平衡作用效果有限。大宗商品国、低端制造业生产国、高端制造业生产国、金融消费国四类国家汇率降低对贸易平衡作用截然不同。

大宗生产国更取决于该大宗商品定价，如澳大利亚出口产品主要是铁矿石、羊毛、乳制品，如果铁矿石价格大幅度下降，澳大利亚将出现贸易逆差，澳元汇率下降。降低汇率对大宗商品国促进出口几乎毫无作用，但有利于压缩进口。低端制造业生产国产品价格弹性高，降低汇率的确有利于恢复贸易平衡。日、德、韩、法四个高端制造业国家各有各的技术壁垒，具有一定的价格弹性。以韩国为例，韩国在储存芯片、手机液晶显示器具有比较优势，韩国如果提高储存芯片、手机液晶显示器价格，其他国家很难在短期内补充该方面空白。降低汇率在短期内无法改善经常项目。美国、英国等金融消费品本质的出口是"美元"，降低汇率作用有限且易引起贸易战。例如，在1986年汇率大幅度贬值并没有恢复贸易平衡。

（七）金融理论实践创新永无止境

布雷顿森林体系解体后，美国在20世纪70年代掀起了金融创新浪潮。美国处于金融创新理论和实践的最前沿，见表2-3所示。

现代金融理论起始于美国金融学家、诺贝尔奖得主哈里·马柯维茨1952年的资产组合理论，从此改变了传统金融学只是用描述性语言来表达金融学思想的方法，这是现代金融学的第一次革命。马柯维茨在《资产组合理论》一文中，从风险和收益之间的关系出发，讨论了不确定经济系统中最优资产组合的选择问题，得出了基金分离定理，为资本资产定价模型奠定了基础。马柯维茨的贡献既是资产定价理论的奠基石，也是整个现代金融理论的奠基石，这标志着现代金融学的发端。1964年，美国经济学家、金融学家、诺贝尔奖得主威廉·夏普发表了《资本资产定价：风险条件下的市场均衡理论》，发展了马柯维茨的理论成果，在一些比较严格的条件下，推导出了合理的资产定价的公式。美国经济学家林特纳和经济学家莫辛也独立地得到了这个结论。1973年，美国经济学家、金融学家、诺贝尔奖得主斯科尔斯和其合作者、英年早逝的布来克在政治经济学杂志发表了《期权定价与公司债务》一文，如果不是编辑的忽视，这篇论文可以发表得更早一些，这样就可以赶在期权交易市场开始之前发表。诺贝尔奖得主的默顿对该论文也做了至关重要的补充。随后，相关的期权定价论文大量发表。这标志着现代金融学走向了成熟。

诺贝尔奖得主莫迪格里安尼和诺贝尔奖得主米勒在1958年政治经济学杂志发表的论文《资本成本、公司财务与投资理论》，此文奠定了现代财务理论。1970年，尤金·法玛发表《有效资本市场：理论与实证研究回顾》，奠定有效市场理论。希勒、卡尼曼、阿莫斯·特沃斯基、泰勒在试验经济学、行为经济学、行为金融学方面有巨大贡献。其他所有国家的经济理论都是出自美国，其他国家只有认真学习。

金融创新的结果是将凡是能够证券化的资产统统证券化，房贷、车贷、信用卡、不良资产、物业租金、高速公路收费等，凡是有持续现金流的均可以资产证券化。石油、铁矿石等大宗商品已经实行金融化。随着保险、证券、银行的混合经营，期权、期货、远期等衍生金融工具的普及，通过在期限、行权方式等的排列组合，众多复杂的衍生产品推向市场。金融衍生产品复杂性已经让数学专家、金融专家都看不懂。

1990年以后，类似黑石、新桥等私募基金出现，私募基金掌握金融机构的控制权的80%。

表2-3   美国20世纪70年代以来的金融创新

创新内容	创新时间	创新目的
可转换债券	1963年	转嫁风险
联邦住宅抵押贷款	1972年	信用风险转嫁
证券交易商自动报价系统	1971年	新技术运用
外汇期货	1972年	汇率风险转嫁
可转让支付账户命令（now）	1972年	突破管制
货币市场互助基金	1972年	突破管制
浮动利率债券	1974年	转嫁利率风险
与物价指数挂钩之公债	1975年	转嫁物价上涨风险
利率期货	1975年	转嫁利率风险，锁定风险
货币市场存款账户（MMDA）	1978年	突破管制
自动转账服务（ATS）	1978年	突破管制
货币债券	1980年	防范汇率风险
零息债券	1981年	转嫁利率风险
利率互换	1981年	防范利率风险，降低利率成本
票据发行便利	1981年	创造信用，增信服务
期权交易	1982年	防范价格波动风险，实现风险套利
期指期货	1982年	防范价格波动风险，实现风险套利
可调利率优先股	1982年	降低红利刚性支出，避免股权稀释

创新内容	创新时间	创新目的
动产抵押债券	1983 年	提高市场流动性，降低信贷风险和资本金需要，扩大理财投资范围
远期利率协议	1984 年	防范汇率风险
欧洲美元期货期权	1984 年	规避管制，防范利率风险
汽车贷款证券化	1985 年	提高市场流动性，降低信贷风险和资本金需要，扩大理财投资范围
可变期限债券	1985 年	创造信用
保证无损债券	1985 年	减少风险
参与抵押债券	1986 年	分散风险
交割点鹿特丹的燃油期货	1974 年	熨平燃油价格大幅波动
纽约港为基地的 2 号取暖煤期货	1978 年	熨平燃油价格大幅波动
黄金期货	1974 年	熨平黄金价格大幅波动
货币互换合约	1981 年	套利、对风险头寸部门保值、加强资产负债表的管理、规避外汇管制
信用违约互换	1996 年	摩根大通发明，规避信用风险
重设型熊市认售权证	1996 年	纽约交易市场、芝加哥交易市场
比特币期货	2017 年	芝加哥交易所，规避比特币价格风险

资料来源：加里·沃尔顿、休·罗考夫：《美国经济史》，王珏、钟红英、何富彩、李昊、周嘉舟译，中国人民大学出版社 2003 年版。

五、全球低利率的根本原因

（一）美国遭到"没有制约"铸币税的反噬

福之祸所伏，祸之福所依。地缘政治扩张要有"度"，地缘政治目标要与国力相匹配，超出国力的地缘政治目标轻者搬砖砸脚，重者自我毁灭。正如张文木教授总结，卡尔·豪斯浩弗的扩张德国生存空间的理论是纳粹德国覆亡的原因之一。麦金德东欧中心论是英国过深卷入两次世界大战的原因。凯南的冷战遏制理论使美国深陷韩战、越战泥沼。布热津斯基的大棋局理论让美国同时与俄罗斯、伊朗、中国对抗，导致美国在乌克兰、叙利亚、阿富汗、南海、朝鲜连连碰壁。

同理，币缘政治扩张也应该有"度"。16 世纪的西班牙只要控制好美洲的白银贸易，滚滚白银自会运至西班牙，结果造船业、渔业和金融业完全由荷兰人打理。荷兰独立后，西班牙帝国盛世终结。1860 年以后，已经征服印度、将鸦片输入中国、占有全球最广袤殖民地的英国重点拓展商业及金融业即可，可以不必钻研制造业技术了。虽然工业革命由英国开启，"一战"前其制造业水平、科研实力先后被德国、美国超越。同理，美国在冷战胜利后，除了欧元区，世界其他国家都将美元列为主要储备货币，美国将大部分基础制造业转移到其他国家，本国人重点开发金融业和高科技产业，其他人搞服务业即可，经常项目逆差、财政赤字可以用铸币税填补。

举个例子：张三 1 个月工资收入 10000 元，如果每月可以额外得到 5000 元的股息收入，张三还要参加劳动。比起其他人，张三提高了生活水平。但如果张三每月可以得到 15000 元的股息收入，即实现财务自由，张三可能就会放弃工作而仅以财产性收入为生。时间一长，张三将丧失劳动能力，如果财产性收入因各种原因丧失后，将生活困顿。

同理，1757 年，英国洗劫了孟加拉国并逐步征服整个印度。英国人大发一笔横财但仍努力工作，从印度而来的滚滚财富不但支持英国赢得了拿破仑战争，而且支持英国掀起了工业革命。但 1860 年以后，英国在鸦片战争打败中国并从中国偷走茶叶种子在印度种植，并建立了全球最广袤的殖民地，从全球殖民地、半殖民地榨取的滚滚财富让英国人以股息、债息收入就可以尽享维多利亚式的悠闲生活方式，不用钻研工业技术了。当打赢布尔战争后，南非滚滚黄金涌入伦敦，英国人更是喝喝下午茶就行了。"一战"前，美国、德国的制造业规模先后超过英国。德国成为全球科研中心。

"二战"时期，美国生产力是德、意、日三国总和的 3 倍，美国雄厚的制造业能力、强大的基础设施、先进的科技水平是盟国战胜法西斯的物质基础。布雷顿森林体系时期，由于铸币税仍受黄金数量制约，1950～1970 年，美国经常项目仍以盈余为主。美国基础制造业虽然不像"二战"期间独步世界，但雄风犹在。当时美国制造业的竞争对手主要是西德和日本。自 1971 年布雷顿森林体系解体后，铸币税再不受任何限制，可以任意膨胀。在牙买加体系的初期（1976～1989 年），美国铸币税的范围尚不包括苏联东欧地区，许多发展中国家实行社会主义制度，中国虽然已经改革开放但尚未完全融入美国经济体系，美国制造业虽然节节败退，尚要努力发展以应对西德、日本的竞争。美国经常项目赤字幅度尚在可控范围之内，1991 年甚至略有盈余。苏联东欧阵营解体后，大多数苏联东欧国家都融入了美国主导的经济体系，许多发展中国家被迫全面向西方开放，苏联东欧垮台释放出来的红利支撑了克林顿繁荣。

1994 年印度辛格总理上台后，印度也启动了经济改革。2001 年中国加入 WTO 后，13 亿优质劳动力加入美国主导的经济区。2006 年越南也加入 WTO①。虽然有欧元区的制约，整体而言美元区仍主导当今的货币体系、信用体系，是人类历史以来最广阔的货币区，绝大多数国家的外汇储备以美元为主。美国基础制造业可以全部交给中国人了，甚至连大量服务业岗位外包给印度人了。

1972 年布雷顿森林体系刚刚瓦解，美国工业产值 1.64 万亿美元，占当年 GDP（不变价）比 31.9%。冷战胜利的 1989 年尚为 2.44 万亿美元，占当年 GDP（不变价）比 27.8%。2007 年达到最高值 3.80 万亿美元，占比又下降至 25.5%。次贷危机后大幅度下降，此后缓慢增长至 2017 年的 3.63 万亿美元，占比仅 21.7%（见图 2-1）。

（十亿美元）

图 2-1　1972～2016 年美国工业总产值（不变价）
资料来源：Wind 资讯。

美国政府丝毫不用考虑国际收支、财政平衡问题，造成国民储蓄率偏低。1972～2016 年，根据万得，美国净储蓄占 GNI 比重整体呈逐年下降趋势，1973 年最高 11.0%，2009 年最低，为 -2.0%，2016 年也仅 2.3%。储蓄率过低导致财政赤字挤压造成经常项目赤字，经常项目赤字通过国际市场融资（由外国民居购买美国国债）或铸币税弥补。比起制造业，金融业盈利太过容易。长此以往，美国患上了类似“荷兰病”。美国人躺在国际铸币税上，庞大的基础制造业已经丧失，美国机场、火车、水库、地铁、高速公路等基础设施几十年没有翻新，已经落后于其他发达国家甚至是部分发展中国家。基础制造业的衰落又导致

———————————

①　1986 年越南启动“革新开放”。2000 年后，越南经济增长也步入快车道。

经常项目赤字进一步扩大，美国必须一而再、再而三通过发行国债及铸币税弥补经常项目赤字。美国已经陷入了基础制造业衰落导致经常项目赤字，经常项目赤字通过铸币税弥补，基础制造业、基础设施进一步衰落的恶性循环。

此外，由于冶金、钢铁、水泥、基建、造船等基础制造业的缺失，熟练工程师、技术工人的短缺，导致美国海军、陆军、空军的装备成本过于昂贵。例如，美国民用造船业已经基本倒闭，造船业完全依靠海军订单生存，海军军舰的成本居高不下。同样，F35型战斗机的单机成本，M1A2主战坦克的单车成本均过于昂贵，无法尽快大规模装备军队。

美国最后一次经常项目顺差是1991年，金额是29亿美元。经常项目逆差最大的一年是2006年，逆差高达8067亿美元。2008年以后，美国大量开采页岩气，使美国能源基本实现自给自足，美国经常项目逆差有所减少（见图2-2）。

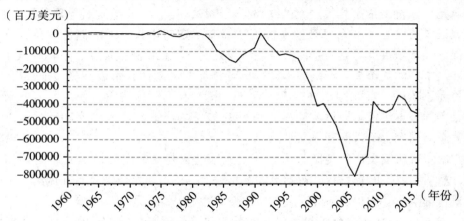

（百万美元）

图2-2　1960~2016年美国经常项目差额

资料来源：Wind资讯。

全球流动性过剩，各国陷入低利率的最深层次原因是在信用货币体系下，没有黄金制约，美元霸权造成美国基础制造业的衰落，美国越来越依赖滥发货币弥补国际收支平衡和财政赤字。欧元区、日本、英国等具有一定铸币权的SDR成员国，在保持经常项目平衡的基础上，为了扩大福利支出也开始滥发货币，同时为了对抗美元泛滥也释放流动性，导致全球范围内流动性泛滥。另外，各国财政赤字导致利息支出占财政支出的比例越来提高，在高利率情况下财政收入将更多用于偿还国债利息收入，因此各国央行也被迫实行低利率政策。

2007年，美国次贷危机爆发，华尔街雷曼、贝尔斯登等五大投行、华盛顿邮储银行等许多商业银行、AIG等保险公司、房利美和房地美等众多金融机构严重亏损。本来，通常的做法是让这些金融机构破产。但是，为了拯救上述金融机构。美国通过财政纾困救助了上述奄奄一息的金融机构，而财政纾困主要通过美元扩张进行。

正如上面所述，美元扩张通过提升石油等大宗商品价格和降息方式同时进行。美联储通过直接购买财政部发行国债及两房债，进行了四次货币宽松，同时美联储将利率下降至 0.25%，并维持了 7 年时间。美联储长期滥发货币及长期低利率导致全球流动性泛滥，美国股市、房地产等资本市场暴涨。

（二）全球重燃货币战争

由于美联储相当于世界央行，其利率相当于世界利率。2008 年以后，美联储量化宽松并降低利率，当美元利率低于世界利率平均水平时，美元如洪水流向全球。美元在发展中国家是硬通货，发展中国家也许希望美元越多越好。"二战"后，欧洲形成了规模较大的欧洲美元市场，英国伦敦是欧洲美元交易中心。欧元区、英国、日本等 SDR 篮子国家本身有一定铸币权，外汇储备数量不仅能够保证经常项目可汇兑需要，而且能够保证资本项目可兑换需要，不希望美元过分冲击本国的货币圈。于是各国央行也竞相释放流动性，希望将美元排挤出去。在美元、欧元、日元潮水冲击下，瑞士、澳大利亚、加拿大、新西兰、中国台湾、中国香港等资本项目可兑换的非 SDR 篮子的小型高收入国家和地区，以及部分东欧国家也陷入低利率水平。

次贷危机爆发后，美国为了防止欧元区趁火打劫，定向爆破了希腊国债事件，然后引燃了欧债危机，包括英国苏格兰皇家银行、劳埃德银行在内的广大欧洲银行都陷入了危机。

中国在 2009 年出台了 4 万亿美元刺激政策。中国积累了近 4 万亿美元外汇储备（2014 年 6 月最高峰时），强制结汇造成基础货币及 M2 增发，房地产成了货币的蓄水池，造成房地产价格持续暴涨。

2012 年日本安倍晋三政府第二次上台后，2013 年开始实施安倍经济学。安倍经济学"三支箭"是宽松的货币政策、积极的财政政策和结构性改革，其核心是赤字财政。日本央行直接购买财政部发行的日元债券。

2015 年 3 月，欧元区也加入了 QE 阵营。欧元区自 2015 年 3 月开始，每个月购买 600 亿欧元资产，主要是欧元区国债及欧洲投资银行债券，计划持续 18 个月，总计 10800 亿欧元。

2016 年 8 月，英国央行将利率下降 25 个基点至 0.25%，将量化宽松规模扩大至 4350 亿英镑。长期以来，英国对是否加入欧元区三心二意。1992 年借英镑危机，英国拒绝加入欧元区。2016 年，英国干脆借本次金融危机后，干脆全民公决脱离了欧盟。

欧元区利率、日本利率甚至比美国还低，英国利率长期也处于低位，导致全球货币泛滥。

这次货币战争与两次世界大战期间那次货币战争形势有所不同，上次是在金本位制下，各货币经济区纷纷货币贬值，力图将其他经济区的制造业产品排挤出本货币区，将原材料留在本货币区，避免贸易赤字引发黄金储备流失造成通缩。

本次货币战争在纸币信用下，发达国家经济体之间，贬值虽然也有将其他国家产品排挤出本货币区的动机，但更多的是顺应美国货币政策操作。当美国量化宽松，力图挤进其他国家货币区时，欧元区、英国、日本也量化宽松，避免本国货币被美元淹没，当美国"缩表"加息时，欧元区、英国、日本也顺势操作，避免国内的离岸美元过分流失。

（三）基础制造业的衰落引发美国深层次的矛盾

美国二元经济现象十分突出。目前，美国经济由高端制造业、IT产业、金融业、高科技农业组成。大部分高端制造业、IT产业主要集中在太平洋东岸，以加州为典型。金融业主要集中在纽约，东西岸创造了70%的GDP。沿海主要是民主党人的票仓，选民以白人精英、黑人、拉美人、LGBTQ和移民为主，信奉多元文化。这部分地区是美元的基础。中西部地区以高科技农业、基础制造业及部分高端制造业为核心，选民以白人工人阶层为主，坚守基督教传统，基本是共和党人的票仓。这部分是美军的基础。民主党人为了扩大票仓，积极主张给予非法移民合法身份。由于基础制造业的衰落，美国中西部失落的白人工人阶层将特朗普这个另类总统选上了台。

美国经济问题的集中体现：（1）在汽车、造船、基建、化工、冶金、钢铁、机械制造等低附加值基础制造业方面全线溃败，导致劳动参与率下降。对国家而言，高科技公司有市值无税收，有GDP无就业。获益者是扎克伯格等老板。苹果、脸谱、谷歌、微软等少数高科技公司方兴未艾，营业收入、净利润高歌猛进，发展势头丝毫未受经济衰退影响。由于这些高科技公司主要依赖全球市场，其产业链也主要在全世界各国。例如，苹果公司是个全球性公司，只有总部在美国，代工是中国台湾的富士康，装配在中国大陆，存储器、手机面板来自韩国三星和日本东芝，绝大多数就业岗位在境外，但吸收就业很有限，况且美国总部吸纳的就业人口中相当一部分是外国人。长期以来苹果手机最大的市场在中国，生产基地也设置在中国，把税基设置在爱尔兰。这些全球性企业在全球范围内合法避税，实际税率非常低。有报道评论，由于全球范围内避税，苹果公司的税率仅5%左右。苹果、脸谱等跨国公司在境外积累了上万亿美元的利润收益。美国有GDP而无就业，有市值而无税收，总之有面子没里子。例如，2017年市值达

5420 亿美元的 Facebook 则仅仅雇用了 2.3 万人，税负仅 4%。相比，沃尔玛雇佣了几百万人，年纳税几百亿美元，市值低于 Facebook。理论上，美国苹果一家公司市值比所有德国著名制造业上市企业高，但获益者主要是类似库克、扎克伯格、盖茨这类大资本家，普遍美国人民无福消受。当然在一定意义上，高科技企业高市值虽然具有合理性。但问题是，对于一个国家而言，企业的营业收入、税收、就业更有价值。（2）形形色色利益团体阻碍了发展。律师、环保组织、政客等团体导致决策效率低下，十年还建不了一条高铁。律师、制药公司、医生组成利益共同体，导致医保成本昂贵而效率低下。工会更是使本就利润微薄的基础制造业雪上加霜。媒体一面倒支持自由派，传统右派媒体几乎荡然无存，政治正确妨碍了"言论自由"。（3）经济畸形，浪费型、痛苦型 GDP 较高。目前美国一年律师费用高达 1 万亿美元，占 GDP 总量的 6%，相比中国律师业收入仅 400 亿元人民币。美国人均医疗费用是中国的 22.4 倍，即使与其他西方国家相比，成效比也不高。美国高等教育学费昂贵，广大学子背负沉重的学生贷款，且不良率较高，中小学基础教育效率低下。美国几乎人均一支枪，每年死亡上万人。美国吸毒贩毒严重，黑社会经济要计入 GDP。

美国意识形态也出了问题。两党通过身份政治重构了政治基础。民主党以自由派精英为核心对应共和党传统白人精英；民主党以移民、黑人、穆斯林、拉美人为基层票仓，对应共和党中西部中产阶级白人为基层票仓；民主党以妇女为目标票仓，共和党以男性为目标票仓；民主党以 LGBTQ、单身母亲为目标票仓对应共和党的传统家庭；民主党以伊斯兰教、无神论者为票仓对应共和党基督教。总之，在价值观上，民主党、共和党已无任何共识，政治趋于极化。

为"扎克伯格们"住在警卫森严的豪宅，子女们上着昂贵的私立学校，收入来自全球化，心系非洲和中东的难民，心系 LGBT 的权益，对本国因移民而失去工作，饱受非法移民高犯罪率困扰而失落的中下层白人中产阶级内心鄙视，站在全球化的道德高地上，陶醉其中而无法自拔。

美元、美军既是美国霸权一枚硬币的两面，也是美国霸权的两根支柱。美元的根基是强大的、全球化的金融业及高科技产业，美军的根基是强大的、本土化的制造业，包括基础制造业和高端制造业。"美元"天生是自由派，其思想内核是多元文化，要求发散式的思维，美国从世界吸收高素质移民，通过多元化得到世界各民族认可，强调软实力、巧实力，要激活每一个公民的创造力。"美军"天生是保守派，要求思想统一，其思想内核源于古希腊罗马—犹太文化，其载体是盎格鲁萨克逊民族为主体的基督教文化。军人在面临为国捐躯的时刻，绝对不能思考"存在或不能存在"这类问题。强大的军队要求同质化的民族，以便统一步调、令行禁止。

实际上，自美国建国至 20 世纪 60 年代，美国一直坚持从欧洲引进移民，并强制英语教育，多元文化在 1960 年以后才逐步成为主流思想，逐步开始侵蚀以盎格鲁萨克逊民族为主体的基督教文化。未来几十年，白人人口占比将低于 50% 以下。"美元"已经严重侵蚀"美军"。长此以往，构建一个国家最基本的共识开始削弱。现在的美军未必能够经受得住类似"南北战争""二战"的残酷战争考验。

特朗普上台后，看到了美国衰落深层次的原因，提出重振制造业、恢复基督教传统文化、全球战略收缩、加强移民管控、废除奥巴马医保、与俄罗斯缓和、恢复孤立主义传统的口号。目前，美国高端制造业的竞争对手不仅有日本、德国、韩国、荷兰等制造业强国，中国加入 WTO 后，基础制造业已经实力雄厚，基建业更是质优价廉，并向高端制造业进军。现在，美国想重振基础制造业，主要阻力与其说是日本、德国、中国等竞争对手，不如说是美国国内律师、环保、工会、人权等左派民主党"进步势力"。

历史告诉我们，有发达商业实体和金融业的荷兰取代了只有垄断白银贸易的西班牙，成为第一海权强国。自工业革命后，同时拥有先进制造业和实行金本位制的英国最终取代了荷兰，成为第一海权强国并打败了拿破仑法国。"二战"后同样拥有发达制造业和金融业的美国资助英国和苏联打败了希特勒德国和日本法西斯，并取代了大英帝国，成为第一海权强国。仅有高端制造业不能保证充分就业，基础制造业的缺失迟早会影响高端制造业。如苹果公司总裁库克所言，美国的模具工人可能只能塞满一个房间，中国则能找到几个足球场的技术工人。美国基础制造业的退化已经影响美国先进技术落地。制造业和金融业必须互相支持，而不是金融业拆了制造业的台。美国经济面临的问题是深层次的，很大程度上是不可调和的。

（四）缩表已不可能，加息幅度必定有限

2013 年 5 月，时任美联储主席伯南克首次释放出缩减购债的信号。自 2015 ～ 2017 年，美联储共加息五次。那么美国将引领世界重回高利率时代吗？

美国财政部发行国债时，购买国债的主体有三类：美国居民、外国居民、美联储。美联储购买财政部发行的国债及两房抵押债时，是扩表的过程。美联储资产主要是国债、两房债、商业银行再贷款等。同样，美联储缩表时，更多采用短期国债或两房债到期不再展期的方式，但缩表的资金来源无非四类：一是财政部或两房用自有资金消化；二是美联储或两房前几年投资各金融机构的盈利；三是美国居民购买；四是外国居民购买。

缩表更意味着美国要吐出曾征收的铸币税。美国历史上也有四次缩表，但规

模均有限。目前，美联储大规模缩表根本不可能实现。

一是 2017 年 9 月，特朗普政府再次提高了债务上限，同时通过了税改方案。在大幅度减税的基础上，而特朗普政府又提出了"大海军"战略，而废除奥巴马医保又力不从心，美国财政平衡将更加困难。美国财政赤字不继续扩大已经难能可贵，消化或收购美联储的国债几乎没有可能性。

二是美联储和"两房"盈利有限。次贷危机后，美联储通过向商业银行提供再贷款盈利较多，其收购"两房"原垃圾债也有不少转换成为好资产，两房本身也已经实现盈利，但仅仅依靠美联储和两房本身的盈利去缩表肯定力有不逮。

三是美国居民购买国债或两房债也不太现实。美国高科技企业财务报表相当亮丽，通过全球避税在境外囤积了巨额资金，不会轻易回流，更不会购买国债。地方政府、普遍中产阶级已经负债累累，没有能力购买国债。

四是外国居民购买国债或两房债更不现实。中国、日本、海合会等国家和地区外汇储备最多。外汇储备中本身就有大量的美国国债及两房债，出于多元化外汇储备的需要，不太可能将欧元、英镑、日元等储备货币换成美债。当然，更不可能用黄金购买美债。

当然，如果美国政府采用"二战"结束后胡佛总统、小罗斯福总统剥夺式税收政策，实行 60% 以上的公司所得税及个人所得税，可以在短期内达成缩表目标。税收即政治、财政支出亦政治。但是，现在的美国已经不是"二战"时蒸蒸日上、容许试错、团结一心的美国。当然美国也可以采用"打土豪、分田地"的方式，将"扎克伯格"们的财产没收，强制购买国债，在短期内也是可行之策，但这在政治上根本不可能。

2007 年末，美联储基础货币 8372 亿美元。美国进入扩表阶段后，2014 年 8 月，基础货币达到 40750 亿美元的峰值。随后美联储宣称其进入缩表阶段。2016 年 12 月，基础货币下降至 35316 亿美元的谷底。特朗普总统上台后，美国基础货币反而有反弹趋势。8 月末的基础货币仍高达 39100 亿美元。美国所谓缩表注定规模有限，相反从长期看扩表是大概率事件。

加息降息是美国货币战争的一部分，加息同时大宗商品下跌造成境外美元资金回流。许多大宗国经济已经接近崩溃，中国外汇储备下降显著。美国已进入加息周期，但加息幅度注定有限。

一是虽然美国企业是预算硬约束，不怕加息。但美国中央政府、地方政府、个人早已负债累累，不堪重负。加息会增加上述负债主体的财务负担。

二是美国国债的很多持有人是外国居民，如中国、石油大宗国，加息反而会提高外国人民收入水平。

三是美国基础制造业已经衰落，重振基础制造业积重难返。基础制造业的缺失，会造成高科技制造业也会受到拖累，大规模经常项目逆差将在长期内持续。由于美国储蓄率长期过低，美国财政项目、经常项目双赤字仍将保持相当长的时间，不排除美联储通过铸币税收入弥补经常项目和财政双赤字。

四是加息不符合美国重振制造业、重建基础设施的现实需要。修建基础设施利润微薄，拆迁涉及的纠纷历来是各律师事务所、利益集团、政客所关注的焦点，因此华尔街向来不热衷。长期以来，美国公路、机场、地铁、水库等基础设施严重老化失修，纽约地铁破旧不堪，以至于成为中国游客、留学生"爱国主义教育"的基地。美国客观上需要重振制造业，重建基础设施。现金流表上，大型基础设施的最重要成本就是利息支出，而收入现金流通常给定，贷款利率高低直接决定项目成败。特朗普政府已经公布了减税政策，有利于吸引制造业企业回流，但如果利率水平大幅度提升，则会提高重振制造业、重建基础设施的成本。

五是加息会戳穿美国的股市泡沫。美国量化宽松以来，大量"廉价货币"没有真实的投资需求，纷纷投资于股票市场，美国股市创造了一个又一个新高。股票无疑是高风险资产，要求更高的预期收益率。风险资产的预期收益率等于无风险收益率加风险贴水，但如果无风险资产收益率提高，则投资者会放弃风险资产。如果美国加息到一定程度，则意味着股市泡沫的崩溃。

可以断定，美国本次加息周期时间可以拖得很久，但频度和力度不会太大。否则，最易受伤的反而是美国自己。

（五）低利率将是长期趋势

虽然在美联储引领下，全球各国开始进入加息周期，但本书判断低利率将是长期趋势。主要原因是导致低利率的长期因素仍然长期存在。

一是主权信用货币货币增发不受制约是主因。在纸币信用下，纸币发行不受限制。

二是赤字财政将长期存在。西方国家民主政治已经退化为福利的拍卖会，福利支出泛滥。精英阶层能够在全球范围内合理避税，税收更多压在中产阶级身上，导致中产阶级规模压缩，下层阶层扩大，且左翼热衷于引进移民难民扩大票仓。以上因素综合导致持续赤字财政无法控制。中央政府通过发行国债或发行基础货币解决财政缺口，导致政府滥发货币并国债/GDP 比例过高。

三是地方政府、家庭、国企等其他借贷主体也是债务高启，必须求助于低利率才能清偿债务。同时部分国家商业银行体系由于经营失败等复杂原因，经常需要政府救助。例如，中国台湾和美国、韩国银行业均大规模破产，政府不得不介入救助。

四是金融资产总规模/GDP 逐年提高，导致无风险收益下降。1980 年，美国金融资产总规模/GDP 的 194%，2010 年该指标为 442%。金融资产形形色色，以风险资产为主。金融资产总规模/GDP 的比例越来越高，促使无风险资产收益率越来越低。如果无风险收益维持在较高水平，那么可能许多风险资产都会变现以获得无风险收益，则风险贴水将荡然无存。因此，无风险资产收益率，即商业银行利率或政府债券收益率、央行再贴现率必须低到一定程度，投资者才愿意接受各种形形色色的风险资产。

低利率对各主要央行的影响

一、主要央行官方储备资产的变化

一国的官方储备资产由外汇储备、黄金、特别提款权（简称"SDR"）、IMF 储备头寸四类资产组成，其中外汇储备和黄金通常占主要比例。由于各国对黄金价值计量方法不同，因此官方储备资产总额不能完全反映一国真实储备情况。

SDR 在 1969 年设立之后，篮子经过多次调整，2015 年 11 月 30 日，国际货币基金组织（IMF）主席拉加德宣布将人民币纳入 IMF 的 SDR 货币篮子。自 2016 年 10 月开始，SDR 篮子的最新权重为美元 41.73%，欧元 30.93%，人民币 10.92%，日元 8.33%，英镑 8.09%。SDR 金额也屡次增加，目前达到 2041 亿份。其中，最大一次增幅在 2009 年。为了缓解全球金融体系的流动性紧张，同时希望通过将 SDR 也分配给以往不曾分得 SDR 的新兴市场国家来更好反映它们的经济地位，IMF 在 2009 年创造了 1826 亿份 SDR。①

（一）美国

图 3-1 是美国央行官方储备资产情况。从结构看，截至 2017 年 6 月，美国官方储备资产仅 1220 亿美元。其中，特别提款权 506 亿美元，占比 41.5%，美国特别提款权是世界各国中份额最大的国家；IMF 头寸 188 亿美元，占比 15.4%；外汇储备仅 415 亿美元，占比 34.0%；黄金 110 亿美元，占比 9.0%。其他国家和货币区官方储备资产以外汇为主，美国连特别提款权都比外汇储备多。美国官方储备中，虽然黄金表面上只有 110 亿美元，但重量有 8133.5 吨，如果重新按市值计价，价值大概在 3500 亿美元左右。如果黄金按市值计价，则美国真实的官方储备大约为 4590 亿美元，其中黄金占比超过 75%，外汇储备占 9.0%，特别提款权占比 11.0%，IMF 头寸 4.1%。

（百万美元）

图 3-1　美国官方储备资产变化情况

资料来源：Wind 资讯。

从变化趋势看，1999 年末，美国官方储备资产仅 715 亿美元，至今增长了 70.6%。官方储备最高点是 2012 年 4 月份，高达 1525 亿美元。几十年来黄金重量保持不变，一直是 8133.5 吨，由于估值也不变，始终是 110 亿美元。外汇储

---

① 2016 年 10 月之后，一份 SDR 价值等于 0.58252 美元、0.38671 欧元、1.0174 元人民币、11.9 日元、0.085946 英镑之和，按 2017 年 6 月汇率计算，约等于 1.39316 美元，全球 2041 亿 SDR，则总价值约 2843 亿美元。

备在 1999 年末仅 322 亿美元，至 2017 年 6 月末增幅仅 33.0%，其中 2011 年 8
月达到最高值 549 亿美元。对美国而言，外汇储备主要是欧元。

（二）欧元区

图 3-2 是欧元区大央行官方储备资产情况。从结构上看，截至 2017 年 6 月
末，欧元区官方储备资产 6827 亿欧元[①]，其中其他储备资产（主要是外汇储备）
2338 亿欧元，占比 34.3%；黄金 3778 亿欧元，占比 55.4%；特别提款权 503 亿
欧元，占比 7.4%；IMF 头寸 208 亿欧元，占比 3.1%。

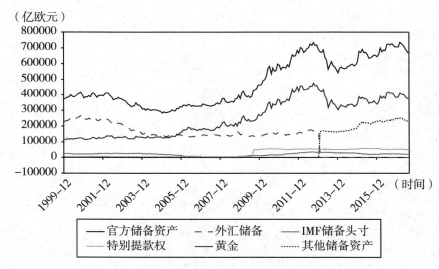

图 3-2　欧元区官方储备资产变化情况

资料来源：Wind 资讯。

从变化趋势看，欧元区官方储备资产由 1999 年末的 3721 亿欧元增加至 2017
年 6 月末的 6827 亿欧元，增幅 83.5%。但是，外汇储备还下降了 66 亿欧元，降
幅达 2.7%。对欧元区而言，外汇储备大部分是美元，而且在 2006 年 6 月外汇
储备降至 1328 亿欧元最低值。黄金增加了 2614 亿欧元，增幅 124.6%。在官方
储备计价中，黄金计价按照购入价格计算。特别提款权增加了 458 亿欧元，IMF

---

① 通过数据发现，2012 年 12 月（含）之前，欧元区官方储备资产为外汇储备（可兑换外币）、IMF
储备头寸、特别提款权、黄金、其他储备资产五项之和。2013 年 1 月开始，欧元区官方储备资产为 IMF
储备头寸、特别提款权、黄金、其他储备资产四项之和，其他储备资产包含了原先的外汇储备（可兑换外
币）项目。由于 2012 年以前，其他储备资产项相对外汇储备可忽略不计，因此可以将 2013 年以后的其他
储备资产视为外汇储备数据的延续。

头寸下降了 35 亿欧元。欧元区黄金重量难以估计，但仅德国、意大利、法国、荷兰四国黄金重量就达到 8880 吨左右，如果加上欧元区其他 12 国，重量应超过 1 万吨，超过美国。

（三）英国

由图 3 - 3 可知，英国官方储备总额由外汇现汇储备、黄金、特别提款权、IMF 头寸和其他储备资产五项构成。① 从结构上看，截至 2017 年 6 月末，英国官方储备 1728 亿美元，其中外汇储备 1238 亿美元，占比 71.6%；IMF 头寸 70 亿美元，占比 4.1%；黄金 124 亿美元，占比 7.2%；特别提款权 117 亿美元，占比 6.8%，其他储备资产 179 亿美元，占比 10.4%。

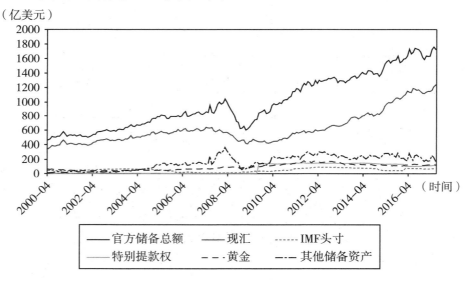

图 3 - 3　英国官方储备资产变化情况

从变化趋势看，自 2000 年 4 月以后，英国官方储备增长的非常迅速。2000 年 4 月末，英国的官方储备资产仅 464 亿美元，增长了 272.4%，但英国增加的主要是外汇储备，2000 年 4 月英国的外汇现汇储备资产 346 亿美元，黄金也仅 61 亿美元，外汇储备增长了 257.8%，黄金增长了 103.3%。由于英国按市价计算黄金储备，故黄金增长有限。英国作为"日不落帝国"，通过几百年的积累，掠夺了大量黄金。1999～2002 年，当时是黄金价格最低点，在英国财政大臣戈登·布朗主持下，英格兰银行出售了 715 吨黄金储备中的约 415 吨以换取外汇，

---

① 其他储备资产由金融衍生品、非银行和非居民贷款及其他未列明细项构成。

价格仅在每盎司 275 美元左右，现在看来可谓国际金融史上最大笑柄。目前英国央行黄金储量仅 310.3 吨，约 997.6 万盎司。但据伦敦金银市场协会（LBMA）首次公布库存数据，截至 2017 年 3 月末，伦敦金库存有 7449 吨黄金，价值 3200 亿美元。如果按黄金真实价值计算，英国所储备的黄金价值 4804 亿美元，尽管这些黄金不属于官方储备。

（四）日本

由图 3 – 4 可知，从结构上看，截至 2017 年 6 月末，日本官方储备 12498 亿美元，其中外汇储备 11976 亿美元，占比 95.8%；黄金 306 亿美元，占比仅 2.5%，重量仅 2460 万盎司，约 765 吨；IMF 头寸 119 亿美元，占比 1.0%；特别提款权 188 亿美元，占比 1.5%。日本 IMF 头寸和特别提款权占日本的官方储备资产可忽略不计。日本的黄金应该是按市值定价。

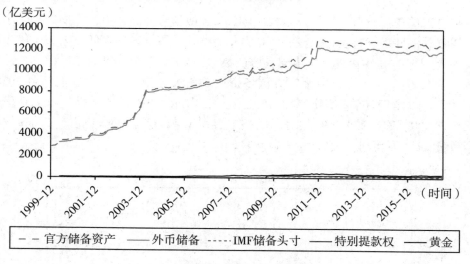

图 3 – 4 日本官方储备资产变化情况

资料来源：Wind 资讯。

从变化趋势看，1999 年末，日本官方储备仅 2881 亿美元，增幅 333.8%[①]。但日本增加的也主要是外汇储备，外汇储备由 2000 年 4 月的 3241 亿美元增加到 11976 亿美元。黄金储备量很少，同期仅增加了 37 万盎司。日本黄金重量几乎没有增加，但估值增加了 239 亿美元。日本 IMF 头寸和特别提款权仅增加了 229 亿美元，也几乎可忽略不计（如表 3 – 1 所示）。

---

① 日本官方储备的外汇储备等细项在 2000 年 4 月后提供。

表 3 -1　　　　　　　　　　　　　五大央行官方储备情况

国家	官方储备		外汇		黄金		
	金额	增幅（%）	金额	增幅（%）	金额	增幅（%）	重量
美国	1220	70.6	415	33.0	110	0	26150
欧元区	6827	83.5	2338	-2.7	3778	124.6	30372
英国	1728	272.4	1238	257.8	124	103.3	998
日本	12498	333.8	11976	—	306	—	2460
中国	31504	—	30568	1876.0	736	—	5924

注：（1）欧元区金额单位以欧元标价。（2）美国、欧元区以1999年末为基期对比，英国以2000年4月为基期对比。（3）黄金重量以盎司计价，计价按1盎司=31.1035克。
资料来源：Wind资讯。

（五）中国

外汇储备、黄金、特别提款权、IMF头寸四类官方储备中，长期以来，中国更重视外汇储备，特别提款权、IMF头寸两类官方储备占比很低。因为人民币即将加入SDR篮子，因此，官方储备资产数据自2015年6月以后才提供。从结构看，截至2017年6月，中国官方储备资产31504亿美元，其中外汇储备30568亿美元，占比97.0%；IMF头寸95亿美元，占比0.3%，特别提款权100亿美元，占比0.3%，黄金736亿美元（按1盎司1242美元计价），占比2.4%，黄金重量5924万盎司，大概1843吨左右。

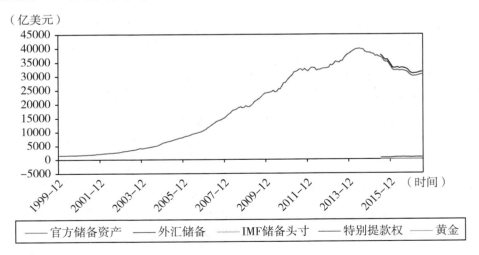

图 3 -5　中国官方储备资产变化情况
资料来源：Wind资讯。

从变化趋势看，1999 年末，中国外汇储备仅 1547 亿美元，增长了 18.8 倍。1999 年末，中国黄金重量 3389 万盎司，重量增加了 74.8%。中国官方储备中，原先黄金储备较少，近几年也加大了实物黄金购买力度。中国的黄金应该也是按市值估价。中国外汇储备中，大约 70% 是美元资产，10% 是日元资产，20% 是欧元和英镑资产。

二、五大央行资产负债表变化

（一）美联储

2007～2017 年 6 月，美联储资产经过了一个暴涨的过程。从资产端看，由 9285 亿美元增加到 45097 亿美元，总资产增长了 385.7%。从结构年，主要增长在于美联储增持了大量国债和抵押贷款支持债券（主要是两房债）。其中，美国国债由 7546 亿美元增加 24650 亿美元，占总资产比 54.7%，抵押贷款支持债券由 0 增加到 17703 亿美元，占比 39.3%。

其外，2008～2013 年，为了帮助华尔街等巨头摆脱困境，美联储持有了大量贝尔斯登、AIG 公司资产，以及许多商业票据融资公司、定期资产抵押证券贷款有限责任公司的投资组合。例如，美联储持有商业票据融资公司最多达 3505 亿美元，贝尔斯登 295 亿美元，AIG 相关债务担保凭证 CDO 投资组合及住房抵押贷款支持债券投资组合合计最高达 483 亿美元。这些企业脱困后，在 2012 年之后偿还了美联储借款，美国逐步减持了这些问题资产。

从负债端看，美国流通货币由 8291 亿美元增长至 15592 亿美元，占负债及净资产的 34.6%；逆回购由 405 亿美元增长至 5049 亿美元，占比 11.2%。除储备金之外的联邦银行存款由 115 亿美元增长至 2800 亿美元，占比 6.2%。联邦机构储备金余额由 42 亿美元增加至 21181 亿美元，占比 47.0%。表明银行资金更多地在银行系统内空转，没有流入实体经济中。长达 10 年的扩表，持有美国国债、两房债及处理问题机构的资产，美联储盈利能力大增，据说十年内向美国财政部缴款高达 7000 亿美元。

（二）欧元区央行

1999 年 1 月，欧元区资产规模 6972 亿欧元。到 2007 年雷曼危机前夜，资产规模达到 15008 亿欧元，增长了 115.3%。自金融危机后，欧元区资产规模也经历了迅速增长的过程，截至 2017 年 6 月，欧元区央行资产规模达到 42095 亿欧元，近十年增长了 180.5%。与美联储、日本央行相比，欧元区央行资产规模膨胀有限。欧元区资产端分类方式是：黄金、对非欧元区外币债权、对欧元区外币债权、对非欧元区欧元债权、和货币政策操作相关的对欧元区信用机构的欧元借款、对欧元区信用机构的其他欧元债权、欧元区居民欧元证券、一般政府欧元债务、其他资产。长期以来，欧洲就有一个庞大的欧洲美元市场。黄金 3791 亿欧元，占比 9.0%。对非欧元区外币债权有 3048 亿欧元，主要是外汇，占比 7.2%。和货币政策操作相关的对欧元区信用机构的欧元借款 7793 亿欧元，占比 18.5%，这部分主要是对商业银行再贷款。欧元区居民欧元证券 23586 亿欧元，占比 56.0%。

从欧元区央行负债端看，流通货币由 2007 年末的 6767 亿欧元增长至 2017 年 6 月末的 11369 亿欧元，同期和货币政策操作相关的对欧元区信用机构的欧元负债由 3791 亿欧元增长至 17231 亿欧元，同期对其他欧元区居民的欧元负债由 462 亿欧元增长至 3476 亿欧元，同期对非欧元区居民的欧元负债由 451 亿欧元增长至 2225 亿欧元。截至 2007 年末，流通货币、和货币政策操作相关的对欧元区信用机构的欧元负债、对其他欧元区居民的欧元负债、对非欧元区居民的欧元负债四项占总资产比分别达 44.8%、25.1%、3.1%、3.0%。截至 2017 年 6 月末，上述四项负债占总资产比分别达 27.0%、40.9%、8.3%、5.3%。流通货币占比减少，而后三项负债占比增加。和货币政策操作相关的对欧元区信用机构的欧元负债项目应该主要是商业银行准备金存款。鉴于欧元区负利率政策，同样说明大笔资金留在银行系统里空转。

（三）英国央行

英格兰银行是全世界第一家真正意义上的央行。2006 年 5 月 18 日，英格兰银行推出了关于货币市场改革的一些改革，这个改革使得出现了一种新的央行资产负债表，由合并报表、发行部、银行部组成。根据其合并报表，其数据仅披露至 2014 年 9 月。由 2007 年末至 2014 年 9 月，英格兰银行资产规模由 1022 亿英镑增长至 4051 亿英镑。按照英格兰银行资产表，由短期市场操作、长期英镑逆回购、英国政府短期借款、市场流通债券及其他资产项构成。其中，同期其他资产由 435 亿英镑增长至 3865 亿英镑，占比也由 42.6% 增长至 95.4%，相信这个"其他资产"相当部分是英国国债。

负债端中，流通纸币 626 亿英镑，占比 15.5%。准备金余额 2898 亿英镑，占比 71.5%。同样说明，英格兰银行扩表只是使资金在商业银行、央行的资产负债表中空转而已。

（四）日 本

一直到 2007 年，日本央行资产负债表没有发生较大的改变。2007 年后，没有直接被次贷危机打击的日本为了对冲美联储的扩表，日本央行也进行了资产快速扩表的过程。2007～2017 年 6 月末，日本央行资产规模由 111284 亿日元增长至 502108 亿日元，增长 351.2%。

从结构看，同期日本央行持有政府债券 70461 亿日元增长至 427426 亿日元，增长了 506.6%。贷款（对存款保险公司的贷款除外）由 29240 亿日元增加至 45275 亿日元，而持有的商业票据、公司债券、指数关联基金信托、房地产投资信托基金分别从 0 增加至 2009 亿日元、3203 亿日元、14371 亿日元、402 亿日元。日本央行持有的股票信托由 1519 亿元下降至 1130 亿元。甚至可以说，日本央行在代替基金公司、股民来进行投资，炒房、炒股还贷款。截至 2017 年 6 月末，日本政府债券占央行资产规模的 85.1%，持有的商业票据、公司债、指数关联基金信托、房地产投资信托基金、股票信托等合计占比 4.2%，持有的贷款占比 9.0%。日本央行持有的外币资产 6612 亿日元，占比仅 1.3%，而日本央行持有的黄金微不足道。

从日本央行负债端看，活期存款、其他存款、政府存款分别由 10123 亿日元、27 亿日元、2873 亿日元增加至 362945 亿日元、16025 亿日元和 13783 亿日元。三项存款之和占央行资产总额的 78.2%，说明大量资金趴在日本央行，根本没有通过商业银行体系流入实体经济中。

（五）中国央行

自 2000 年中国加入 WTO，外汇强制结汇成为中国央行资产规模、结构变化的主要因素。中国人民银行资产总额由 2002 年 1 月的 45311 亿元增长至 2014 年 6 月的 329699 亿元，年均增长 17.3%。2014 年 6 月之后，外汇储备量开始下降。截至 2017 年 6 月末，央行资产规模达到 345026 亿元，这三年年均增长仅 1.5%。

2002 年 1 月，外汇占款、中央政府债权、商业银行债权、非银行金融机构债权占总资产比分别达 39.7%、6.0%、27.8% 和 15.6%。截至外汇储备最高时的 2014 年 6 月，上述四类资产占比调整为 82.5%、4.6%、4.4% 和 2.7%。随着外汇储备迅速下降，央行通过各种货币政策工具持有商业银行资产以发行基础货币，弥补因外汇占款下降而减少的外汇储备。例如，央行向许多符合政策的商业银行提供 3.5% 利率的贷款。截至 2017 年 6 月，上述四类资产占比又调整为 62.4%、4.4%、24.9% 和 1.8%。未来，随着中央政府财政刺激的加大，不排除央行直接购买财政部发行的国债。

对比美国、欧元区、日本、英国、中国五大国官方储备规模、增长变化和结构，以及五大国央行资产负债表情况。可以发现一国央行资产负债表是根据国内资产（国内商业银行抵押证券、商业票据、公司债券）还是官方储备（黄金、外汇）为主构建、官方储备规模、黄金占官方储备比是衡量该国货币自主性的重要尺度。

美联储资产以国内资产为主，美国官方储备规模与 GDP 比最低，真实官方储备中，黄金吨位、黄金价值占官方储备比最高，SDR 其次，外汇储备很少，同时说明美国货币自主性最强，表明美元在世界独一无二的地位，是全球铸币税的征收者。美国央行资产负债表建立在本国国债、各种抵押资产基础上，而近半的负债是储备金。美元区的范围在全球，或是许多新兴国家和地区的货币对美元实行联系汇率制。

"二战"以后，法国与美国的政治关系就有相当的独立性。法国曾退出北约，驱逐了美国驻军。借助法国的核武器、安理会常任理事国席位以及法国长期在国际上的正面形象，以及德国的经济实力和高端制造业实力，意大利、西班牙、荷兰等国积极加入，西欧国家以法德为轴心组建了欧元区。欧元区成立后，欧元区国家加大了黄金购买力度，外汇储备金额、占比均下降，表明成立欧元区的初衷已经实现。由于欧元区央行不仅仅是一国的央行，因此其资产表国债较少，主要是商业银行再贷款。欧元经济区完全脱离美元区，完全自立门户，且欧元区是唯一用欧元对其官方储备资产的国家进行估值的地区。借助法国、比利时等欧洲国家在非洲的殖民地，欧元区的势力范围有东欧、部分非洲国家，俄罗斯、白俄罗斯、乌克兰等国也大量用欧元结算。

英国历史上有曾经辉煌的历史，广阔的殖民地。布雷顿森林体系和牙买加体系都是建立在英镑经济区的基础上成立的。依托澳大利亚、加拿大、新西兰等英联邦国家以及印度等广大前殖民地，利用进入欧洲的桥头堡作用以及英美特殊关系，英镑经济圈尚有狭小的空间，具备一定的独立性。牙买加体系成立后，原有的英镑经济区彻底瓦解。撒切尔金融自由化以来，英镑区与美元区金融是一种互补关系。2000 年左右，由于决策失误，英国抛售了大量黄金储备，因此英国官方储备总额有限，但汇丰银行等商业银行系统黄金储备巨大。英格兰银行资产表负债主要是准备金。长期以来，英国游离于欧元区外，在美元区和欧元区之间搞平衡。伦敦是仅次于纽约的国际金融中心。伦敦是全球第一大外汇结算交易中心，黄金石油大宗商品交易中心、证券交易中心。但英国的金融体系与美国更多的是一种互补关系，伦敦金融中心从某种角度而言是纽约金融中心、芝加哥金融中心的助手。此外，英国还帮助建立了中国香港、新加坡国际金融中心。英国伦敦、美国纽约、中国香港（新加坡）三个金融中心接替上下班，实现了全球24

小时不间断的交易体系。英国央行外汇储备数量较少，但英国本土真实黄金储备量巨大，包括汇丰银行等商业银行储备了大量的黄金。英镑区可以视为美元区的外围组织，也需要向美国承担一定的铸币税。英国在战后长期贸易赤字，主要通过吸引印度、中国（含港澳台）、俄罗斯、中东的富翁移民单方面转移支付保持平衡。例如，仅李嘉诚一人转移到英国的资金，足以让英国人解决一到两年的贸易赤字。

　　日本官方储备金额庞大，其中基本是外汇储备，黄金份额数量较少且几乎无增长。日本实际也需要向美国缴纳铸币税。日元经济区仍在美元经济区框架之内。目前日元有两个重要用途：一是国际资本套利工具。长期以来，由于日元贷款几乎是零利率，因此日元成为全球融资成本最低的资本可自由兑换货币。实际操作是在日元贬值期借入日元，购买高收益境外资产（股票、国债等），在日元升值期出售高收益资产，兑换成日元还给日本。二是交易工具。几十年以来，日本在"四小龙"、东南亚等国家进行了巨大投资，许多是带有援助性质的低息日元贷款，上述国家和地区外汇储备中相当比例也是日元。日元区在四小龙、东南亚也尚有狭小的空间。长期投资，每年日本境外红利、利息等投资收入金额巨大，即使某些年份日本贸易赤字但依靠红利和利息收入，经常项目也可以为黑字。日本央行资产以国债为主，但负债主要是各类型存款。长期以来，在经济危机中，日元、瑞士法郎扮演着避险货币的作用。1992～1996年，日本GDP与美国GDP比最高时接近70%，日本曾经有过建立独立于美元区的日元区打算，但1997年亚洲金融危机和漫长的经济停滞使日本打消了建立完全独立日元区的打算。日元区也可以视为美元区的外围，但比英镑区更具有依附性。

　　中国具有全球最大规模的外汇储备，向美国缴纳铸币税最多，黄金数量增长迅速但仍然较少，IMF头寸和特别提款权占比可忽略不计。截至2017年6月，中国人民银行资产表中，外汇占款仍超过60%。说明人民币经济区仍在美元经济区的框架之内。加入WTO之后，中国既从美国开放的国际市场上获益最多，也是被美元区剥夺最重的国家。截至2017年6月末，我国持有3万亿美元外汇，70%多是美元。如果持有的美元外汇资产每年贬值1%，则一年损失200多亿美元。

　　2000年欧元区成立以后，五大货币区官方储备资产快速增长。2008年，美国进行了四轮量化宽松。各货币区官方储备资产又经历了一轮暴涨，同时各央行资产负债表进入了快速扩张阶段。2016年6月，英国公投脱欧，与欧元区关系更加疏远。英国建立英镑区的实力明显不足，今后将更多依附于美元区。日本经济规模比英国大得多，但与周边国家关系紧张，更没有实力建立日元区，只有依附于美元区。中国为进入世界市场，主动加入了美元区。2008年全球金融危机后，中国积极推进人民币国际化。除非美国分裂内战，人民币在短期内全球范围内取代美元的可能性很小。更现实的是，中国在中亚、俄罗斯和东南亚建立一个独立于欧元区和美元区的人民币经济区。

未来，只要欧元区、美元区不爆发内战，世界经济区格局将是：美元区独大，欧元区、人民币区其次，日元区、英镑区依附于美元区但存在一定独立性的格局。尽管持有黄金并没有利息收入，但大量拥有黄金是独立于美元区，另立货币区的重要标志。自布雷顿森林体系建立后，美国慷慨向全球开放其国内市场，造成了德国、日本在内的西方世界经济的复兴。2000年，中国加入了WTO，中国经济也突飞猛进，外汇储备急遽攀升。但是，由于美元霸权可以轻易弥补经常项目赤字，长此以往造成民众储蓄率过低，美国基础制造业严重落后。总之，现在美国地位已经无法支撑其美元区地位。但是，尽管美元区已经无法支撑，欧元区由于内生缺陷注定无法取代美元区，人民币经济区有取代美元区的潜力，但资本项目可兑换困难重重，人民币国际化注定任重道远。

实际上，对比美元取代英镑的过程。1894年，美国GDP总额就已经超过英国，1905年人均GDP上也超过英国。"一战"后，英国受到极大的削弱。到了1918年，美国是全球最大的债权国，综合国力上成为世界第一。如果不是"二战"，美国也无法在1944年通过布雷顿森林体系彻底埋葬英镑体系。即使中国能够实现资本项目可兑换，人民币国际化取得重大进展，人民币要取得目前美元的地位，仍然前程坎坷、路途崎岖。

三、浅析人民币国际化

（一）人民币国际化有进有退

从2009年开始，人民币跨境使用开始驶入"快车道"。根据东方财富证券终端数据显示，截至2016年末，经常项目下的人民币跨境结算量达9.85万亿元。截至2017年6月末，美元、欧元、英镑、日元四大结算货币的结算占比分别是：40.5%、32.9%、7.3%、3.2%。人民币国际支付全球市场份额1.98%，排名第六位，排在加拿大加元之后。加拿大元、人民币、澳大利亚元、瑞士法郎、港元、新加坡元结算份额长期占比在1%~2%上下浮动。中国近几年排名长期在第5~第7名徘徊，而2011年末仅占比0.29%，排名在第17位，这说明人民币地位实实在在得到了提升。

截至2016年末，中国境内（不含港澳台地区，下同）银行的非居民人民币存款余额为 9154.7 亿元，主要离岸市场人民币存款余额约为 1.12 万亿元，人民币国际债券未偿余额为 7132.9 亿元。截至 2016 年末，共有 18 个国家和地区获得人民币合格境外投资者（RQFII）额度，合计人民币 1.51 万亿元；共有 407 家境外机构获准进入银行间债券市场，入市总投资备案规模为 1.97 万亿元。据不完全统计，截至 2016 年末，共有 60 多个国家和地区将人民币纳入外汇储备。人民币的国际化也在近年取得了很大的进展。人民币跨境结算量、人民币国际支付全球市场份额逐年提升。

但是，人民币境外存款规模有所倒退。经过多年发展，已经客观形成了境内境外两个人民币市场，在岸离岸两个人民币汇率及两个人民币汇率定价体系。在 2015 年以前，境内人民币汇率长期高于境外，境内人民币利率也长期高于境外。境内中资金融机构千方百计想将境外人民币资金引入境内，境内企业也尽量在境外贷款或发行人民币债券。

就境外人民币存款总额而言，境外人民币存款总额最多的依次是中国香港、中国台湾、新加坡。就此三地而言，随着中国实力的增强，人民币存款总额逐年增多。在 2014 年 12 月达到最高，中国香港、中国台湾、新加坡三地人民币存款达到 15359 亿元，此后逐步走低。截至 2017 年 6 月末，上述三地人民币存款仅 11594 亿元。短期内境外机构持有人民币的目的是投机，操作手法是从境内银行低价拆借人民币到境外抛出，通过打压境外人民币汇率，拉大境外境内人民币汇差，迫使境内人民币汇率追随境外人民币汇率被动贬值。人民币汇率贬值后，逃汇现象更加严重，形成恶性循环。

进入 2016 年以来，国家加强了外汇管制。一方面，国家严查近两年境外并购、金额巨大的企业；另一方面，国家加强了外汇管制。自 2017 年 1 月开始，外管局加强了个人购汇审查和管制①，外汇储备已趋于稳定。同时，国家掌控汇率变化趋势主动权，消灭了境外一些看空人民币的基金大佬。

在远期内人民币国际化是大势所趋，中国政府也极力支持人民币国际化。但在近期内非常尴尬。人民币境外拆借毕竟已经成为打击人民币汇率的子弹和工具，严重损害国家利益。长期以来，人民币境外利率长期低于境内利率，境内银行在境外发行人民币债券境内使用。由于境外投机者的操作，自 2015 年 8 月以来，人民币境内外利率出现倒挂。因此央行出台了一系列政策斩断资本项下人民币外流通道。2015 年 11 月 12 日窗口指导，叫停境内银行对境外融资，月底对境外融资须降至 12 日余额 50% 以下。12 月 9 日，央行窗口指导暂停金融机构新

---

① 按照 2017 年开始实施的新规定，一是每日取现上限为 1 万美元，超过须申报；二是个人购汇申请书选项更详细；三是购汇不得用于境外购房或投资；四是加强了违规套汇惩罚。

发 RQDII 产品。2016 年 1 月 25 日，央行开始允许人民币 NRA 账户（境外非居民账户）内资金转为定期存款，利率按相关规定执行。经过一系列政策指导，境内人民币流出得到控制。人民币出境短期内受挫也说明，与境外资本大鳄积累多年高超的操作手法相比，中国在风谲云诡的国际金融市场上经验不足，手段有限。

（二） 人民币地位仍远远不能与中国大国地位相匹配

尽管人民币地位有所提升，但人民币的地位远不能与中国经济在世界的地位相比。2016 年，按美元计价全球 GDP 总额约 74 万亿美元，美国、中国、日本、德国占比分别是 24.32%、14.84%、5.91%、4.54%。世界客观已经形成了三个贸易中心。中国已经是东亚地区贸易中心，美国是美洲的贸易中心，德法轴心是欧洲贸易中心。中国进出口贸易总额 36856 亿美元、美国 49210 亿美元、德国 21617 亿欧元，中国超过德国，仅次于美国，位居世界第二。即使自 2014 年 6 月外汇储备严重下降，中国外汇储备总量占全球外汇储备量的 40% 以上。自中华人民共和国成立以来，中国建立了产业结构最完整，工业部门最齐备的经济基础，建设了包括高铁、高速公路、地铁、普铁、机场、港口在内的体系健全、配套合理的基础设施。中国完整的产业体系、完善的基础设施从某种方面令美国、欧洲、日本等发达经济体相形见绌。中国有 13 亿受过基础教育的同质人口，越来越多的年轻人接受了高等教育，有全球基数最大的工程师队伍，低端的人口红利已经褪色，但高端的人口红利正在来临。

显然，人民币在国际上的地位还是被严重低估了。2016 年 10 月 1 日，人民币正式纳入 SDR。西方允许人民币成为 SDR 篮子的一部分，是对中国近十多年经济社会发展的肯定和妥协。客观上讲，从国家潜力而言，人民币是唯一有潜力取代美元的货币。但是，人民币纳入 SDR 的前提是资本项目可兑换。

人民币国际化与其是个经济问题，不如说是个政治问题或军事问题。人民币国际化的本质是在全球范围内征收铸币税，将更多的国家纳入人民币经济区的范畴。

与人民币国际化相配套，中国高瞻远瞩地提出了"一带一路"倡议。"一带一路"倡议除了输出过剩产能，也是在为人民币国际化创造条件。正如特朗普总统前顾问班农所言，19 世纪和 20 世纪有三个伟大的地缘政治理论，塑造了两个世纪的版图：麦金德、马汉和斯皮克曼。班农认为中国的"一带一路"倡议的大胆之处在于，将三个地缘政治因素结合在一起。"一带"是麦金德陆权理论的应用，"一路"是马汉海权理论的应用，中国在东海钓鱼岛、南海诸岛是斯皮克曼遏制理论的应用。

中国发起成立亚投行、丝路基金既是资本项目可兑换付出的代价①也是为未来征收铸币税创造条件。资本项目可兑换从另一个角度亦然，通过"走出去"的中资企业并购、重组，将持有的外币资产变现为核心技术、能源矿产等实物资产，减少外币持有量，减少国外对中国征收的铸币税。中国与众多国家签订的货币互换协议也是基于同一目的②。根据万得数据显示，截至 2017 年 6 月，央行人民币互换规模高达 33437 亿元人民币。

显然，人民币国际化的目标是减少美国、欧元区、日本对中国征收铸币税，尽量向国外征收铸币税，减少国内外汇储备金额。人民币国际化与资本项目可兑换是相辅相成的，人民币国际化是中国政府主动争取，而资本项目可兑换则属于被动接受。如果人民币国际化进程受阻，则资本项目可兑换进程很可能也要相应暂缓。

2014 年以来，美国 QE 停止，廉价美元时代结束。进入 2015 年后，美国加息提上议程，美元升值预期的达摩克斯利剑高悬在各国央行头上，12 月 18 日，美联储上调利率 0.25 个百分点，至 0.25% ~ 0.5%。2016 年又加息一次。2017 年上半年加息两次。在美元加息的大背景下，各国汇率竞相贬值，尤其是大宗商品生产国，中国也不例外，人民币汇率也结束了长达 10 多年的升值周期。

中国经济自身长期积累的问题也集中爆发：一是经济增长放缓，经济增速下滑到 6.9%；二是银行不良资产攀升；三是地方政府债承压；四是过剩产能去杠杆，尤其是二三线房地产市场大量积压；五是房地产估值过高，引发高净值群体套利需求。上述多重因素引发了国际人士对于中国经济硬着陆的担忧。在此背景下，国内资本外流加剧。

在人民币汇率贬值预期下，外汇储备大量流失。根据海关总署公布的数据，2015 ~ 2016 年香港从内地进口与内地向香港出口数据存在巨额差异，显示通过虚假贸易套利现象猖獗。2014 年 6 月末，中国外汇储备达到峰值，为 39932 美

---

① 亚投行仍以美元资金作为入股的根据，结算也使用美元。亚投行总资本 1000 亿美元，域内外成员出资比例 3:1。初始法定股本分为实缴股本和待缴股本。中方认缴额 297.804 亿美元，占比 30.34%，投票股占总投票权的 26.06%。由于亚投行协定中规定重大事项要拿到 75% 的投票权才能通过，中国意味着拥有一票否决权。印度、俄罗斯分别为第二、第三大股东，分别持有投票权 7.5% 和 5.92%。丝路基金成立于 2014 年 12 月 29 日，资本金规模 400 亿美元，首期 100 亿美元，由外储、中国投资有限公司、国家开发银行、中国进出口银行分别注资 65 亿美元、15 亿美元、5 亿美元、15 亿美元。

② 自 2008 年 12 月开始，中国分别与韩国（续签并扩大规模）、中国的香港金管局（续签并扩大规模）、马来西亚（续签并扩大规模）、白俄罗斯、印度尼西亚、阿根廷（续签）、冰岛、新加坡、新西兰（续签）、乌兹别克斯坦、蒙古（续签并扩大规模）、哈萨克斯坦、泰国、巴基斯坦、阿拉伯联合酋长国、土耳其、澳大利亚、乌克兰、巴西、英国、欧洲央行、瑞士、斯里兰卡、俄罗斯、卡塔尔、加拿大等国家和地区签署了货币互换协议。

元。然后逐月下降，2017年1月降至最低，为29982亿美元。2015年和2016年外汇储备分别下降5126亿美元和3199亿美元。此后外汇储备数量止跌回升，截至2017年末，外汇储备稳定在31399亿美元。

同时人民币汇率也大幅波动。2014年1月14日，外管局人民币中间价达到最高，为6.093。此后在岸人民币汇率（CNY）持续贬值，最低点是2017年1月4日，达到6.9526。此后人民币汇率开始反弹，2017年末稳定在6.53左右。离岸、在岸人民币汇差已基本轧平。从长期来看，人民币贬值压力仍存在。

当然资本外流有几种情况：第一，随着中国经济增速放缓，劳动力成本不断上升，许多"走出去"的企业将目光投向境外，在境外投资建厂或者直接入股境外企业；第二，由于美元升值及加息预期强烈导致中国企业加快了偿还美元债的步伐，这一点对中资企业建立良好的资产负债表其实是有利的；第三，前几年进入中国炒作的国际游资正常回流；第四，由于反腐力度的加强和原罪引起了一些人的恐慌而急于将资本转移出境；第五，在贬值预期下个体居民开始兑换美元配置海外资产。

有必要界定资本外流和资本外逃。前三类应该是正常的资本外流，后两类是资本外逃。资本外逃趋势加剧了人民币汇率贬值，而汇率贬值反过来助推了资本加速外逃。在此情况下，央行也采取了一定措施阻止资本非理性外流。例如，2016年1月7日，央行暂停了德意志、渣打和星展等三家外资银行在内地某些指定的外汇业务。

公司资本外逃主要通过虚假境外并购①、内保外贷②、虚假进口套利等方式。个人外逃通过占用亲朋好友购汇额度，积少成多，总数额也非常惊人。③ 中国国际收支平衡表2013～2016年净误差与遗落项分别是629亿美元、669亿美元、2130亿美元和2227亿美元。2017年上半年，净误差与遗落项仍达到1081亿美元。尽管外汇储备总量似乎保住了，资本外流趋势并没有得到根本遏制，资本管制不敢有丝毫的放松。

截至2016年末，中国进口金额15874亿美元，贸易顺差总额5099亿美元。如果是满足经常项目可兑换的需要，按照通常满足进口三个月需要的外汇储备，则我国仅需要3969亿美元外汇储备足矣。

---

① 境外并购，就是向外管局申请外汇额度购买境外优质企业。部分企业用虚假并购的手段转移资产。

② 内保外贷，是外贸企业以内地人民币资产为担保，在境外申请外币贷款。当境外项目没有能力用外币还款时，则用人民币资产变现成外币资产，偿还外币贷款。部分企业有意识用这种手法将人民币资产换成外汇转移出境。

③ 部分小企业主利用每位公民5万美元/年的额度，指使员工排队换汇，积少成多，然后转移境外。

传统经济学中，资本项目可兑换条件下，套利由利差导致，套利成本低。在中国汇率管制下，套利是由资产价格落差导致，套利成本高。中国刚刚富裕起来的私人银行客户有强烈的全球配置资产的动机。中国富人的资产组合中，房产占主要部分。曾有非官方统计称，中国在2016年的房地产（住宅）总值为300万亿元人民币，约合43万亿美元。我们把中国与部分发达国家进行对比，2016年各国房地产总市值以及与GDP总值之比，中国为43万亿美元（4.03倍），美国29.6亿美元（1.59倍），日本19.8万亿美元（4.28倍），英国7.5万亿美元（2.63倍），澳大利亚4.4万亿美元（3.61倍），加拿大3万亿美元（1.94倍）。据西南财大中国家庭金融调查与研究中心主任甘犁进行的中国家庭金融财富调查（CHFS）和美国消费者金融调查（SCF）公布的相关数据显示，中国家庭的房产在总资产中占比高达69%，而美国仅为36%。我国房地产价值原主要集中在北京、上海、深圳、广州一线城市，2015~2017年三年的暴涨，目前厦门、苏州、南京、成都、重庆、武汉、郑州等二线城市房产价值也大为增加。2017年，中央发出《关于引导农村土地经营权有序流转发展农业适度规模经营的意见》，大量农业用地进入市场。不动产价值规模更加膨胀。在许多私人银行客户看来，中国外国房地产价格已经出现诱人的套利空间。私人银行客户通常房产较多且许多人持有绿卡。以43万亿美元的房地产价值，再加上股市、未上市公司股权、债券、存款、艺术品价值，则即使5万亿美元外汇储备可能还无法满足私人银行客户全球资产配置的需要。

如果开放资本项目可兑换，在保外汇储备、保汇率、保资产价格（实际上更多指的是保房价）三者中，显然外汇储备目标最有价值。因此未来几年，预计央行仍会继续加强资本管制。同时由于人民币汇率大幅度贬值会在国际上引起巨大震动，且国际社会未必会允许人民币大幅度贬值，因此资产价格尤其是二三线城市房价有所回落。

（三）我国海军取得重大发展

前面已经论证过，一个国家货币地位与该国的海权地位有关。近几年，随着中国企业"走出去"，客观上需要中国军队也要"走出去"，仗剑经商。中国海军事业进步巨大。

几百年来，俄罗斯一直是西方世界的外围，为西方提供粮食、原材料的同时，也是西方工业品的倾销地。普希金、托尔斯泰不仅是俄罗斯作家，也是西方作家。俄罗斯冷战结束后，苏联解体，俄罗斯本来已经倒向西方，这也是西方将俄罗斯重新纳入西方阵营的最好机会。当老布什、施罗德等最后一批以国家利益而不是个人选票为重的领导人先后离职，在布热津斯基、切尼等轻佻战略学家的推动下，在克林顿、奥巴马、希拉里、默克尔、奥朗德等这些冷战后成长起来的"表演型"政治家的倾力打造下，西方将俄罗斯彻底推向中国。目前，中俄已经在事实上半结盟。中俄背靠背，中俄占据了欧亚大陆"世界岛"的主要部分，地域横跨欧洲波罗的海到中国南海之滨，与欧洲列强、土耳其、伊朗、印度、日本、美国等所有地缘政治玩家均接壤。这是从麦金德到基辛格所有西方严肃地缘政治学家极力避免的噩梦。

当年的中苏联盟的大背景下，西方在朝鲜半岛、越南不可能打赢任何一场战争。现在在中俄半结盟的背景下，西方在克里米亚、叙利亚更不可能取得胜利。在当今，制衡中国需要一支强大的海空军，而制衡俄罗斯需要一支强大的陆空军，同时制衡两个国家，即使倾西方全部实力也未必做到，以美国一国之力绝无可能。

中俄战略协同还反映在经济层面。中国、俄罗斯经济有长板也有短板。中国经济依赖外贸，以基础制造业为主，但除了稀土、钨、煤等少数资源，原油、铁矿石、粮食、稀有金属严重依赖进口，军工技术虽然突飞猛进，但发动机等关键技术不如俄罗斯，同时中国有雄厚的外汇储备。俄罗斯经济自给自足能力强，但外汇短缺，外汇收入依赖石油、军工及粮食，基础制造业及水果、蔬菜等部分农业严重短板。

美国可以通过拉升石油价格，澳大利亚及日本配合可以拉升铁矿石价格①。石油价格的上涨，将会带动粮食价格尤其是大豆价格上涨。大宗商品价格上涨会打击中国的经济发展。但是，美国也可能用打压石油、稀有金属、贵金属价格来打击俄罗斯、伊朗、委内瑞拉等石油大宗生产国。如果中国、俄罗斯处于对立状态，西方可以轻易拉一个打一个。但如果中俄默契一致时，美国在拉升油价价格打压中国时，会助推俄罗斯经济发展，俄罗斯通过优先供应中国石油的方式缓解中国石油供应紧张，同时因为俄罗斯向中国供应石油，使美国在波斯湾、马六甲海峡的海权优势效应下降。在叙利亚战争期间，沙特阿拉伯政府曾以石油供应来要挟中国政府停止对叙利亚合法政府的支持，但由于俄罗斯能够填补沙特阿拉伯的供给缺口，使沙特阿拉伯政府无能为力。在降低石油价格打压俄罗斯及伊朗时，会促进中国经济发展，中国通过优先采购俄罗斯石油、提供预付款方式缓解俄罗斯外汇紧张压力。

---

① 铁矿石三巨头是指巴西淡水河谷公司、澳大利亚必和必拓公司、英国力拓公司。其中，巴西淡水河谷公司由日本控股，英国力拓公司的矿石主要也在澳大利亚。在中国与三大公司谈判中，日本往往接受三大公司的高价格，迫使中国接受。铁矿石的现货价格受短期需求及海运费波动影响，现货价格通常高于长协价。自2004～2008年，长协价涨幅分别为18.8%、71.5%、19%、9.5%和79.88%。由于中国进口量超过全球进口量的1/2以上，因此中国损失惨重。

2014 年 3 月，普京并吞克里米亚引起西方制裁。2014 年 5 月，俄罗斯天然气工业公司与中石油签署中俄天然气供应协议，协议为期 30 年，该协议曾搁置 10 年之久。因为克里米亚危机，美国为打压俄罗斯降低油价。2015～2017 年，每年中国节约上千亿美元外汇，同时中国优先购买俄罗斯石油、小麦等大宗商品，为俄罗斯提供预付款，使俄罗斯经济缓了过来。2017 年俄罗斯经济恢复增长。克里米亚危机，让中国加大了从乌克兰和俄罗斯技术引进步伐，提高了军事科研实力。目前，俄罗斯准备在粮食、石油人民币结算方面加深与中国合作。俄罗斯很可能成为人民币经济圈一个重要组成部分。

俄罗斯与中国背靠背，俄罗斯集中发展陆权，在欧洲、中东对美国造成压力，中国主要发展海权，在东海、南海保卫主权利益，使美国顾此失彼。中国成功避免了所有半海权半陆权国家的战略噩梦，即必须将大部分军事力量投入陆军，无暇顾及海军，或海军发展半途而废。在中俄存在某种默契的大背景下，近几年，中国军事进步步伐惊人。

第一，海军实力跃进。中国航母作战编队开始列装。继辽宁号航母之后，2017 年 4 月 26 日，中国第一艘国产航母 001A 下水。该航母排水量 5 万多吨，可以搭载 40 多架舰载机。继现代级驱逐舰列装之后，051C 型大型防空导弹驱逐舰、052D 导弹驱逐舰等列装。此外，中国潜艇、武装直升机、舰载机、雷达等装备均有了质的提高。中国海军实力已经提升了一个台阶。现阶段，中国海军即将有挑战日本海军的实力，长期而言中国有望成为仅次于美国海军的全球第二强海军。

第二，取得南海控制权后，中国开始谋求关键战略通道的控制权。凭借雄厚的基建实力，中国已经在南海渚碧岛、永暑岛、美济岛、赤瓜岛建立了军事基地，可以配置重型战略轰炸机。南海是中国取得的第一个有重大战略价值的海军战略通道。占据南海战略通道，意味着中国卡住了中国台湾、日本、韩国的石油补给线。此外，中国在苏伊士运河红海的喉咙吉布提、纳米比亚等海军战略通道均建立了军事基地。

第三，空军实力提升。歼 20 是继美国 F22、俄罗斯 T50 之后全球第三款重型隐身战机。C919 大客机解决了中国大飞机方面的空白。此外，中国在预警机、无人机、舰载机、加油机等方面均取得了重大突破。

第四，军改圆满进行。军改的主要任务是强化领导管理体制、完善联合作战指挥体制、调整军队规模结构、优化部队编成、培养新型军事人才、完善政策制度、提高军民融合、加强军事法制体系建设。由传统陆军主导的，以防守为主的七大军区向海陆空并重的五大战区转化。五大战区中，南部战区、东部战区都配备强大的海军。精减陆军，提高海军、海军陆战队、空军、空降兵部队的比重，以及新生作战力量，如航天部队、作战支援部队。

人民币国际化是长期趋势，但远景是美好的，道路是坎坷的。总体而言，人民币国际化刚刚起步。

中国最大的优势是同质化，13 亿多人民心往一处想，力往一处使。相反，为了讨好"轻佻白左"、自由派媒体和个人选票，默克尔轻易引进难民，正在毁灭欧洲，东西欧矛盾重重，欧元区的未来不容乐观。美国拉美化进程已经启动，类似"黑命贵"、LGBTQ（性少数群体）、少数族裔权益等运动正在"撕裂"美国共识，反而得到奥巴马、希拉里似的自由派政客的鼎力支持。虽然特朗普是冷战以来唯一有"地缘政治常识"的美国总统，但"白左"势力根深蒂固，其所谓的努力非但不能力挽狂澜，反而会加速美国社会的"撕裂"，其本人作为类似"埃提乌斯"最后一个罗马人式的人物，最终只能落得"出师未捷身先死，长使英雄泪满襟"的结局。

对比罗马共和国与迦太基、法国与西班牙帝国（路易十四时期）、俄罗斯帝国与奥斯曼帝国（共十次俄土战争）、普鲁士王国与奥地利帝国（德国统一战争时期）、日本与清帝国（中日甲午战争时期）、美国与大英帝国（"一战""二战"时期），在实力差距不大的情况下，胜利一方通常是同质性相对较高的一方。

四、厘清三个与货币相关的问题

（一）为什么美国退出巴黎气候协定？

2016 年，特朗普在竞选时就扬言退出巴黎气候协定。[①] 正式履职后，特朗普宣布正式退出巴黎气候协定。美国退出巴黎气候协定，表面是冒天下之大不韪。除了讨好共和党金主能源、军工集团外，与欧元区是巴黎气候协定的主导有关，而潜在规模巨大的"碳资产"将成为欧元的锚。

长期以来，欧盟是气候变化协议的主要推动者。欧盟委员会自 2005 年起对成员方实行温室气体排放配额管理，在其生效的第一阶段（2005～2007 年），对各成员国每年可排放的二氧化碳量做了规定。在此基础上设立了欧洲排放交易体

---

① 《巴黎协定》是 2015 年 12 月 12 日在巴黎气候变化大会上通过，2016 年 4 月 22 日 100 多个国家在纽约联合国正式签署的气候变化协定，是继 1992 年《联合国气候变化框架公约》、1997 年《京都议定书》之后，人类历史上应对气候变化的第三个国际法律文本。2016 年 9 月 3 日，全国人大常委会批准中国加入《巴黎气候变化协定》，成为第 23 个完成批准协定的缔约方。中国政府承诺到 2020 年时单位 GDP 碳排放将比 2005 年减少 40%～45%。2016 年 9 月，美国总统奥巴马正式签署《巴黎协定》，并承诺到 2025 年，美国碳排放量在 2005 年基础上减少 26%～28%。

系，允许各成员方交易各自的配额。欧盟的规定比京都议定书更为严格，其交易也非常活跃。2005 年，成交额就达 72 亿欧元，2006 年为 181 亿欧元。次贷危机后，碳交易价格有所下降。

目前全球碳交易市场主要有欧盟的欧盟排放权交易制、英国的英国排放权交易制、美国的芝加哥气候交易所、澳大利亚的澳大利亚国家信托四家，中国也成立了若干交易所，但规模一直较小。其中欧盟排放权交易制规模最大。欧盟的主体是欧元区。欧元区的核心德国在环保行业处于世界领先地位。据说，欧元区低价收购了许多发展中国家的碳排放权。中国碳排放量占全球的 40% 以上，巴黎气候协定能否落地的关键在中国。随着中国在核电、风电、太阳能、电动汽车、高铁、地铁、充电桩、锂电池等节能减排行业的大发展，同时中国加紧淘汰能耗过剩行业，中国经济转型成果巨大，中国也开始积极推动巴黎协定落地。

根据世界银行测算，如果欧元区、中国、日本、英国、美国等主要经济体严守巴黎协定，到 2020 年，全球的碳交易市场规模可能超越石油市场成为第一大能源和环境权益类衍生品市场，市场规模约为 3.5 万亿美元，中国有可能成为碳交易量第一大市场。

但中国碳交易市场是国内交易市场，预计大部分碳交易国际市场份额在欧元区。如同石油是美元最重要的锚，如果巴黎协定顺利落地，"碳资产"将成为欧元未来的锚。德国是环保行业的领头羊。中国已经在太阳能行业拔得头筹，节省碳排放量。

因此，特朗普总统退出巴黎气候协定绝非意气用事，除了与自身推进再工业化、能源出口的目标相悖，以及共和党的金主是能源企业，最重要原因是不愿意为欧元做背书。

（二）数字货币的兴起

目前形形色色的数字货币主要由私人发行。数字货币的产生与金融危机下各主权国家盲目量化宽松有关。数字货币是继贵金属货币、主权货币之后的新生事物，这是继贵金属货币、主权信用货币之后第三类货币。数字货币的拥趸认为，数字货币使民众既避免贵金属数量过少而造成通缩，又避免政府滥发主权信用货币而造成恶性通货膨胀。比特币等数字货币的诞生是近代人类历史上的最伟大事件。如果自由主义大师哈耶克（2007）看到数字货币的诞生，一定会欢呼雀跃、鼎力支持。

2009 年，比特币的概念最初由中本聪提出。有以下几个特点：一是数量有限，总数量将被永久限制在 2100 万个。二是去中心化，与大多数货币不同，比特币不依靠特定货币机构发行，它依据特定算法，通过大量的计算产生，比特币经济使用整个 P2P 网络中众多节点构成的分布式数据库来确认并记录所有的交易行为，并使用密码学的设计来确保货币流通各个环节的安全性。三是匿名性。P2P 的去中心化特性与算法本身可以确保无法通过大量制造比特币来人为操控币值。基于密码学的设计可以使比特币只能被真实的拥有者转移或支付。这同样确保了货币所有权与流通交易的匿名性，同时也有免税、免监管的特点。普通跨国汇款，会经过层层外汇管制机构，而且交易记录会被多方记录在案。但如果用比特币交易，直接输入数字地址，点一下鼠标，等待 P2P 网络确认交易后，大量资金就过去了。不经过任何管控机构，也不会留下任何跨境交易记录。

虽然后来也产生了莱特币、以太币、以太坊、瑞波币、比特币现金等其他电子货币，但由于比特币是第一个问世的数字货币，受众广泛，其总体市值仍高居各数字货币第一。比特币的特性，使比特币成为有组织犯罪、恐怖融资、洗钱、逃汇、逃税的理想工具，拥有广泛的应用场景。火币网上，USDT① 兑换人民币汇率始终高于人民币在岸离岸汇率。许多投资者在火币网用人民币高价购买 US-DT，然后购买比特币，在美国出售获得美元，完成逃汇过程。

中国是全球主要比特币等数字货币矿机生产国、比特币挖矿国、交易国。中国形成了最完善的比特币产业链。比特币如同美元，中国炒家只要用人民币购买比特币并在美国出售，就能够轻松实现人民币资产转移出境，规避监管管制。因此，随着外管局加强监管，比特币在 2016～2017 年大幅度上涨可能与中国加强资本管制有关。

比特币的前途如何很难预测，但对比特币构成挑战者的与其说是主权货币，不如说是其他数字货币。由于比特币是第一个问世的数字货币，其存在交易速度慢，交易成本高，币值波动幅度过大，技术手段不完美的缺点。2017 年 1 月 5 日，比特币价格为 8410 元人民币，截至 2017 年 12 月，比特币价格最高达到 19000 美元（约 12.5 万元人民币）左右，然后在一个月内跌至 6000 美元，再攀升至 10000 万美元。

后期推出的各种数字货币更趋于深耕某个细分市场，在交易速度、交易费用、私密性、交易平台、可获得性（挖矿）、低层技术、加密技术、应用场景等方面与众不同。

例如，莱特币交易速度更快；每个莱特币可以被切分的更细（每个莱特币可被切分为 1 亿份）；数量更多，共有 8400 万个；在普通计算机更易被挖掘。

---

① USDT 是一种通过 Omni 层协议实现用于进行比特币区块链交易的加密货币资产。每个 USDT 单位的背后都以一张 Tether 公司预存持有的美元做背书，即 1USDT 等于 1 美元，这些货币都可以通过 Tether 平台承兑赎回。

以太坊作为数字货币，还是一个平台和一种编程语言，开发人员能够建立和发布下一代分布式应用。以太坊可以用来编程，分散、担保、交易任何事物：投票、域名、金融交易所、众筹，公司管理、合同协议签订等，基于以太坊平台，能够开发下一代数字货币，能够在区块链上实现智能合约、天源的底层系统。

更晚推出的瑞波币在技术上更完善：一是瑞波币可在 ripple 网络通用，克服了比特币等不能跨网关提现的缺点，通过这个支付网络可以转账任意一种货币，包括美元、欧元、人民币或者比特币、莱特币。瑞波币颠覆的不是主权货币，而是全球支付系统。二是瑞波币对社区用户免费获得，克服了比特币必须挖矿才能获得的弊端，挖矿的电费越来越昂贵。三是瑞波币交易速度更快，只需 3~5 秒。四是交易费用可以忽略，只有十万分之一个瑞波币。

达世币（Dash）、门罗币（Monero）、零币（Zcash）利用新密码技术，使交易更安全，更难以追踪到交易的双方，受到犯罪分子的热捧。

2015 年 1 月推出的新经币以分配方式平等著称。NEM 是第一没有富人或早期参与者通过强劲挖掘机挖矿或大量买入获得大量份额的数字货币，相对公平。

数字货币存在的弱点：一是数量无限。一方面每种数字货币可以分叉，数量有限已经不再是最主要特点，如从比特币中分叉出比特币现金。另一方面私人数字货币各类无上限。既中本聪可以推出比特币，李启威可以发明莱特币，杰弗里·维尔克可能创造以太坊，克里斯·拉森等可以推出瑞波币。数字货币在技术上已经开放，在政策许可条件下，任何组织、个人都可以发行数字货币。已发行的数字货币有几千种，供给无限大，唯一能够制约数字货币的就是电力。2013年，澳大利亚人杰克逊·帕尔默与美国人 Billy Markus 合作推出"狗币"，2018年竟然市值达到 20 亿美元，长时间成为前十大数字货币。[①] 二是内部人控制。一些金融机构、投资机构也开始介入数字货币的炒作。许多数字货币明显有内部人控制。例如，瑞波币总共 1000 亿枚，其中近 700 亿枚由瑞波试验室拥有，流通 300 多亿枚，其中 3 位联合创始人约 200 亿枚，即真正流通的瑞波币仅 100 多亿枚。2017 年初，摩根大通、芝加哥交易所集团、纽约梅隆银行、汤森路透、微软、英特尔、埃森哲等 20 多家全球顶尖机构成立以太坊联盟。据说，90% 以上的以太坊被上述联盟及创始人拥有。

在新形势下，各种私人数字货币可能成为美元新的锚。

第一，大部分数字货币由美国推出。如同新股首次公开发行（IPO），目前每天有新数字货币发行（initial coin offering）。截至 2017 年末，全球已经至少发

---

① 狗币采用莱特币的技术，建立在小费文化、慈善文化基础上。狗币第一年有 1000 亿枚，此后每年递增 50 亿枚，没有上限但新增数量有限。

行了几千种数字货币。其中，比特币、莱特币、以太坊（ETH）、以太经典（ETC）、EOS等大多种数字货币由美国推出，只有新经币（new economy movement，NEM）由日本推出，比特币现金由中国主导，瑞波币主要由欧洲控制。截至2017年末，所有数字货币的市值合计在1万亿～2万亿美元之间，绝大多数以美元定价。如果数字货币市值进一步膨胀，那么数字货币完全可以成为石油之外的另一个新锚。

第二，私人数字货币难于取代主权信用货币，相反私人数字货币已被美国"招安"。但由于人的注意力有限、市场竞争等因素，市场上最多有十几种数字货币有较多的应用场景，而大多数没有特点的数字货币无人问津。数字货币的技术问题并不复杂。理论上，微众、淘宝、百度、京东等大型高科技公司都能够发行数字货币，当然工农中建等大银行也有实力发行数字货币。2017年12月，比特币期货在芝加哥期权交易所上市。比特币已经实现大宗商品化。比特币在芝加哥大宗商品化后，意味着美国掌握了比特币的定价权。此后各种数字货币价格经历了"过山车"式的变化。这也意味着比特币被美元"招安"。未来不排除莱特币、以太币、瑞波币等其他数字货币也成为大宗商品。前面也分析过了，用美元计价的大宗商品越多，美元征收的铸币税就越多。只要数字货币在本质上是大宗商品，就无法取代主权货币。

主权国家可能纷纷立法禁止私人数字货币，而发行不需要挖矿的主权数字货币。由于私人数字货币交易过程很难追踪，因此各国政府纷纷立法禁止数字货币交易。目前，俄罗斯、中国禁止比特币交易，澳大利亚等发达国家也开始禁止比特币交易，就连长期支持比特币交易的美国也开始基于逃税的理由限制信用卡刷卡购买比特币。

2018年初，饱受通货膨胀之苦的委内瑞拉发行了第一个主权数字货币"石油币"。未来不排除其他主权国家也发行主权数字货币，主权数字货币与通货膨胀率、经济增长率等因素挂钩，为节省电力而无须挖矿，从源头上遏制国家无限制征收铸币税权力。

（三）黄金

马克思说："金银天然不是货币，但货币天然是金银。"[①] 1973年，美国彻底废除了黄金的最后清偿地位。因此美元历来视黄金为头号竞争对手。黄金价格与美元指数相背离，美元指数涨，黄金价格跌；美元指数跌，黄金价格涨。近年有几件事对美元体系非常不利。

---

① 《马克思恩格斯全集》第34卷，人民出版社1972年版，第81页。

次贷危机以来，世界各国央行普遍加大了黄金购买力度。一国官方储备规模、黄金占比是衡量该国货币自主性的重要尺度。2008年以来，出于对美国四次量化宽松的反应，印度、俄罗斯、中国、土耳其等国家央行均加大了黄金购买力度，欧元区国家央行停止了出售黄金。截至2016年末，俄罗斯储备总额3771亿美元，其中俄罗斯央行的黄金约1500吨。

俄罗斯与中国开始尝试以黄金为基准的贸易结算。中国已经建立了一个针对人民币和俄罗斯卢布的双边货币支付系统，从而降低两国之间的货币风险，并提高双方之间的外汇交易效率，同时中国准备发行以人民币计价、可转换成黄金的原油期货合约。该原油期货合约将是中国首次向外国投资者、交易所和石油公司开放的商品合约。俄罗斯出口石油拿到人民币之后，可以在中国的上海、香港黄金交易所兑换黄金。显然，由于持有人民币债券有利息收入，俄罗斯不会将获得的人民币全部兑换成黄金，但俄罗斯保留将人民币按协议兑换成黄金的权利，这也制约了中国政府滥发人民币的冲动。这样，中国从某种形式上复活了金汇兑本位制，绕开以美元为基准的全球贸易结算体系，建立了黄金－人民币体系，这意味着人民币国际化的重大举措，也是对美元体系的巨大冲击。如果伊朗、印度、巴西、南非随后相继加入该机制，金汇兑本位制在一定范围、一定程度上复活了，这是继欧元区成立之后对美元体系的最大冲击。

德国要求将存储在美国、法国的实体黄金储备运回国内。2013年，德国提出将存放在纽约、巴黎的黄金转移回法兰克福。德国宣布之后，导致国际黄金价格开始下跌。此事件在当年引起了种种揣测。有人认为美国已经将黄金花光了，因此华尔街、美联储联合将黄金价格拉低之后，通过低价从国际市场购买黄金归还德国的黄金储备。2017年8月，德国央行宣布，提前共有743吨黄金从法国、美国等国家运回了德国。此事疑点甚多，确有蹊跷。2013～2017年，世界黄金价格确实从1900美元/盎司左右下降到1200美元/盎司左右。运送几百吨黄金派一艘军舰就行了，不需要耗时数年。

黄金的有限性由宇宙起源而决定，这是"上帝"的意志，因此黄金注定要扮演重要角色。美元充当国际货币，是人类历史上美国一股独大的结果。当美国进一步衰落，无力打压黄金，中国、印度、欧洲、俄罗斯等经济力量相对崛起后，未必会完全恢复金本位制，但黄金在货币体系必将发挥一定的作用。

五、对未来国际货币体系的展望

货币从来不是孤单的经济问题、金融问题，而是政治问题、军事问题，甚至是意识形态问题。

自 1648 年威斯特伐利亚体系构建以来，构建国际格局平衡有两种方式：原则体系和实力体系。前者以梅特涅—威尔逊式基于某种道德原则为基础构建的意识形态体系；后者以俾斯麦—老罗斯福式基于实力（实利）主义的马基雅弗利体系，后者还往往与民族主义相结合。两者各有利弊，基于某种道德主义的意识形态体系相对稳定，对于国际格局博弈双方的实力演变相对不敏感，博弈双方可以为了共同的理念牺牲一部分利益，但缺点是对社会变化过于僵化，不利于社会进步。此外，双方可能为某个经典微不足道的注释而争吵不休，甚至大打出手。基于实力主义的马基雅弗利体系对于博弈双方此消彼长的实力变化过于敏感，平衡稍微被打破就易引起战争。用通俗的话讲，在"里子和面子"问题上，道德主义更重"面子"，马基雅弗利主义更重"里子"。

当然，基于道德原则的意识形态可能有多种类型。如基于"君权神授"的意识形态，以奥地利首相梅特涅为首，奥、英、普、俄、法五国构建了维也纳体系。"一战"后，美国总统威尔逊提出了普世价值体系的雏形，但由于英、法、意仍具备雄厚的实力，此外美国国内孤立主义浓厚，威尔逊理念无法落地。美国被迫向英、法妥协，由英、法、美主导，意、日参与，防范德、苏基础上，构建了极不稳定的凡尔赛—华盛顿体系。"一战"后，美国拆散了英日同盟，默许日本侵占中国东北；通过道威斯计划—杨格计划重新武装了纳粹德国；通过贷款帮助苏联实现工业化，并帮助苏联渡过了 1932～1933 年的大饥荒。美国有意培植了日本、德国、苏联三个国际体系的挑战者，矛头直指英法主导的国际体系。"二战"期间小罗斯福总统静观其变、静待时机，巧妙地让英、法、意、德、日五国同归于尽，极大地削弱了苏联，与苏联利用国共内战默契分裂中国，最终构建了相对稳定的雅尔塔体系。在美国主导的资本主义世界，实现了普世价值体系。在苏联、东欧、中国实行马克思列宁主义的体系。阿拉伯国家建立基于伊斯兰教的意识形态体系，尤其以"海合会"国家为典型。由于中、苏两个大国对马克思主义理解不同，经过中苏大论战，社会主义阵营分裂，最终苏联、东欧解体后，均转向了民族主义。在广泛吸收中国传统文化基础上，以及资本主义社会的精华部门，总结苏东社会主义发展得失教训，中国共产党人成功地将马克思列宁主义本土化，构建了一脉相承的毛泽东思想、邓小平理论、"三个代表"重要思想、科学发展观、习近平新时代中国特色社会主义思想。难能可贵的是，中国意识形态体系非常有弹性，并不僵化，不断深化，能够虚心向任何国家、任何文明学习其先进的地方，根据时代发展特点做出调整，能够很好应对复杂的国际形势和日新月异的国内发展变化。

当国际社会由基于一种道德原则为基础的意识形态体系向基于另一种道德原则为基础的意识形态体系演进时，或者由基于一种道德主义为基础的意识形态体系滑向马基雅弗利主义时，往往会引进巨大震动。1815 年，维也纳体系建立。根据基辛格（1998）的观点，维也纳体系前半期（1815～1848 年）依赖梅特涅首相的苦心经营。在梅特涅首相的经营下，奥地利、俄罗斯、普鲁士三国建立了君权神授的保守主义价值观，敌视自由主义和民族主义。梅特涅首相在 1948 年下台后，由于奥地利、俄罗斯在东欧利益的分歧，在克里米亚战争期间，奥地利站在英法的一边，抛弃了与俄罗斯的友谊，破坏了神圣同盟，也破坏了梅特涅首相苦苦支撑的欧洲均势。自此，敏锐的政治家如俾斯麦察觉出，欧洲将陷入实力政治的泥沼。此后意大利统一战争、德国统一战争、第十次俄土战争接连爆发。此后，维也纳体系欧洲的和平完全依赖德国首相俾斯麦个人的超级智慧、铁腕能力，俾斯麦基于实力原则，完全依赖变戏法式、令人眼花缭乱的条约维持欧洲脆弱的平衡[①]。当俾斯麦下台后，欧洲任由威廉二世、尼古拉二世、丘吉尔等爱慕虚荣之流胡为，终于陷入"一战"惨剧。"一战"后，英法主导的凡尔赛—华盛顿体系完全没有相同的意识形态基础。这个体系下，不仅英、苏、美、德等大国各个居心叵测，就连波兰这种小国也跃跃欲试。在希特勒图谋解体捷克斯洛伐克时，波兰居然也要求分一杯羹。日本入侵东南亚时，泰国居然也借势入侵当时的法属越南。仅仅维持了 20 年，凡尔赛—华盛顿体系土崩瓦解。

在雅尔塔体系下，美国向欧洲、日本、亚洲"四小龙"等国家和地区开放市场，并为后者提供安全，帮助上述国家迅速实现了繁荣。虽然美国征收了大量铸币税，但代价是基础制造业已经丧失，贫富差距扩大，社会异质化。由于"二战"、冷战的胜利，西方精英被胜利冲昏了头脑，意识形态过于僵化，不能根据现实政治的需要而作出调整，甚至不能微调。

特朗普上台后，迅速退出了巴黎协定，严控非法移民，美欧关系严重恶化，美日关系成了赤裸裸的相互利用关系。许多政治学家仍没有意识到 2017 年 5 月特朗普总统访问以色列并拜谒哭墙、参谒教皇、波兰讲话的历史意义[②]。特朗普

---

① 当时的世界格局是英、法、俄、德、奥五强。英国的战略永远是挑拨离间，打击处于世界第二的国家，但需要找个替死鬼，在损失最小的前提下赢得战争。普法战争后，法国急于向德国复仇。因此其他俄、德、奥三国必须保持团结。当其中一国与英法结盟，则其他两个国家失败。因此，缔结三国同盟是欧洲和平的关键。1873 年，俾斯麦与奥匈帝国，俄罗斯缔结"三帝同盟"。1879 年，俾斯麦与奥地利重订盟约，同时俾斯麦在 1887 年与俄签订"再保险条约"。在 1882 年，他又与意大利，奥匈帝国签订"三国同盟"。1883 年，罗马尼亚也加入了三国同盟。俾斯麦下台后，继任的威廉二世破坏了与俄罗斯的友谊，终于导致法俄结盟。当日俄战争削弱俄罗斯之后，英国视德国为最大的敌人。法英俄结盟，美国在后虎视眈眈，三打二并进一步演变成四打二，德国一战败局已注定。梅特涅与俾斯麦不同的是，实力弱的奥地利首相梅特涅依靠"君权神授"这一共同的意识形态维系俄德奥同盟，俾斯麦则依赖实力政治，通过个人超人的外交手段维系。

② 特朗普不是犹太人却戴着传统犹太人的帽子，成为首个拜谒哭墙的在职美国总统。

总统部分发言值得引用：

> "在教皇约翰·保罗二世布道，一百万波兰男女老幼突然同声祈祷时——一定意识到了。一百万波兰人没有要求财富。他们也没有要求特权。相反，一百万波兰人唱出了三个简单的词：'我们要上帝'（We Want God）。
>
> 在我们这个时代，一个最根本的问题是，西方是否还有生存的意愿。我们是否对我们的价值观抱有信心，并且不惜代价去捍卫它？我们是否足够尊重我们的公民，去保护我们的边界？面对那些想颠覆、摧毁我们文明的人，我们是否有足够的欲望和勇气去保守我们的文明？
>
> 在世界上，我们拥有最强大的经济、最致命的武器，但是如果没有强大的家庭和强大的价值观，我们将会衰弱，我们将无法幸存。"

经过一年多的执政，特朗普总统逐步形成了政治风格。一定程度上希望恢复孤立主义政策，复兴美国早已淡化的基督教文化，外交以美国利益至上，放弃不必要的国际义务，一定程度上恢复贸易保护主义。

从某种角度而言，主导世界和平70多年的雅尔塔格局已经风烛残年。预期未来10年内，全球经济政治格局更接近"一战"后"二战"前的凡尔赛—华盛顿体系。在经济上，将会产生美元经济区、欧元经济区、人民币经济区三个较大，相互独立、相互竞争的经济区，也可能出现日元经济区、英镑经济区两个依附型经济区。在政治上，欧洲、日本重新武装。欧洲、美国陷入低烈度战争。中东狼烟滚滚，局势更加碎片化。越来越多的国家寻求核武器。国际竞争格局将日趋白热化。这不是世界之福，也不是人类之福。

第四章 低利率环境下银行资产负债表的生成和变化：美国现象

一、美国低利率环境的形成

（一）美国进入低利率的历史

1973 年是国际秩序风云变幻的一年：一是美国无法维系布雷顿森林体系，尼克松总统宣布黄金与美元脱钩，自此黄金本位制让位于美元本位制；二是美国无法继续承担越南战争的高额军费，被迫撤离越南，越南战争耗资约 3000 亿美元；三是第四次中东战争爆发，石油输出国组织（OPEC）为了打击以色列及支持以色列的国家，宣布石油禁运，短期内造成油价由 3 美元/桶上涨到 13 美元/桶。美国经济开始进入滞胀期，通胀率高达 11%。

随后，1979 年"伊朗革命"，推翻巴列维王朝。1980 年两伊战争爆发。1982 年第五次中东战争爆发。中东局势的混乱造成国际油价再度飙涨，原油价格一度高达 34 美元/桶。1980 年，美国通胀率再次达到 13.5%。

保罗·沃尔克担任卡特政府的美联储主席。为了打击愈演愈烈的高通货膨胀，1982 年沃尔克将联邦基金目标利率提升到 10% 以上，此举虽然在短期内遏制住了高通货膨胀率，但造成了以下后果：第一，高利率严重打击了美国制造业，造成基础制造业大量破产倒闭；第二，减税与扩大财政支出相结合，财政赤字挤压造成贸易赤字，美国财政赤字、贸易赤字规模快速膨胀；第三，美国高利率造成全球美元回流。拉丁美洲国家在美元低利率时期借入了过量的美元债务，而石油等大宗商品价格由 1980 年 36.83 美元/桶的高点迅速下降至 1982 年的低点 14.43 美元/桶，外汇收入的大幅下降再加上资本外流造成拉美国家国际收支长期赤字，造成巴西、阿根廷等拉美国家经济崩溃。

以上造成了一个很严重的后果，即美国经济逐步以雄厚的基础制造业及高端制造业为主变成以高端制造业和金融业为主，美元也以制造业产品为基础改为以石油等大宗商品为基础。

图 4-1 是美国联邦基金目标利率走势图，该指标是美国监管意志的体现。纵观 1982 年以来美国联邦基金目标利率的走势，不难观察到，自 1982 年至今美国有四次完整的利率周期，第五次尚未走完。

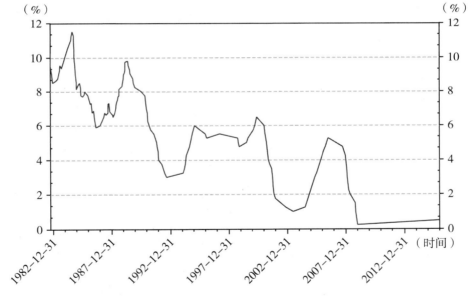

图 4-1　美国联邦基金目标利率

资料来源：Wind 资讯。

第一次，治理高通货膨胀，联邦基金目标利率在 1984 年 8 月达到历史最高值 11.5%。随着高利率以及石油等大宗商品价格下降，美国通货膨胀逐步下降，联邦基金目标利率也随之逐步下降，1986 年 8 月达到阶段性底部 5.875%。

第二次，1986 年美国股市崩盘，美国再次进入加息周期，1989 年 5 月利率上升到 9.8125%。海湾战争后，美国经济陷入衰退，为刺激经济，1992 年 9 月，美国联邦基金目标利率下降到阶段最低点 3.0%。

第三次，1992 年以后，随着苹果、微软、思科、英特尔等新经济公司崛起，美国经济开始复苏，利率也开始回升，历经小的反反复复，于 2000 年 5 月达到阶段性最高点 6.5%。2000 年左右，美国互联网泡沫破裂，为保持美国经济繁荣，格林斯潘持续降息。2001 年联邦基金目标利率第一次下降至 2.0%，这标志着美国开始进入低利率时代。2003 年 6 月，利率降至阶段性最低点 1.0%，但是持续多年的降息导致了房地产泡沫。

第四次，美国又再一次进入加息周期，2006 年 6 月，利率又升至阶段性顶部 5.25%。2007 年雷曼公司破产引发了次贷危机。为刺激经济发展，美联储又一次降息。2008 年 12 月，利率降至历史性最低点 0.25%。为刺激美国经济，该利率在此低位保持了 7 年之久。

第五次，随着美国经济的复苏，2015 年 12 月，耶伦将联邦基金目标利率提高至 0.5%。但是，美国经济的复苏根基不实，失业率的降低是以劳动参与率的大幅降低为代价实现的，意味着庞大的适龄劳动力彻底退出了劳动力市场，靠领取粮票为生。2016 年，整个国际金融市场是在耶伦的加息阴影下度过的。然而经过一年的虚张声势，2016 年 12 月，耶伦终于又将联邦基金目标利率提高至 0.75%。本轮利率周期尚未见顶。

市场预计，鉴于美国股市泡沫、部分地区楼市存在严重泡沫，2017 年美联储加息次数及幅度有限。1 月 19 日，美联储主席耶伦声称，认为"美国经济已经接近最大就业水平，通胀率也正在接近目标"。直到 2019 年底，美联储将"每年加息几次"。如果每年加息三次，每次 0.25%，那么截至 2019 年末美国联邦基金目标利率仅为 2.75%~3%，与 2007 年阶段性高点 5.25% 相比，利率仍然偏低（见表 4 - 1）。

表 4 - 1 联邦基金目标利率四次周期

程度项	第一次	第二次	第三次	第四次
高点时间	1984 年 8 月	1989 年 5 月	2000 年 5 月	2006 年 6 月
利率水平（%）	11.5	9.8125	6.5	5.25
低点时间	1986 年 8 月	1992 年 9 月	2003 年 6 月	2008 年 12 月
利率水平（%）	5.875	3.0	1.0	0.25

资料来源：FED。

从这四次利率周期看，随着时间的推移，每次的周期的低点比上一轮利率周期的低点低，而高点比上一轮利率周期的高点也低。尤其是第四次周期，美联储在0.25%的超低利率持续了长达7年之久。

图4-2是美国贴现利率，样本从1982年7月至今。美国贴现利率特点基本与美国联邦基金目标相同。在1982年7月为历史最高，达11.5%。其后每轮周期均逐步走低，2001年10月贴现利率第一次降到2%，虽然此后回升到6.25%的阶段高位。2008年12月达到最低点0.5%，此后长期维持在2%以下的低位。

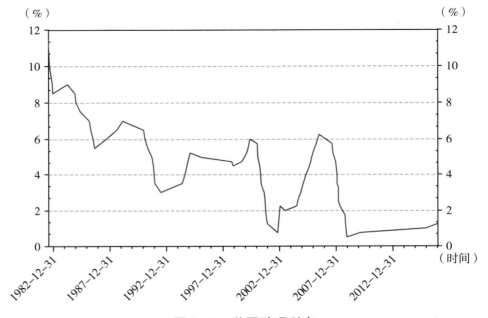

图4-2　美国贴现利率

资料来源：Wind资讯。

联邦基金目标利率、贴现利率是监管利率，是监管意志的表现，市场表现未必符合监管意愿。

图4-3是美国10年期国债实际收益率，被国际投资者公认为无风险利率。美国国债实际收益率在2011年9月第一次出现负利率，达-0.03%，最低是2012年12月的-0.87%。因此，美国无风险利率已经进入低利率时期。

图4-4是美国10年期国债收益率。美国国债收益率始终保持为正。2011年9月，美国国债收益率第一次降低至2%这个临界点，此后长期在2%以下盘桓。2016年11月以后，国债收益率超过了2%。与欧洲、日本相比，美国国债收益率并不低。

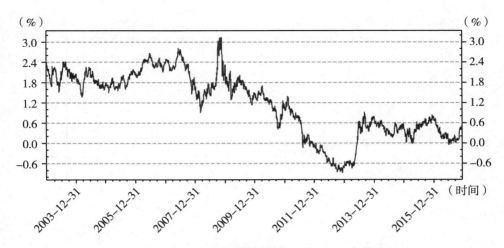

图 4 – 3 美国国债实际收益率：10 年期

资料来源：Wind 资讯。

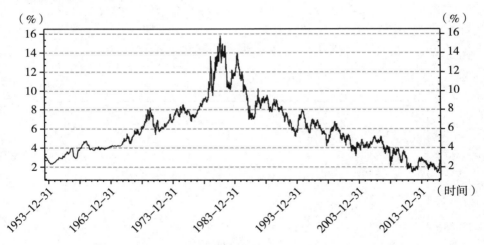

图 4 – 4 美国国债收益率：10 年期

资料来源：Wind 资讯。

（二） 低风险业务利率水平也大幅度下降

图 4 – 5 是 30 年抵押贷款固定利率，图 4 – 6 是 48 个月新车贷款利率，抵押固定利率贷款和新车贷款均为低风险贷款产品。

2016 年 12 月，美国 30 年期抵押贷款固定利率为 4.03%，最低为 2012 年 10 月的 3.36%。最高是 1981 年 10 月 18.63%。截至 2016 年 8 月，48 个月新车贷款利率 4.25%，新车贷款利率也是基本呈逐年下降趋势。

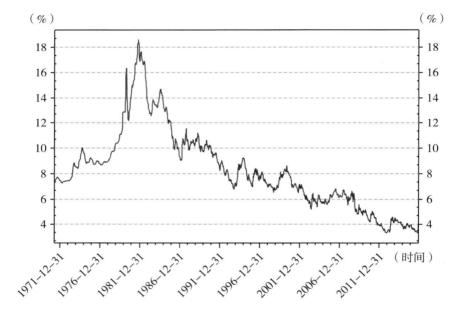

图 4 - 5 30 年抵押贷款固定利率

资料来源：Wind 资讯。

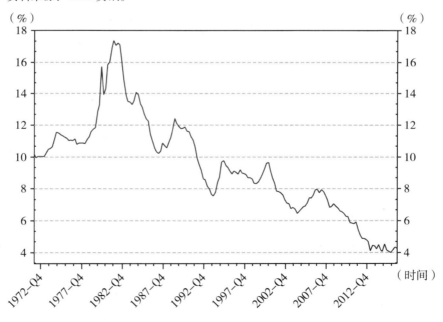

图 4 - 6 48 个月新车贷款利率

资料来源：Wind 资讯。

虽然美国已进入低利率时代，但与欧洲、日本相比，无论是监管利率、无风险利率以及低风险利率仍较高，至少在长期内没有出现负利率。主要原因为：一是美国以直接融资为主，资本市场非常发达。优质企业直接在资本市场低息发行债券或者再发行新股解决资金需求，通过银行融资主要是高风险的商业贷款及消费信贷。二是由于移民因素，美国人口增长较快，人口出生率较高，对贷款仍有一定需求。

二、美国利率下行的原因

（一）美国联邦政府财政赤字总额逐年攀升

由图 4-7 可知，自 1965 年越战，美国开始持续财政赤字，只有 1969 年以及 1998~2001 年短暂几年有财政盈余，其余年份均在赤字，且财政赤字金额逐年上涨。进入 2000 年后，美国财政赤字如同脱缰野马。2008 年，美国爆发金融危机，奥巴马上任美国总统后，为了给金融企业纾困及推行奥巴马医保，共进行了四次QE，采取了赤字财政，即财政部直接购买美国国债，美国财政赤字连年高启，2011 年高达 12996 亿美元，创历年最高，以后逐年下降。2015 年度财政赤字仍高达 4387 亿美元。如图 4-8 所示，美国财政赤字占 GDP 比例在 2009 年最高，观察2008~2015 年美国财政赤字情况，犹如美国发动了一场规模浩大的战争。

图 4-7 美国每年财政盈余情况

资料来源：Wind 资讯。

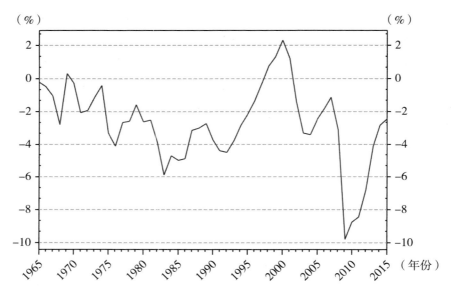

图 4 − 8   美国每年财政盈余占 GDP 比例
资料来源：Wind 资讯。

图 4 − 9 是美国未偿国债总额及占 GDP 比例，随着财政赤字的逐年扩大，截至 2015 年末，美国未偿国债总额高达 18.15 万亿美元，而当年美国 GDP 为 18.04 万亿美元，未偿国债总额/GDP 高达 100.6%。截至 2016 年，未偿国债总额/GDP 达到 104.6%。

图 4 − 9   1900 ~ 2015 年美国未偿国债总额及占 GDP 比例
资料来源：Wind 资讯。

2016 年美国财政赤字规模有所收窄，但金额仍然庞大。截至 2016 年 10 月末，美国国债规模已经高达 19.7 万亿美元，接近 20 万亿美元。特朗普当选美国总统后，预期将扩大财政刺激，兴建基础设施，削减企业所得税及个人所得税，预计美国联邦债务/GDP 比重仍将攀升。

由图 4-10 可知，1965 年，美国支付国债利息费用达 231 亿美元，然后绝对金额逐年上涨，2015 年美国支付国债利息费用达 6234 亿美元。尽管实际操作中，主要是通过发行新债券滚动而不是用财政收入偿还到期债券本金及利息，但理论上最终偿还利息支出的仍是财政收入。1986 年，美国利息支出占财政收入比达到最高，高达 35.9%。但是，1986 年也是美国国债收益率较高的时期，国债收益率在 7%~9%。随着财政收入规模逐步增加，以及 2010 年以后国债收益率逐步下降到 3% 以下甚至更低，美国利息支出占财政收入比也逐步降低，2015 年仍达 19.2%。因此降低国债利率水平对美国至关重要，目前美国国债收益率维持在 2.5% 左右，假定利率水平提到 5%，这在 2005 年以前是一个正常的收益率水平，则利息支出将达财政收入的 35% 以上。解决手段为：一是压缩福利支出或军费支出；二是扩大财政收入；三是增发国债。

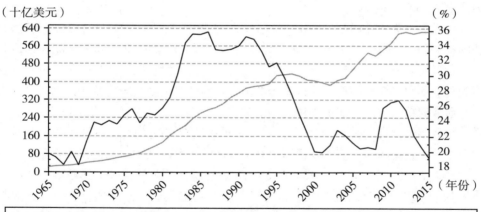

图 4-10　1965~2015 年美国利息支出金额及占联邦财政收入比

资料来源：Wind 资讯。

对于第一个办法，在目前民粹当道的前提下，任何提出压缩福利政策的政治家无异于政治自杀。表面上，美国军费支出巨大，但雄伟的航母编队、遍布全球的军事基地、庞大的核武器库是美国全球征收铸币税的前提条件，军工综合体在国会有强大的影响力，军费占财政收入的比例也有限，军费压缩的空间有，但极为有限。

对于第二个办法，类似苹果、脸谱等高科技公司在全球范围内运作，将利润留在国外，所谓加税只能加在中产阶级身上。奥巴马医保实质已等同于向中产阶级加税，再加税将造成逆向激励。

对于第三个办法，购买国债的主体有美国居民、外国居民、美联储三个主体。美国居民储蓄率极低，有些年份甚至为负。在储蓄率既定的情况下，美国人增加购买美债意味着进一步降低投资率。国债由外国人购买实际上就是国际借贷，意味着进一步扩大经常项目赤字。美联储直接购买国债则意味着QE，意味着加大铸币税。其中，由外国人购买美债后果非常严重，实质上等于透支美国的未来。截至2016年末，美国外债余额18.33万亿美元，占GDP比例达96.9%。

现实中，持有美国国债的外国居民主要是中国、日本和海湾国家政府。如果美联储大幅度提高国债利率，将压低国债价格，促使外国居民抛售国债，同时将加大对外国居民的利息支付。根据万得资讯数据，1996年，境外和国际投资者持有美债11210亿美元，到了2007年已经上升到24068亿美元，而到了2015年，进一步上升到62179亿美元。目前，由于美国居民储蓄率过低，美国国债更多依靠外国政府购买。

尽管"二战"期间，美国未偿国债占GDP比例曾一度高达118%，但当时美国福利社会尚未建立；民主党、共和党内分歧有限，在重大问题上能够达成共识，共度时艰；美国政府也不受民粹的左右，美国总统个人能力较强，相对能够不受利益集团操纵；种族结构以WASP（白人盎格鲁－撒克逊新教徒）为主，具有吃苦耐劳的精神，能够通过加税逐步消除债务。当时，资本在全球自由流动尚较困难，类似苹果这种大公司通过爱尔兰分部转移利润实现避税，以及类似Facebook联合创始人爱德华多·萨维林通过放弃美国国籍、移民新加坡而避税的现象较少。

现在，美国种族矛盾、族群对立严重。原则上，在现有民主体制下，能够守住债务不再增加已经难能可贵，本金已经不太可能偿还。因为偿还本金，无非是削减福利支出、增加税收、财政赤字货币化三种途径。第一种会引发中低层民众的反对；第二种将引起大企业和高收入中产阶级反对；第三种其实就是所谓的量化宽松政策（QE）。自2008年以来，美国已经四轮QE，释放4万亿美元基础货币，此方法可一可二不可再三。因此通过压低利率降低利息费用支出，已是没有办法的办法。

（二）美国地方政府更是债台高筑，难以维持

美国有长期的自治传统，联邦政府对下辖50个州的管辖权有限，州政府有相对强的自主权。州政府地方财政更依赖于消费税、房产税。州与州之间对财政

纪律的遵守程度差别很大。加利福尼亚、纽约、得克萨斯等大州，尽管是美国最富裕的州，财政收入规模庞大，但福利支出更为慷慨，反而时常入不敷出。以加利福尼亚州（以下简称加州）为例，由图4－11可知，加州是美国人口最多，经济最富裕的州，硅谷、好莱坞等税收大户均位于加州。加州房价也远超美国其他各州，因此物业税非常可观。尽管近两年财政收入超过支出，但加州财政收入起伏太大，而支出稳步增长，州和地方政府的未偿还债务持续增长。2014年，财政收入与联邦收入转移支付和比支出多出1318亿美元，但是州和地方政府债务仍增加了56亿美元。州和地方政府债务由1992年的1142亿美元增长到2014年的4259亿美元。加州未偿还债务是州财政收入的77.1%，预计日后将进一步增加。

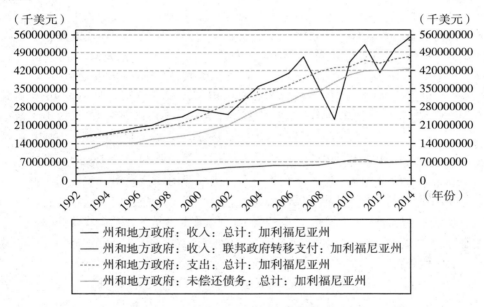

图4－11　1992～2004年美国加利福尼亚州财政收入情况

资料来源：Wind资讯。

纽约州未偿还债务与州财政收入之比高达94.6%，得克萨斯州103.7%，佛罗里达州86.6%，华盛顿州93.0%。美国50个州中，加州、得州、纽州、佛州、华州是经济发展较好的5个州，理论上，纽州、得州已经不太可能偿还债务。富州、大州财政纪律未必比穷州、小州强。密西西比州、新墨西哥州、阿肯色州、缅因州、南卡罗来纳州是公认经济较差的小穷州，其未偿还债务与财政收入之比分别达45.6%、62.7%、251.8%、60.4%、91.5%，其中密西西比州、新墨西哥州、缅因州财政状况较佳，而阿肯色州财政已经崩溃。中等规模的州中，犹他州长期由共和党执政，财政纪律相对较好，基本能够保持财政收支平衡，但犹他州该指标也高达71.8%。

鉴于州政府不是联邦政府，没有铸币权，无法让美联储直接购买国债，只能滚动发行地方债。因此州政府债的信用等级较一般企业高，但低于国债，因此利率也略高于国债。因此从某种角度看，面临相同的未偿还债务与州财政收入比率相比，显然州财政压力更大。总之，尽管各州财政状况差别很大，有好有坏，但整体上50个州地方财政已经入不敷出，寅吃卯粮，偿还利息就已经非常困难，偿还本金可能性不大。

（三） 美国居民个人贷款规模越来越巨大

个人贷款主要是学生贷款、消费信贷、信用卡贷款、房贷四大类。美国居民笃信提前消费，个人信贷规模增长迅速。根据万得资讯统计，居民及非营利机构贷款由1962年的3459亿美元上升到2015年的140663亿美元，以美国人口32170万人计算，人均负债44983美元，其中按揭贷款97676亿美元，占比69.4%。根据同花顺，美国消费贷款（含信用卡、汽车贷款）规模由1973年末的1901亿美元膨胀到2016年11月末的37500亿美元。四类个人贷款中，学生贷款、消费贷款、信用卡贷款属于高风险类贷款，风险贴水权重大，降息作用有限。美国按揭贷款属于低风险利率，且美国的按揭贷款利率主要是固定利率，不随市场利率波动而涨落，但显然提高利率会降低新增房贷规模。中低收入群体是个人贷款的主要群体，目前已经债台高筑，没有能力继续再加杠杆。

近二十年，随着美国大学学费的暴涨，美国学生贷款规模已经超过信用卡、汽车贷款，成为仅次于住房贷款的第二大个贷产品。同时，学生贷款不良率攀升，是埋伏在美国经济的又一颗重磅炸弹。

家庭负债比率衡量家庭财务负担的指标，分子为包括抵押贷款、信用卡、房屋租赁、财产税等负债而导致的支出，分母是家庭可支配收入。1980年6月，美国家庭负债率15.6%，2016年9月该指标是15.4%，最高值是2007年12月的18.1%，最低值是2012年的14.9%，表面上变化不大。但实际上，该指标三个相对峰值时点与美国经济金融危机爆发点相一致。

由图4-12可知，1987年6月，美国家庭负债比率是一个高峰值17.6%，基本对应1987年经济危机。1987年10月19日，美国的道·琼斯工业股票下跌了508点，跌幅为22.6%。全国损失5000亿美元，这一天被称为"黑色星期一"。随即英国、日本、欧洲、中国香港股市也持续暴跌。通常经济学家认为，里根总统执政后连年出现的巨额财政赤字和贸易赤字是引发这次经济危机的重要原因，连续加息是导火索，但家庭负债率过高也是引发这次经济危机的一大重要原因。

图 4 – 12　1980~2016 年美国家庭负债比率变化

资料来源：同花顺 iFinD。

2001 年 12 月是两个高峰值 17.7%，该指标基本对应 2000 年的互联网泡沫危机，美联储主席格林斯潘通过多次降息以及 "9·11" 事件，促使美国加大财政刺激摆脱经济危机，此次经济危机的规模有限。

2007 年 12 月最高峰点正好对应雷曼危机爆发，此次危机原因是银行盲目向美国低收入群体发放贷款。低收入群体不良贷款高启，导致包括雷曼在内的投资银行、AIG 在内的保险公司、华盛顿互惠银行在内的商业银行等大量金融机构出现流动性危机。家庭负债率过高是导致本次经济危机的主要原因。

负债主体有中央政府、地方政府、家庭、企业四大类，这四类负债主体中，美国前三类问题均较重。与美国中央政府、地方政府甚至企业等负债主体相比，美国家庭的偿付能力最弱，处于最薄弱的环节，地方政府其次。美国中低收入家庭本已负债累累，尽管目前家庭负债率为 15.4%，处于历史较低水平，但如果盲目提高利率水平，无疑仍会加大美国家庭的财务负担。

与中央政府、地方政府、个人相比，美国企业负债率较低，财务状况良好。本轮经济危机中，美国高科技企业盈利几乎不受金融危机影响。美国几乎没有国企，除非特殊情况，美国政府不会轻易纾困私人企业，而私企也更注意自己的财务状况，融资以股权为主，优质企业更青睐发放公司债，银行借贷较少。

（四）经济增速虽高于其他西方国家，但显著放缓

美国是自由经济，金融准入门槛非常严格但保持开放。金融自由化发生在

20 世纪 80 年代，尽管利率放开，但利率下行趋势并不严重。

进入 2002 年以后，与美国历史比，经济增幅下降，金融需求有所下降，利率水平下降。与日本、欧洲等老牌发达经济体相比，美国人口出生率及高素质移民较多，经济增长率仍高于西方其他国家，高科技企业、金融业、服务业方兴未艾，人口老龄化不显著，因此金融需求相对仍保持较旺盛水平，长期内没有陷入负利率陷阱。与中国、印度等新兴国家相比，基础建设需求较弱，老龄化也相对严重。

图 4 - 13 可知，"冷战"结束后，与自身比，美国 2008～2016 年期间的加权平均经济增长率 1.34%，显著低于 1992～2007 年期间的 6.10%。尽管美国经济增幅有所下降，1992～2016 年，美国经济规模仍增长了 175.8%，增幅高于日本、德国等传统西方发达国家。意大利、加拿大、法国等传统西方国家经济增幅更低。与中国、印度等新兴发展中国家相比，美国则相形见绌。

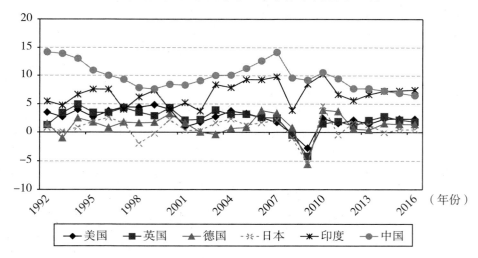

图 4 - 13　1992～2016 年世界主要经济体名义经济增长情况
资料来源：同花顺。

用购买力平价指标衡量，如表 4 - 2、表 4 - 3 所示，美国在 1992 年占全球份额的 23.21%，2016 年下滑至 15.71%，而法国、德国、日本下降幅度大于美国，俄罗斯、英国下降幅度略小于美国，而中国、印度占世界经济份额的比重显著上升。因此美国的所谓衰落，只是相对衰落，这个相对也仅是相对中国和印度。

因此，美国所谓衰落，主要指结构而不是规模，是美国经济、社会的内部结构出问题了。

表 4 - 2　　　　主要经济体购买力评价下世界主要经济体占全球份额变化

年份	美国	日本	德国	英国	法国	中国	印度	俄罗斯
1992	23.21	9.30	5.81	3.43	3.97	4.28	3.06	4.15
2016	15.71	4.15	3.33	2.33	2.29	17.65	7.31	1.12

资料来源：同花顺。

表 4 - 3　　　　主要经济体名义 GDP 全球份额变化

年份	全球 GDP（亿美元）	美国	日本	德国	英国	法国	中国	印度	俄罗斯
1992	253898	25.76	15.17	8.15	4.38	5.56	1.85	1.16	0.34
2016	758451	24.32	5.91	4.54	3.85	3.26	14.84	2.83	1.80

资料来源：同花顺。

三、低利率环境对美国商业银行资产负债结构冲击

（一）商业银行信贷规模增幅下降

自 2008 年开始，美国采取了四轮量化宽松政策，基础货币由 2007 年末的 8372 亿美元直线增长至 2016 年末的 35316 亿美元，增幅 321.8%。但是，同期货币乘数由 8.55 持续下降至 3.76，2014 年 8 月份降至最低，仅 2.80。基础货币的超发以及货币乘数下降，表示货币使用效率在下降，货币增幅小于基础货币增幅。同期 M2 仅由 70662 亿美元增长至 132772 亿美元，增幅仅 87.9%，表明量化宽松对经济的刺激作用有限。

由图 4 - 14，美国所有商业银行信贷从 1973 年的 6476 亿美元增长到 2016 年的 124429 亿美元，增长了 19.21 倍。2002 年以来，美国逐步进入低利率时代。1973~2001 年，美国商业银行信贷规模增幅较大，平均达 8.26%，而 2002~2016 年该指标仅 6.05%。因为次贷危机，2009 年美国商业银行信贷规模还出现了负增长。

（二）信贷结构调整

1973~2016 年，整体上美国商业银行信贷结构发生较大变化。由图 15，银行信贷证券部分占比由 28.5% 略降至 26.8%，工商业贷款占比由 23.6% 大幅下降至 16.8%，不动产抵押贷款占比由 17.2% 大幅上升至 33.1%，消费信贷占比由 15.1% 下降到 10.9%，其他贷款和租赁占比由 15.6% 下降至 12.3%，

如图 4-15 所示。

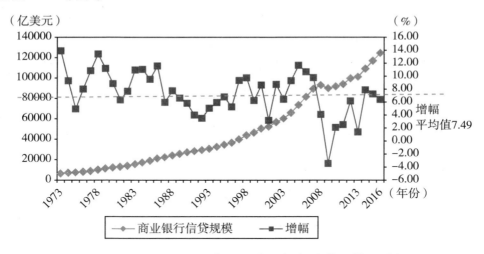

图 4-14   1973~2016 年美国商业银行信贷规模及增幅
资料来源：Wind 资讯。

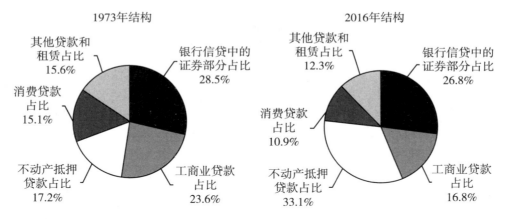

图 4-15   1973~2016 年美国商业银行信贷结构变化
资料来源：FED。

　　观察 1973~2016 年的数据，以上变化是缓慢发生而不是剧烈变化，美国进入低利率时代后同样如此。工商业贷款占比下降，主要是美国基础制造业大量外迁，工业占 GDP 比例大幅下降。根据万得世界银行统计，工业占 GDP 比例由 1970 年的 35.2% 下降到 2014 年的 20.7%。同时大量基础设施是 20 世纪 50 年代前修建的，相对陈旧，迟迟没有更新换代，因此工商业贷款、基建项目贷款需求下降。

币缘视角下银行体系的低利率现象

长期内，美国消费贷款占比下降，消费贷款占比最高是 1978 年，约
16.7%；最低是 2007 年 10 月，仅约 8.8%。消费贷款占比下降主要原因有：一
是其中消费贷款中，信用卡及其他循环计划占比达 52.4%。信用卡及其他循环
计划等消费类贷款收益率高但不良率也高，但其真实市场规模有上限，不可能无
限增长。二是美国存在相当数量的非银行系信用卡公司、汽车金融公司、消费金
融公司，大量零售贷款脱离银行体系。美国相当部分信用卡业务由脱离银行系统
的信用卡公司经营，如 capital one、运通、Synchrony（通用资本），美国前 10 大
发卡机构，有三个是非银行系信用卡公司。

此外，相当部分的汽车贷款由专属汽车金融公司发放，通用、福特、克莱斯
勒等美国本土大型汽车公司以及宝马、本田、丰田均有附属的汽车金融公司。沃
尔玛、sears 等大型零售商也在经营消费贷款。

美国土地、农田为私有产权，可以申请抵押，因此美国的不动产抵押贷款抵
押品有土地、农田、住宅物业或非住宅物业，其不良率偏低，有广阔的市场前
景，是未来重点发展方向。

（三）负债结构调整

美国私人存款机构负息负债由 1973 年的 10343 亿美元上升到 2002 年末的
69948 亿美元，继而上升到 2015 年末的 141337 亿美元。银行间交易净负债。
美国有支票文化传统，支票是主要的支付手段。支票存款不支付利息，完全是
活期，可以随时支付转账。美国利率早已市场化，储蓄存款是活期存款，有一
定利息，不同银行利率有相当大的差异，一般比美联储基准利率高一些，有时
储蓄存款利率甚至高于大额定期存款利率。美国大额定期存款起点个人是 500
美元，单位是 50000 美元，通常而言，大额定期存款利率高于小额定期和储蓄
存款。

自 1973 ~ 2002 年，随着信用卡、ATM 等支付手段的普及，但小额定期和储
蓄存款、大额定期存款仍有较高的利息，支票存款占比由 1973 年的 23.2% 显著
下降到 2002 年的 10.1%，同期小额定期和储蓄存款利率由 53.6% 下降至
42.5%，而大额定期存款由 11.5% 略上升至 14.5%。

由图 4 - 16 可知，自 2002 年以来，尤其是 2008 年以来，随着美国进入低利
率时代，小额定期和储蓄存款利率、大额定期存款两类存款利率也接近于 0。由
于支付便利，支票存款占比反而由 2002 年的 10.1% 逐渐上升至 2016 年有
14.9%。由于可以随时支取，小额定期和储蓄存款占比由 2002 年的 42.5%，随
后又上升到 2016 年的 50.0%。大额定期存款由 2002 年的 14.5% 下降到 2016 年
的 10.4%。

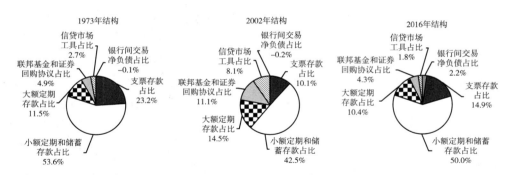

图 4 - 16　1973 ~ 2016 年美国私人存款机构负债结构变化

资料来源：FED。

联邦基金和证券回购协议相当于中国的同业回购，当利率保持一定水平时，越来越多的银行将联邦基金和证券回购协议作为弥补流动性缺口的重要来源，因此自 1973 ~ 2002 年，联邦基金和证券回购协议占比由 1973 年的 4.9% 显著上升到 2002 年的 11.1%。随着美国联邦基金目标利率逐步下行，自 2008 年 12 月，降至历史性最低点 0.25%。为刺激美国经济，联邦基金目标利率在此低位保持了 7 年之久，2015 年和 2016 年分别加息 2 次，每次 0.25%，现在也仅仅 0.75%。有资质的商业银行可以低价向美联储拆借资金，因此自 2002 ~ 2016 年，联邦基金和证券回购协议占比由 11.1% 显著下降到 4.3%。

信贷市场工具由公开市场票据、公司和外国债券、联邦住宅贷款银行预付款构成，由于同样的理由，商业银行更多从 1973 ~ 2002 年，信贷市场工具占比由 1973 年的 2.7% 显著上升到 2002 年的 8.1%，又从 2002 ~ 2016 年下降到 1.8%。

长期内，美国联邦基金目标利率长期保持低利率水平，导致联邦基金和证券回购协议利率也非常低，导致了同业资金市场规模大幅度下降，在一定程度上模糊了活期、定期、理财存款三者之间的区别。

（四）美国大类资产定价的变化情况

1. 股市

图 4 - 17 是美国道琼斯工业平均指数、标准普尔 500 指数、纽约证交所综合指数、纳斯达克综合指数四类主要股票指数。自 1973 年布雷顿森林体系解体以来，在 20 世纪七八十年代，美国股市整体表现平稳，进入 90 年代后开始攀升。其中道琼斯工业指数和纽约证交所指数较为一致，自 2008 年陷入低谷之后，于近期屡创新高。纳斯达克指数在 2000 年 3 月达到 4963 点新高之后，互联网泡沫破裂后，2002 年 9 月降至低点 1114 点，直到目前也仅达到 5700 点左右，涨幅没

有道指和纽指高。标准普尔 500 指数相对涨幅有限。

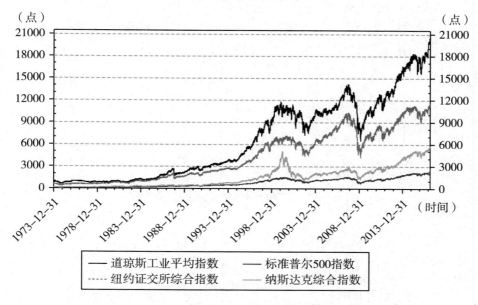

图 4 - 17　1973 ~ 2016 年美国股指

资料来源：Wind 资讯。

2. 债市

美国金融体系以直接融资为主，能够在债券市场上发债就不会从银行贷款。债券分市政债券、国债、企业债、抵押贷款相关债券、联邦机构债券、资产支持债券六类。由图 4 - 18 可知，自 1996 ~ 2016 年，每年美国债券发行额由 20828 亿美元上升至 69255 亿美元，增幅 232.5%，21 年合计发行 1096595 亿美元各类型债券。债券增幅高于贷款增幅。截至目前，每类债券的结构不同，市政债券、国债、抵押贷款相关债券、企业债、联邦机构债券、资产支持债券占比分别是 6.5%、23.3%、32.9%、17.7%、14.2%、6.2%，如图 4 - 19 所示。

其中，在 2007 年以后，企业债和抵押贷款相关债券需求量更大，因为在低利率下，企业债、抵押贷款债收益率较高且相对安全，因此这两种债券规模增幅较大。市政债发行规模占比略有下降，因为市政债券尽管能够免税，但实践证明并不 100% 安全，已经有若干市政债违约事件发生。20 世纪 90 年代，美国联邦政府财政情况较好，国债发行量下降，进入 2000 年以后尤其是 2008 年以后，国债发行量迅速膨胀。同时，全球各国的避险资金也在追逐美国国债。相比之下，资产支持债券发行规模在 2006 年达到高峰之后迅速下降。

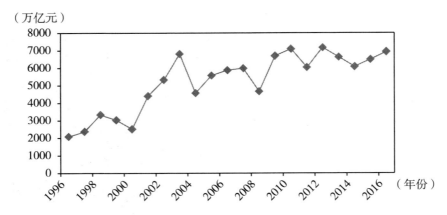

（万亿元）

图 4 – 18　1996 ～ 2016 年美国债市情况

资料来源：FED。

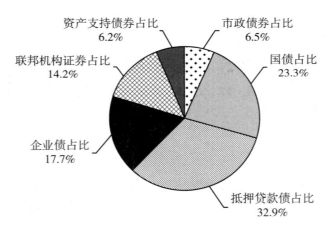

图 4 – 19　2016 年美国债市总体结构

资料来源：FED。

3. 房地产

图 4 – 20 是联邦住房监督办公室（OFHEO）房屋价格指数、标普房地产价格和景气指数（10 个大中城市）。可知，整个 20 世纪 90 年代大城市房价增长平稳，进入 2000 年后，随着利率不断走低，房价开始攀升。2006 年 6 月达到 226.29 的高点，但随后引发次贷危机，房价逐步走低，至 2012 年 3 月达到谷底 146.46 点。OFHEO 数据更长、涵盖范围更广，与标普数据基本一致。随着住房按揭贷款利率的进一步下行，美国房价开始快速反弹，部分地区如加州房价早已超过危机前的高点。这表明，随着低利率的长期化，只要加强风控，

加强准入限制，房价仍将逐步走高，直到达到一个新的平衡。原因很简单，在等额本息还款方式下，尽管房价上涨，但住房按揭贷款利率下降，每个月总还款额可能相同。

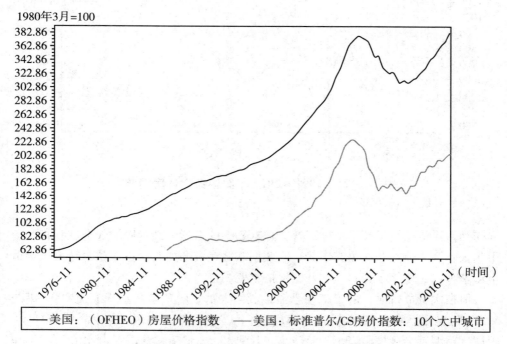

图 4 - 20　1976 ～ 2016 年美国房地产走势

资料来源：Wind 资讯。

由图 4 - 21 可知，随着利率逐步走低，美国新建住房销售量逐步走高，2005 年达到美国新建住房销售量的顶点，为 128.3 万套，2008 年经济危机后，2011 年降至阶段最低点 30.6 万套，然后销量逐步回升，截至 2017 年末上升至 60.8 万套。整体而言，同中国楼市一样，美国楼市也是一个买涨不买跌的市场，在价格攀升时，销量也在节节上升。

4. 共同基金

共同基金资产配置由股票、债券、混合型和货币市场基金四大类构成，自 1990 ～ 2002 年，美国共同基金总资产额保持稳定增长，由 10653 亿美元攀升至 130469 亿美元。

通常而言，尽管四类基金规模保持增长，但股票型基金走强，货币型基金和债券型基金走弱，存在一定此消彼长关系，而混合型基金安全性、收益性兼顾，

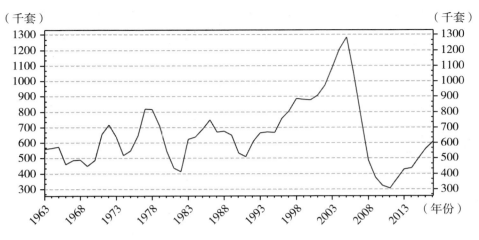

（千套）

图4-21　1992~2017年美国新建住房销售

资料来源：Wind资讯。

规模和占比均保持增长。总体而言，随着利率的走低，绩优股的现金红利相对货币基金收益、债券利率更有优势，股票型基金在资产配置中占比越来越大，货币市场基金占比逐年下降，债券基金保持不变。

但在次贷危机时，由于市场恐慌，股票大跌，股票型基金规模由2007年的65214亿美元下降到2008年的37081亿美元，配置占比由54.3%下降到38.6%，同期货币型基金规模由23548亿美元上升到30858亿美元，配置占比由25.7%一下子提高到39.9%，债券型基金有微弱上升，而混合型基金有微弱下降。但随着救市政策出台，低利率长期保持，股价反弹至高点，股票型基金仍然受到投资者青睐，货币型基金规模持续下降。

综合股市、债市、房市等不同的理财模式。在低利率大背景下，股市、楼市的波动率增大，股价、楼价经常大起大落，而债市价格相对稳定。

四、近十年美国系统重要性银行业务发展情况

自次贷危机后，2007年末以来，美联储向外投放了2.73万亿美元基础货币。美国商业银行作为一个整体，存款规模从66713亿美元上升到113654亿美元（2016年11月），增幅70.4%，贷款余额由2007年末的89322亿美元增长到124636亿美元（2016年11月），增幅仅39.5%。

从结构看，存款增幅比贷款增幅大得多，主要是美国信贷证券化较为普遍，商业银行资产更多配置债券而不是发放贷款。美国有八家全球系统性重要银行，

富国、花旗、美国、摩根大通四家属于传统商业银行，纽约梅隆银行、道富银行更类似于资产管理公司，高盛集团、摩根士丹利属于投行。下面分别研究三类银行机构在低利率环境下的经营策略。

（一）富国银行

富国银行业务分社区银行、公司银行和财富投资管理三个业务分部，以零售银行为主，业务相对传统，自营交易业务较少，在2008年金融危机中基本全身而退。业务也以美国本土社区为主，全球化业务涉及较少，客户定位也相对低端。网点数量最多，分布最广泛。

1. 规模增长迅速

资产规模从2005年末的4817亿美元增长到2016年末的19301亿美元，增长了300.7%。贷款规模同期从2005年末的3108亿美元增长到2016年末的9676亿美元，增幅211.3%；存款规模由3145亿美元增长到13061亿美元，增幅315.3%。所有者权益由459亿美元增长到2005亿美元，增幅336.8%。截至2016年6月，管理资产（AUM）6491亿美元，托管资产（AUCA）1.55万亿美元。

贷款占资产比份额逐年下降，占资产总额比由2005年的65%下降至2016年的50%，而交易性、可供出售、持有至到期投资等投资资产占比上升，同期此三项资产占比由11%上升至26%，恰好基本等于贷款占比下降额。

富国银行优先股成为所有者权益的一项重要组成部分，优先股由2005年3.25亿股迅速上升至2016年末的245.5亿股。多发行优先股，既可以避免摊薄普通股股份，又能够降低还本付息压力。

富国银行以兼并收购其他商业银行见长。次贷危机后，富国银行在2008年收购了美联银行、华盛顿互惠银行，同时收购了摩根士丹利的投资银行和经纪业务。因此富国银行在2008年规模增长迅速，2008年末资产规模达13096亿美元，比上年增长了127.6%。

在利率市场化及低利率时代，银行破产倒闭频发，商业银行规模增长不依赖于自然增长，而是依赖并购重组其他商业银行。规模竞争让位于效益竞争。只要有充足的资本金，稳健经营，耐心等待竞争对手出错，市场兼并机会有的是。只是当机会敲门时，能否把握住机会。

2. 收入大幅增加

营业收入增幅较大，由2005年的300.6亿美元增长到2016年的836.2亿美元，增幅 178.2%；利息收入增幅有限，同期由 259.6 亿美元增长到 536.6 亿美元，增幅 106.7%；而同期利息支出由 2005 年的 74.6 亿美元先上升至 2007 年的阶段性高点 142.0 亿美元，然后逐年下降到 59.1 亿美元，下降了 20.8%；同期净利息收入由 185.0 亿美元大幅增长到 477.5 亿美元，增幅 158.1%。在低利率时代，随着存款规模的增长，存款利息支出却逐年递减。利息净收入增长主要取决于利息支出的大幅度下降。

观察富国银行利息支出情况，随着 2008 年美联储将利率降至最低点后，随着存款规模的增长，利息支出反而大幅度下降，2015 年降至低点 39.8 亿美元，随着美联储 2015 年末加息一次，2016 年利息支出增加了 48.5%。2016 年末美联储又加息一次，以及 2017 年内可能有两次加息，预计利息支出将大幅度增长。由于利率市场化及低利率，商业银行对资产负债管理提出了更高要求，以避免利率错配，并要求对利率变化、宏观经济形势有更精准的研判能力。

手续费净收入增加迅猛。由 2005 年的 127.8 亿美元增长到 2016 年末的 346.4 亿美元，增幅 171.0%。观察 12 年的手续费净收入增长趋势，由于并购的规模效应，使 2009 年的手续费净收入大幅度增长，整体而言手续费净收入随着规模增长反而有所下降。这说明，美国手续费净收入增长潜力已经挖掘完毕。对于银行，低利率是好事，因为无风险利率下降导致存款利率下降（银行存款是无风险资产），贷款利率下降有限（银行贷款是高风险资产）。对于保险，保险公司利润主要是三部分：费差、死差、利差。因大数定律，费差、死差盈利空间有限，保险公司盈利主要通过利差。由于大部分保费收入投向诸如国债、3A 级企业债、存款等无风险资产，只有一部分投入股票等高风险资产，故保险公司收入直线下降。所以富国银行保险收入由 2010 年最高值 21.3 亿美元逐年下降至 2016 年的 12.7 亿美元。随着利率提高，保险收入可能会有所反弹。

在雷曼危机之前，富国银行较少涉足投行业务，幸运地躲过了金融危机，成为次贷危机中全身而退的大银行。2005 年，富国银行交易账户净收入亏损 1.2 亿美元。2008 年，富国银行收购了摩根士丹利的投资银行和经纪业务，从此涉足经纪业务，2008 年交易账户净收入增加到 10.4 亿美元，此后每年递增，2016 年末达到 17.8 亿美元。与利息收入和手续费净收入项目比，价差收入规模小且不稳定，

整体而言，由于拨备等因素，利息净收入占营业收入比由 2005 年的 62% 下降至 2016 年的 57%，手续费净收入占比保持不变，某些年份占比更高，如 2008 年度、2009 年度分别达到 56%。交易账户净收入最高也仅占比 4%，少时仅占比 1%。在经济危机时，贷款损失准备及自营业务亏损是侵蚀利润最主要的因

素，2008 年占比高达 60%。

美国会计准则营业收入要先扣减贷款损失准备。富国银行营业收入由 2005 年的 300.1 亿美元增长到 2016 年的 836.2 亿美元，增幅 178.6%。同期富国银行营业支出由 2005 年末的 190.2 亿美元稳定增长到 2016 年末的 523.8 亿美元，增幅 175.4%。营业收入增幅超过营业支出增幅，意味着富国银行成本收入比由 2005 年的 63.4% 下降到 2016 年的 62.6%。

富国银行资产质量良好。截至 2016 年 9 月，富国银行的贷款损失率仅 0.33%；同期富国非应计贷款 110 亿美元，非应计贷款率 1.14%；贷款减值准备 127 亿美元，拨贷比 1.32%。2016 年前 9 个月，富国银行提取了 30 亿美元贷款减值准备。富国银行资产质量不仅远低于欧洲银行同业的贷款损失率，也低于中国银行业的贷款损失率。净利润由 76.7 亿美元快速增长至 219.4 亿美元，增幅最大，富国银行是本轮金融危机的大赢家。

（二）花旗集团

在美国系统重要性银行中，花旗集团国际化程度最高，分支机构主要设立在全球重点城市。花旗银行分全球消费银行和机构业务两个分部。全球消费银行分部中，2016 年，来自北美的营业收入 199.56 亿美元，占比 62.8%，利润 33.56 亿美元，占比 65.7%。机构业务分部中，来自北美的营业收入 128.17 亿美元，占比 37.9%，利润 36.78 亿美元，占比 37.05%。即机构业务以境外为主，消费银行业务以北美为主。花旗银行零售业务占比达 47.2%。

1. 规模增长有限

花旗银行资产规模从 2005 年末的 14940 亿美元增长到 2016 年末的 17921 亿美元，仅增长了 20.07%。同期贷款规模从 5835 亿美元增长到 2016 年末的 6244 亿美元，增幅仅 7.0%；存款规模由 5926 亿美元增长到 9294 亿美元，增幅 56.8%。所有者权益由 1125 亿美元增长到 2261 亿美元，增幅 101.0%。

花旗银行贷款规模占资产比长期很低，2016 年仅 35%，而交易性金融资产、可供出售金融资产、持有至到期投资等投资资产占比达 34%，抵押担保证券占比 13%，加上短期投资占比 8%，花旗银行的生息资产以投资类为主。

与富国银行相类似，在所有者权益方面，花旗银行优先股成为所有者权益的一项重要组成部分，优先股由 2005 年 11.25 亿股迅速上升至 2016 年末的 192.5 亿股。

次贷危机后，花旗在 2007 年收购了 egg 网络银行、日兴证券及华侨银行，整体而言，花旗银行在 2007 年遭受重大损失，资本金受损，因此收购的规模有限，自发增长的规模也有限。

2. 收入负增长

营业收入负增长，由 2005 年的 746.0 亿美元下降到 2016 年末的 628.9 亿美元，利息收入下降，由 2005 年的 760.2 亿美元下降到 2016 年的 536.6 亿美元；而同期利息支出由 2005 年的 366.8 亿美元先上升至 2007 年的阶段性高点 775.3 亿美元，然后逐年下降到 125.1 亿美元；同期净利息收入由 393.4 亿美元增长到 451.1 亿美元。花旗银行利息支出下降幅度高于利息收入下降幅度，导致净利息收入扩大。净利息收入占比高达 72%。

花旗银行以信用卡、私人银行、财富管理业务见长。手续费净收入由 2005 年的 232.6 亿美元增长至 2009 年的高峰 303.0 亿美元，然后逐年递减，2016 年下降至 138.9 亿美元。其他收入主要是保险收入。1998 年 4 月 6 日，花旗公司与旅行者集团宣布合并，介入了保险业务。2007 年，保险业务收入达到峰值，为 35.3 亿美元，由于长期低利率，保险收入逐年下降，2016 年仅 8.4 亿美元。

价差收入占比高但不稳定。1997 年，花旗集团以 90 亿美元兼并了美国第五大投资银行——所罗门兄弟公司，此后交易价差收入一直是花旗银行的长项，2005 年盈利 84.1 亿美元，占营收比的 11%。2016 年盈利 79.1 亿美元，占比 13%。但是，交易收入具有不稳定性，2007 年、2008 年花旗集团交易收入分别亏损 242.4 亿美元和 109.1 亿美元。

净利润由 245.9 亿美元下降至 149.1 亿美元，至今尚未恢复元气，是本轮金融危机的最大输家。花旗银行信用卡业务表现突出，信用卡业务净利润高达 34.7 亿美元。

（三）摩根大通

摩根大通优势是投行业务、交易业务、资管业务。摩根大通业务分为社区银行、公司与投行、商业银行、资产管理四个分部，后三类是公司业务。摩根大通以公司业务为重点，以 2016 年为例，全年税后利润 247.3 亿美元，社区银行 97.1 亿美元，公司与投行 108.2 亿美元，商业银行 26.6 亿美元，资产管理 22.5 亿美元，公司业务利润占比 60.7%。2008 年，摩根大通收购贝尔斯登 100% 股权，投行业务、资产管理方面的优势进一步加强。

1. 规模增长较快

在 2005 年末，摩根大通资产规模 11989 亿美元。因 2008 年收购贝尔斯登等因素，当年资产规模大幅度增加 6130 亿美元，年末达到 21751 亿美元。此后增长缓慢，2016 年末达到 24910 亿美元。同期贷款规模由 4191 亿美元增长到 8948 亿美元，增幅 113.5%；存款规模由 5550 亿美元增长到 13752 亿美元，增幅 147.8%。所有者权益由 1072 亿美元增长到 2572 亿美元，增幅 139.9%。截至 2016 年末，摩根大通 AUM 达到 2.5 万亿美元，收入高达 120.4 亿美元，相比 2005 年 AUM1.1 万亿美元，收入 56.6 亿美元。

摩根大通贷款规模占资产比一直很低，长期在 29%～36% 徘徊，而交易性、可供出售、抵押担保证券、其他长期投资等投资资产占比高达 55%，摩根大通的生息资产以投资类为主。次贷危机中，摩根大通受损失较小。

2. 净利润增长显著

营业收入由 2005 年的 510.5 亿美元增长至 2016 年的 903.1 亿美元。利息收入、利息支出自 2008 年以后基本呈递减趋势，资产负债控制较佳，净利息收入增长显著，同期由 198.3 亿美元增长至 460.8 亿美元。手续费净收入自 2007 年变化不大，2016 年为 340.8 亿美元。交易账户净收入变化也不大，最高是 2010 年的 138.6 亿美元，最低是 2012 年的 76.5 亿美元，2008 年亏损高达 91.4 亿美元。净利润由 84.8 亿美元上升至 247.3 亿美元。摩根大通银行较好的抓住了机遇，是次贷危机后经营最佳的银行。

（四） 美国银行

利用金融危机的机会，美国银行在 2008 年以 194 亿美元收购美林集团 100% 股权，40 亿美元收购美国国家金融服务公司 100% 股权，25 亿美元收购 countrywide100% 股权，210 亿美元收购芝加哥 Lasalle100% 股权。美国银行投资银行业务具有相对优势。

1. 资产规模保持平稳增长

2005 年美国银行资产规模 12918 亿美元，2009 年达到 22233 亿美元，此后规模增长几乎停滞，2016 年仅 21877 亿美元，反而有所下降。同期贷款规模由 2005 年的 5738 亿美元快速增长到 2009 年的 9001 亿美元，至 2016 年仅增长到 9067 亿美元。存款规模由 2005 年的 6347 亿美元快速增长到 9916 亿美元，至 2016 年增长至 12609 亿美元。美国银行资产结构中，贷款占比 44%，2005～2016 年期间，最高是 2007 年、2008 年的 51%，而抵押担保证券、交易性金融资产、持有至到期投资、可供出售金融资产等投资类占比 37%。现金及等价物占比由 3% 提高至 7%。

2. 收入平稳增长

美国银行营业收入由 2005 年的 511.2 亿美元增长至 2016 年的 801.0 亿美元。美国银行利息收入及利息支出自 2008 年以来呈下降趋势，利息支出下降幅度更大，导致净利息收入有所上升，同期由 307.4 亿美元增长至 411.0 亿美元。手续费净收入在 2009 年达到 456.5 亿美元的顶点，而 2011 年为 234.9 亿美元的低点，2016 年为 333.3 亿美元。由于次贷危机因素，交易账户净收入在 2007 ~ 2008 年巨额亏损。由于收购了美林集团，美国银行交易收入由 18.1 亿美元直线上升至 73.9 亿美元。收入结构中，利息净收入占比由 60% 下降至 51%，手续费净收入占比较为稳定，2016 年达 42%，交易账户净收入占比由 4% 上升至 9%。净利润由 164.6 亿美元略微上升至 179.1 亿美元。美国银行是次贷危机后的输家。

美国四大商业银行数据情况见表 4-4。

表 4-4　　　　　　　　　美国四大商业银行数据变化　　　　　　单位：亿美元

项目	富国银行		花旗银行		摩根大通		美国银行	
	2005 年	2016 年	2005 年	2016 年	2005 年	2016 年	2005 年	2016 年
资产规模	4817	19301	14940	17921	11989	24910	12918	22233
存款	3145	13061	5926	9294	5550	13752	6347	9916
贷款	3108	9676	5835	6244	4191	8948	5738	9001
所有者权益	459	2005	1125	2261	1072	2572	107.2	2542
其中：优先股	3	246	11	193	1	261	3	252
营业收入	300.6	836.2	746.0	628.9	510.5	903.1	511.2	801.0
利息收入	259.6	536.6	760.2	536.6	452.0	559.0	586.3	510.6
利息支出	74.6	142.0	366.8	125.1	253.7	98.2	278.9	99.6
利息净收入	185.0	394.6	393.4	451.1	198.3	460.8	307.4	411.0
手续费净收入	127.8	346.4	232.6	138.9	256.8	340.8	203.0	333.3
交易账户收入	-1.2	17.8	84.1	79.1	63.3	117.1	18.1	73.9
净利润	76.7	219.4	245.9	149.1	84.8	247.3	164.6	179.1

资料来源：各家银行年报。

（五） 纽 约 梅 隆 银 行

2007 年 7 月，纽约银行和梅隆金融公司合并，形成纽约梅隆银行，产生出一家资产管理和证券服务领域的全球领先企业，2016 年度是全球第七大资产管理公司。

1. 资产以投资类为主

2005～2016 年，纽约梅隆银行资产规模由 1021 亿美元增长到 3335 亿美元。纽约梅隆银行不以贷款为主营，贷款规模仅由 407 亿美元增长到 645 亿美元，占比由 37%下降到 19%，2012 年占比最低仅 13%；而同期抵押担保证券由 24 亿美元增长到 258 亿美元，交易性金融资产由 59 亿美元微增到 67 亿美元，其他短期投资由 86 亿美元激增至 731 亿美元，持有至到期投资由 20 亿美元增长到 409 亿美元，可供出售投资由 253 亿美元增长到 738 亿美元，以上投资类资产合计占比由 44%上升至 66%。尽管纽约梅隆银行的资产规模不大，但其 AUM 高达 1.65 万亿美元，而收购前的纽约银行 2005 年 AUM 仅 1050 亿美元，12 年间增长 15.5 倍。托管资产（AUCA）29.9 万亿美元。

2. 主营收入以资产管理为主

营业收入由 2005 年的 68.2 亿美元增长至 2016 年的 152.4 亿美元。同期利息净收入由 19.1 亿美元增长到 31.4 亿美元，占比仅 21%；而同期手续费净收入由 47.1 亿美元增长到 120.0 亿美元，占比高达 79%。其中，2016 年手续费收入中，资产服务收入 42.4 亿美元，资金服务收入 5.5 亿美元，结算及执行服务 14.0 亿美元，发行服务收入 10.3 亿美元，证券服务费用 24.3 亿美元，投资服务费用 72.2 亿美元，投资管理及绩效费收入 33.5 亿美元，汇兑收入 7.0 亿美元，与融资相关的手续费收入 2.2 亿美元，服务及分派收入 1.7 亿美元，投资及其他收入 3.4 亿美元。同期净利润由 15.7 亿美元上升至 35.5 亿美元。

（六） 道 富 银 行

道富银行是美国道富集团的全资子公司。美国道富集团成立于 1792 年，现为全球最大的托管银行和最大的资产管理公司之一。

1. 资产规模有所增长

2005～2016 年末，道富银行资产规模由 980 亿美元上升至 2427 亿美元，贷款由 65 亿美元上升至 197 亿美元。截至 2016 年末，道富银行托管资产 28.7 万亿美元，AUM 规模达 2.47 万亿美元。

2. 净利润增长有限

2005～2016 年末，营业收入由 106.9 亿美元下降至 102.1 亿美元，利息收入、利息支出分别由 29.3 亿美元和 20.2 亿美元下降至 25.1 亿美元和 4.3 亿美元，导致净利差收入由 9.1 亿美元上升至 20.8 亿美元。非息收入由 78.5 亿美元上升至 80.8 亿美元，其中，各类服务费收入由 24.7 亿美元上升至 50.7 亿美元。净利润由 49.4 亿美元上升至 59.8 亿美元。

美国两大交易银行基本情况见表 4－5。

表 4－5　　　　　　　　　**美国两大交易银行数据变化**　　　　　单位：亿美元

项目	纽约梅隆银行		道富银行	
	2005 年	2016 年	2005 年	2016 年
资产规模	1021	3335	980	2427
贷款	407	645	65	197
抵押担保证券	24	258		972
AUM	1050	16480		24700
托管资产	109000	299000		287000
所有者权益	99	353	128	212
其中：优先股	0	35	19	113
营业收入	60.4	152.4	106.9	102.1
利息净收入	19.1	31.4	26.5	20.8
非利息收入	41.3	121.0	78.5	80.8
其中：服务费收入	38.2	72.2	24.7	50.7
资管收入	4.9	33.5	7.5	12.9
交易收入	3.9	7.1	6.9	11.0
净利润	15.7	35.5	49.4	59.8

资料来源：各家银行年报。

（七）高盛集团

高盛集团是全球投资银行的标杆，其高管往往扮演着美国财政部长的角色，如鲁宾、保尔森、努钦，此外欧洲许多高官也具有高盛集团的工作经历，如意大利总理蒙蒂、欧洲央行行长德拉吉，等等。

1. 规模增长缓慢

截至 2016 年末，高盛集团资产规模 8602 亿美元，最高值是 2007 年末的 11198 亿美元。在资产结构中，现金 1217 亿美元，交易性金融资产 2960 亿美元，贷款 497 亿美元。负债结构中，抵押担保证券 3015 亿美元，应收账款 694 亿美元。在负债结构中，抵押担保融资 1009 亿美元，交易性金融负债 1171 亿美元，短期借贷 393 亿美元，长期借贷 1891 亿美元，其他负债 3206 亿美元。

高盛集团自营业务一直是其优势，能够成为做市商。11 年收购 everlife、paternoster、michael foods 等业务。在中国市场上，2008 年收购扬帆集团、江苏熔盛重工、安徽口子酒业 25% 的股权，在印度市场上，2007 年收购印度国家证券交易所。

2. 营业收入起伏不定

2005 ~ 2016 年，高盛集团营业收入由 252.4 亿美元增长至 306.1 亿美元，但波动巨大，最高值是 2009 年的 459.9 亿美元，最低值是 2008 年的 222.2 亿美元。主要原因是自营业务收入波动巨大，如 2009 年营业收入高达 288.8 亿美元，而 2008 年自营收入仅 81.0 亿美元。由于利息收入以国债收入为主，高盛基本不提取风险准备。

收入结构中，以 2016 年为例，净利息收入占比 8%，经纪佣金 10%，承销收入 20%，资管 18%，自营 43%。同期净利润由 56.3 亿美元上升至 74.0 亿美元，涨幅有限。

（八） 摩根士丹利

1. 资产规模几无增长

2005 ~ 2016 年末，资产规模由 8139 亿美元增长至 8149 亿美元，同期贷款规模由 229 亿美元增长至 942 亿美元，交易性金融资产由 2606 亿美元增长至 2622 亿美元，抵押担保证券由 4621 亿美元下降至 2272 亿美元，应收款由 621 亿美元下降至 465 亿美元。负债结构发生质的变化，抵押担保融资由 4248 亿美元下降至 816 亿美元，短期借贷由 311 亿美元下降至 9 亿美元，长期借贷由 1105 亿美元上升至 1648 亿美元，其他负债由 1559 亿美元上升至 3623 亿美元。截至 2016 年末，AUM 高达 4170 亿美元。

2. 净利润增长有限

2005 ~ 2016 年末，营业收入由 267.8 亿美元增长至 346.3 亿美元。其中，利息收入、利息支出分别由 281.7 亿美元和 244.2 亿美元下降至 70.2 亿美元和 33.2 亿美元，净利差收入由 37.5 亿美元略降至 37.0 亿美元。资产管理收入由 78.9 亿美元上升至 107.0 亿美元，自营收入由 83.5 亿美元上升至 103.7 亿美元，经纪收入 33.6 亿美元上升至 41.1 亿美元，承销与投行收入由 38.4 亿美元上升至 49.3 亿美元。净利润由 49.4 亿美元上升至 59.8 亿美元。

美国两大投资银行基本财务情况如表 4-6 所示。

表 4-6　　　　　　　美国两大投资银行数据变化

项目	高盛		摩根士丹利	
	2005 年	2016 年	2005 年	2016 年
资产规模	7068	8602	8139	8985
贷款	0	497	229	925
交易性金融资产	2770	2960	2606	2732
抵押担保证券	2754	3015	4621	2272
应收款	781	694	621	465
抵押担保融资	1724	1009	4248	816
交易性金融负债	1491	1171	1470	1282
短期借贷	552	393	311	9
长期借贷	1000	1891	1105	1648
AUM		13090		4170
所有者权益	312	874	292	772
优先股	18	112	11	75
营业收入	252.4	306.1	267.8	346.3
利息净收入	31.0	25.9	37.5	37.0
非利息收入	221.4	280.2	230.3	309.3
其中：经纪收入	0	32.1	33.6	41.1
承销投行	36.0	62.7	38.4	49.3
资管收入	30.9	54.1	78.9	107.0
自营收入	154.5	131.3	83.5	103.7
净利润	56.3	74.0	49.4	59.8

资料来源：各家银行年报。

（九）八家银行基本特点

通过研究八家银行低利率时代的资产负债结构变化，可以发现以下特点。

1. 银行经营分化

美国银行业不仅商业银行、投资银行、交易银行壁垒分明，而且四大商业银行内部竞争差异化也非常显著。道富银行、纽约梅隆银行主营业务以托管、资产管理、外汇交易为主。高盛、摩根士丹利投行业务能力强，是大宗商品、利率、汇率各类期权交易、衍生品交易的做市商，同时是收购兼并、IPO 的重要参与者，自营业务能力强，具有全球资产定价的能力。四大商业银行中，花旗银行客户定位、国际化程度最高，仅在全球主要城市开展业务，银保收入占比高。富国银行物理网点最多，通过兼并收购，资产规模增长较快，小企业贷款、学生贷款规模最大，投行业务相对较少。摩根大通自营业务能力最强，公司业务占比仍较高。相比之下，我国商业银行差异化程度还较小。即使中农工建交，差异化程度仍然不大。未来，没有差异化竞争优势的银行将注定无法生存。

2. 资产规模增长有限

尽管自 2008 年以来美国基础货币增幅较大，但由于货币乘数下降，M2 增长有限。反映在商业银行资产负债表上，商业银行资产规模增幅也有限。联系到中国的资产负债表，部分原因是美联储增发的基础货币主要用于平衡经常项目赤字，流向境外，而境外投资者将美元主要用于持有美国国债，表现不在银行的资产负债表上。

3. 低利率时代净利息收入反而可能会增长

在低利率时期，在资产结构方面，由于商业贷款利息下降，商业银行将持有更多的债券，商业贷款利息收入占比总体呈下降趋势。在负债结构方面，由于低利率拉平了支票存款、储蓄存款和大额存单的利率差异，支票存款、储蓄存款占比提高。由于利率接近于零，无风险贷款利率也随之降低，但信用卡、消费贷款、商业贷款等高风险贷款利率并没有随着贷款付息成本下降而同比例下降，因此利差反而会增大。美国四大商业银行均表明，在控制好资产负债结构时，当利息收入降幅小于利息支出降幅时，净利息收入反而会增加。

4. 中间业务收入增幅空间有限

商业银行许多手续费收入仍与资产业务紧密相关。美国商业银行手续费净收入中，信用卡、按揭服务占比份额仍然较大，其受制于资产规模，增长空间已达到极限。AUM和托管相关手续费收入直接与资管规模和托管规模相关，直接与纽约梅隆银行、道富银行等专业交易银行相竞争，承销投行业务、经纪业务与高盛集团、摩根士丹利等专业投行竞争，增长空间也有限。保险收入规模也有限，且随着利率下降呈递减趋势。交易自营业务风险较大，如果过于冒进会导致巨额亏损，次贷危机中，花旗银行、美国银行教训深刻。

5. 所有者权益变化

在低利率时代，商业银行在资本补充时更青睐优先股，普通股会稀释股权，次级债有强制还款付息的义务，优先股能够长期补充资本，而且没有强制还本付息的义务，受到各家商业银行的欢迎。

第五章 低利率环境下银行资产负债表的生成和变化：日本经验

一、日本 20 世纪 90 年代到 21 世纪初低利率环境形成的原因

日本 20 世纪 90 年代初泡沫破裂后，经济增速大幅下降，进入通缩通道，所谓"失去的十年"，1997 年又遭遇了亚洲金融危机，金融动荡进一步加剧；为应对经济形势的变化，日本央行的官方基准贴现利率从 1990 年的 6% 下降到 1995 年的 0.5%，2001 年小泉内阁提出了进一步实施零利率等一系列的量化宽松刺激政策，2016 年 2 月日本央行宣布对银行在央行的存款实行负利率，到目前为止日本的低利率（负利率）时期已经持续了将近二十年（如图 5-1 所示）。日本低利率环境形成的原因比较复杂，大致如下：

1. 经济增速剧烈下滑

根据经典的利率决定理论，社会平均利润率是决定自然利率的最基本要素，自然利率只会随着技术和供给的变化而变动，而社会平均利润率是由经济增长的速度和质量决定的；广场协议后，日元大幅升值，资产泡沫急剧扩大，泡沫破裂

后，日本经济增速跳水（见图5-2），全要素生产效率下降，产能扩张停滞，失业率跳升（见图5-3），这一切给日本央行实施低利率政策提供了充足的动机。

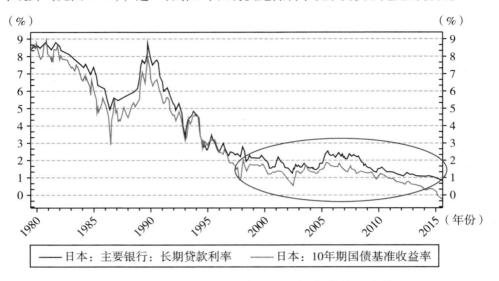

图5-1　日本十年期国债收益率和长期贷款利率情况

资料来源：Wind 资讯。

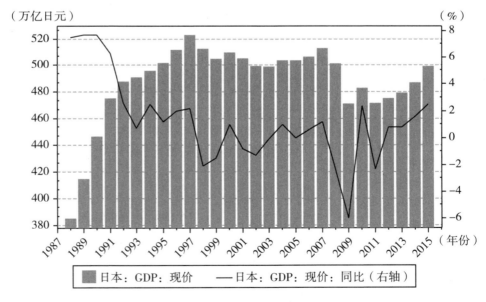

图5-2　日本历年 GDP

资料来源：Wind 资讯。

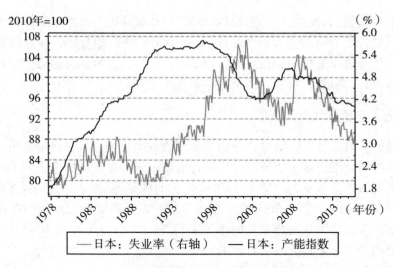

图 5 – 3　日本历年失业率和产能情况

资料来源：Wind 资讯。

2. 企业进入偿债周期

整个 20 世纪 90 年代，在通货极度紧缩的背景下，由于地产等资产泡沫破裂对企业的资产端造成了巨大的冲击，使得企业的负债端一下子变得巨大，企业的经营动力不再是利润最大化，而是偿还企业债务，因此可以看到日本的企业都处于超额储蓄的状态，企业返还债务的资金超过了借入的资金。作为宽松货币政策的配套，日本央行一直在引导银行降低企业成本，实际上，日本的低利率乃至零利率都是对银行的救助和变相输血，即将储蓄部门的利息转移到了金融部门，再通过金融部门来实施去杠杆，解决企业债务过剩的问题。

3. 利率市场化的完成

日本的渐进利率市场化从 1977 年开始，到 1994 年贷款利率完全放开，基本完成了利率市场化，利率市场化使得日本银行拥有贷款定价的自主权利，面对日益萎缩的贷款需求，银行纷纷降低贷款利率。实际上，在日本的高速发展期实行的人为低利率政策思维始终挥之不去，客观上在经济泡沫破裂后大藏省和日本银行的政策思路还是企图通过人为的低利率乃至零利率来向主导企业财团输送低成本的贷款，以刺激这些企业投资并恢复经济。

4. 金融系统的自由化改革提速

战后日本一直是以间接金融为主体的金融体系，通过"主办银行制度"为企业提供较长期的贷款支持，但是 20 世纪 90 年代开始，日本政府加大了金融自由化的推进力度，所谓"金融大爆炸"，解除资本项目的管制，混业经营、金融控股公司、外资金融机构和资本市场的发展开始冲击传统银行的融资份额，银行间的竞争也日益激烈，相互压低贷款利率来争夺客户。

5. 企业融资方式发生变化

高速成长时期之后，日本企业的资金筹措方式逐步由从银行借款向依靠内部资金和从直接金融市场筹资转变，从银行借款占融资总量的比率急剧下降。企业的内部资金占筹集资金的比率从高速成长时期的平均 32.2% 上升到 20 世纪 80 年代的平均 61.0%，到了 90 年代，更进一步快速上升到 98.2%；与此同时，企业的外部借款占比率从高速成长时期的平均 34.2% 急速下降到 10% 以下。这些客观上也减少了企业贷款的实际需求。

6. 过剩的企业储蓄

由于通缩和需求端的萎缩，加上财政政策刺激和量化宽松产生的资金所惠及的只是政府部门，日本企业即使在资产负债表修复以后仍然保持了大量的现金和金融资产（如图 5 - 4 所示），这也使得企业对加杠杆的需求不强烈（如图 5 - 5 所示），客观上压低了贷款利率，推动了低利率环境的形成。

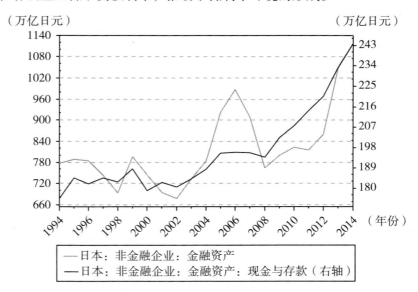

图 5 - 4　日本非金融企业资产情况

资料来源：Wind 资讯。

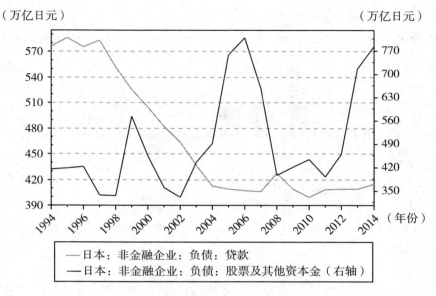

（万亿日元）   （万亿日元）

图5-5　日本非金融企业负债情况

资料来源：Wind 资讯。

7. 国际因素

冷战结束后，日本在亚洲的战略地位和作用减弱，美国逼迫日元升值，促使其进行金融自由化和利率市场化改革，以便打击日本的制造业，同时美国在 20 世纪 90 年代经济开始复苏，为吸引资金流入美国，迫使日本实行宽松的货币财政政策，降低其国内的利率水平。

二、低利率环境下日本大类资产的变化

在低利率环境的前十年，日本的大类资产基本同境外资产走势相背离，日本的股市经历了大幅缩水，日本的房地产进入了十几年的低迷期，汇率进入剧烈的波动期，唯有债券收益率同境外持平（见图5-6）。

1. 债权类资产走强

在低利率和通缩环境下，企业大量偿还债务，虽然企业债的发行额在减少（见图5-7），但是由于中央和地方政府发行了大量的优质债券，加上持续的降息和浓厚的避险情绪，债券类资产受到青睐，金融机构、企业和个人对债券类资产的配置权重大幅提升（见图5-8）。

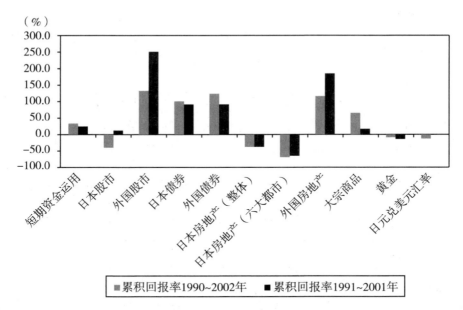

图 5 − 6　各类资产 10 年间的累计回报率

资料来源：Wind，申银万国。

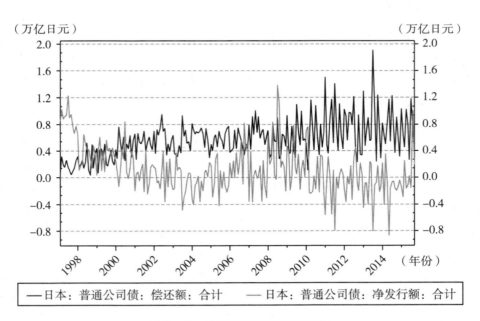

图 5 − 7　债券偿还和发行情况

资料来源：Wind 资讯。

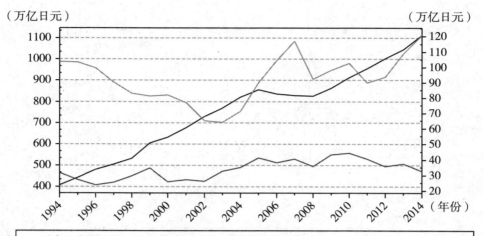

（万亿日元）   （万亿日元）

图 5 – 8　金融企业、非金融企业和居民持有债券情况

资料来源：Wind 资讯。

图例：
—— 日本：金融企业：金融资产：证券（除股票）
—— 日本：非金融企业：金融资产：证券（除股票）（右轴）
—— 日本：居民（包括私人非公司组织的企业）：金融资产：证券（除股票）（右轴）

2. 股权类资产和地产价格大幅缩水

日本股市在 20 世纪 90 年代初期达到顶峰后一路下行，日经 225 指数长期维持地位运行，然而由于市场的扩容和大量企业转到资本市场寻求融资，东京交易所的市值在 21 世纪初重新回到 90 年代的高位水平（如图 5 – 9 所示）；地产方面，日本的城市土地价格指数经历了 20 多年的下滑，公寓楼平均单价也没能再重返 90 年代初的高位（如图 5 – 10 所示）。

三、低利率时期日本银行业资产负债表的变化

1. 低利率对银行资产端的冲击较大

日本泡沫破灭后，受到不良债权的影响，日本银行业进入了长时间的资产负债表衰退周期，最高时期全行业的不良率达到 8%，贷款损失准备金大幅攀升（如图 5 – 11 所示），资产在 20 年几乎没增长，一直到近几年才开始恢复修复后的增长（如图 5 – 12 所示）。

（1）贷款类资产大幅下降。20 世纪 90 年代初泡沫经济破裂给日本银行体系遗留了巨额的不良债权，而日本政府对不良债权采取了"鸵鸟政策"，使得

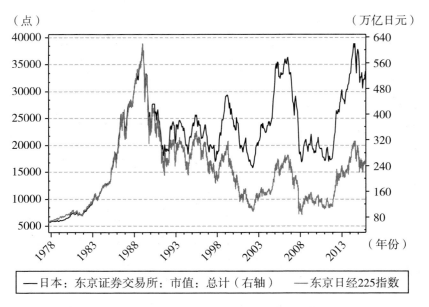

图 5 - 9　东京交易所市场和指数情况

资料来源：Wind 资讯。

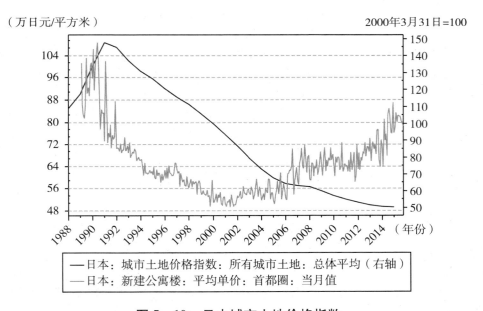

图 5 - 10　日本城市土地价格指数

资料来源：Wind 资讯。

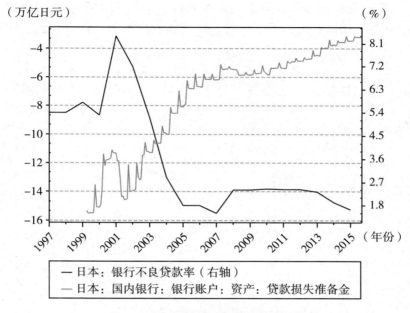

（万亿日元）   （%）

—— 日本：银行不良贷款率（右轴）
—— 日本：国内银行：银行账户：资产：贷款损失准备金

图5−11　日本银行不良贷款和准备金情况

资料来源：Wind 资讯。

（万亿日元）   （万亿日元）

—— 日本：国内银行：银行账户：资产：总计

图5−12　日本银行整体资产增长情况

资料来源：Wind 资讯。

巨额不良贷款问题一直没有解决，日本银行业进入了十几年的高信贷成本时代，而2%左右的净息差远低于美国5%~6%的水平，使得银行无法用利息收入弥补信贷成本，导致其资本充足状况恶化，陷入贷款收缩和资本短缺的恶性循环；同时在需求端，在10年左右的时间里企业用款需求极度萎缩，一直到2005年以后贷款需求才慢慢恢复（见图5-14），使得银行的贷款类资产经历了快速的下滑。

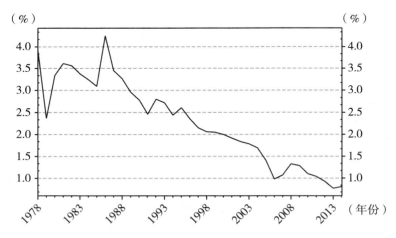

图5-13　日本银行业利差情况

资料来源：Wind资讯。

图5-14　日本银行业贷款类资产余额情况

资料来源：Wind资讯。

（2）对高收益资产的需求提升。在经营的压力下，日本银行业加大了高收益资产的配置，增加了交易类资产（主要是金融衍生品交易）、投资类资产（主要是政府和地方债券、公司债券和外国债券）和外汇资产的配置（见图5-15），同时由于股市低迷，股票配置的迅速下降，公司债券的投资额提升（见图5-16）。

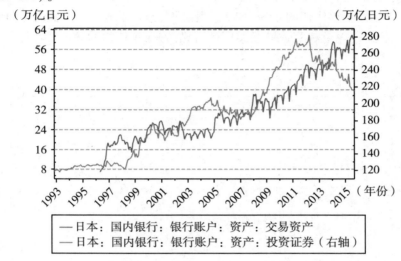

图5-15 交易类资产、投资证券余额情况

资料来源：Wind资讯。

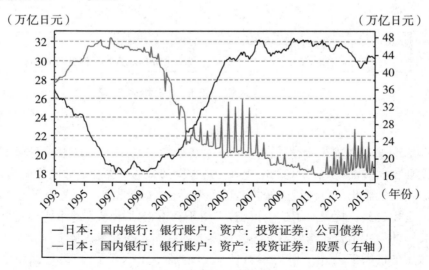

图5-16 债券和股票投资余额

资料来源：Wind资讯。

（3）资产结构经历了剧烈调整。由于日本在进入20世纪90年代以后经济结构的变化，政府的财政刺激变成拉动经济的主要手段，国债和地方债发行进入高峰期，银行持有这些债券的头寸也迅速攀升。投资类资产资本由16%上升到最高30%，其中投资的政府和地方债券占比由不到5%增长了4倍到20%（如图5-17所示）；同时，交易类资产从无到有，占比达6%；相反，贷款类资产占比则由90年代初的65%下降到当前45%。另外，由于量化宽松政策带来的大量资金，现金和存放同业类资产占比由90年代初的6%大幅上升到18%（见图5-18）。

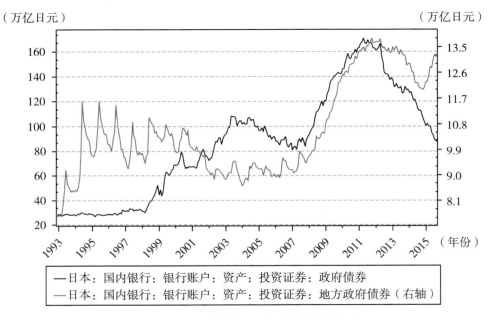

图5-17 日本银行政府债券投资情况

资料来源：Wind资讯。

（4）贷款投向发生变化。由于企业端贷款需求的下滑，日本银行业新增贷款的主要投向转向个人（见图5-19），还有少部分的中央和地方政府配套贷款，个人新增的贷款仍然以传统的按揭贷款发放为主（在此期间原先发放按揭贷款的住宅金融公共机构退出了这个市场），由于日本的信用卡业务主要通过同美系银行合资的信用卡公司来经营，另外日本大约有1/3的发卡主体为流通企业和制造业旗下的信用卡公司，使得银行体系内的新增个人消费贷款一直处于低迷（见图5-20），消费金融也一直不是银行的重点经营领域，2006年日本出台了

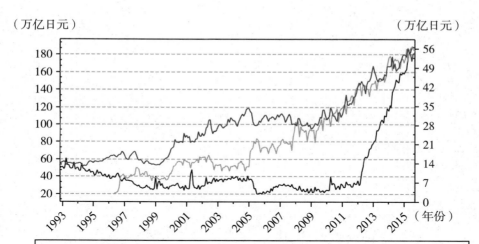

（万亿日元）   （万亿日元）

—日本：国内银行：银行账户：资产：现金及存放同业
—日本：国内银行：银行账户：资产：交易资产：交易相关金融衍生品（右轴）
—日本：国内银行：银行账户：资产：投资证券：外国证券（右轴）

图 5 – 18　日本银行现金、衍生品等资产情况

资料来源：Wind 资讯。

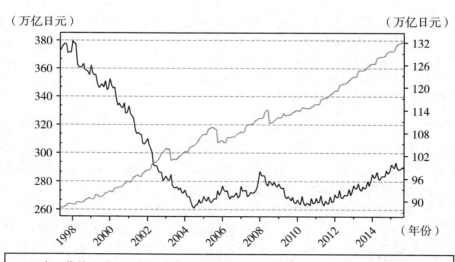

（万亿日元）   （万亿日元）

—日本：贷款和贴现：期末余额：国内银行：银行账户：公司（包括金融和保险）
—日本：贷款和贴现：期末余额：国内银行：银行账户：个人（右轴）

图 5 – 19　公司和个人贷款余额情况

资料来源：Wind 资讯。

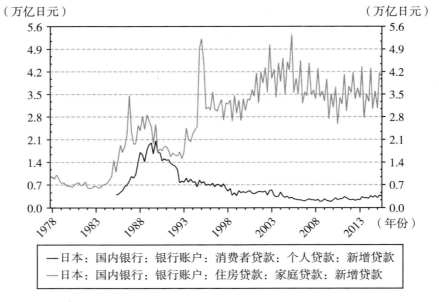

图 5－20　消费贷款和住房贷款余额情况

资料来源：Wind 资讯。

《利息限制法》，对消费金融公司的借贷利率进行了限制①。同时由于中小企业的贷款投放还是以公益性质的中小企业金融公库来对小微企业提供资金支持，因此日本银行业对这块的整体投放还是处于谨慎的态度。

2. 低利率对银行负债端的冲击较温和

由于长期的低利率、日本的经济转型、人口老龄化、居民收入增速下降和消费拉动等因素的推动，加上居民大量倾向于持有美元等外币资产，日本社会的存款结构发生了较大的变化，个人储蓄率下降，企业储蓄率大幅上升，这导致了银行居民储蓄存款和一般存款的剪刀差变化（见图 5－21）。

（1）负债结构仍以存款为主。在整个低利率期间，日本银行业负债中存款的占比没有大的变化，占比一直徘徊在 60%～70%；从存款细项来看，变化较大的是一般存款占比大幅增加，从 20 世纪 90 年代初期 8% 左右一直攀升到

---

① 2006 年，日本最高法院规定，所有超过《利息限制法》上限的利息均为无效，且贷款额不得超过借贷者年收入的 1/3。同时规定，贷款额 10 万日元以下年利率上限为 20%，100 万日元以下年利率上限为 18%，超过 100 万日元的年利率上限是 15%。在此之前，有法规规定，只要借贷人同意，年利率上限为 29.2%。所以日本几乎所有的消费信贷公司的年利率都为 29.2%。

当前的36%；定期存款的占比出现下滑，占比从初期的42%下降到24%左右；活期存款占比变化不大，一直稳定在3%~4%；同时在低利率的初期，由于存款利率的调整，日本银行业整体的活期存款稳步增加，定期存款快速下滑（见图5-22）。

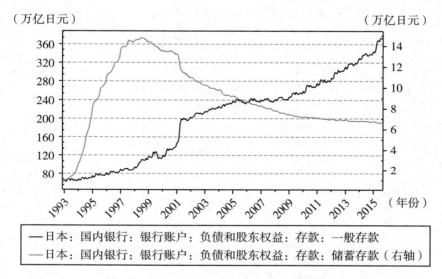

图5-21　银行一般存款和储蓄存款情况

资料来源：Wind资讯。

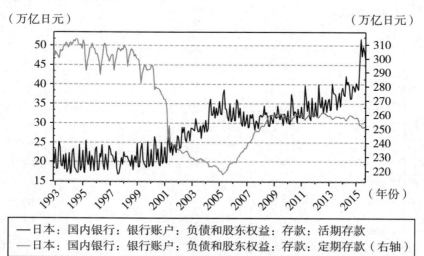

图5-22　银行活期、定期存款情况

资料来源：Wind资讯。

（2）出现公司债等新的负债品种。在低利率环境的初期，企业纷纷进入还债周期，银行也面临资产负债表的冲击，日本央行为了金融稳定，为银行开放了企业债发行、认股权债券等新的融资品种（见图5-23），同时，由于在资产端出现了金融衍生品，负债端的交易负债一直在攀升；另外，由于丧失了扩展动力，日本银行业的杠杆率一直稳定在4%~5%（见图5-24）。

图5-23　公司债、交易负债余额情况

资料来源：Wind资讯。

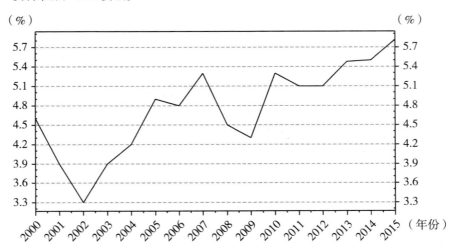

图5-24　日本银行资本与资产比率

资料来源：Wind资讯。

四、低利率时期日本主要银行资产、负债和收入的变化情况

经过泡沫破裂后一系列痛苦的破产、兼并和重组，日本银行业形成了三井住友、三菱日联和瑞穗等三大金融控股集团，这三大金控集团基本围绕银行为经营核心，同时整合了保险、信托、证券、消费金融等多元化金融牌照；由于在低利率时期的前十年，日本银行业受到不良债权的冲击基本经营情况非常不稳定，大多数银行在这个时间处于亏损状态，银行业处于兼并重组的高潮期，这里主要观察近十年这三家银行（金控集团）资产、负债和收入的变化情况，总体观察来看有以下几个特点。

1. 资产开始稳步增长但运营效率仍然不高

从三大金控近年现金及等价物和贷款占比的情况来看，资金剩余的情况持续（见图5-27、图5-28），贷款占比仍在下降，显示出资金运营能力的继续弱化，同时投资类资产占比较高（见图5-26），持有大量的客户企业股票和政府债券，但容易受到金融市场的冲击；整体来看，由于微薄的存贷利差和不确定的投资收益，这三家金控的整体盈利能力都不高，ROA和ROE都低于世界平均水平。

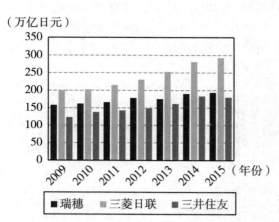

图5-25 三大金控资产增长情况
资料来源：各公司年报。

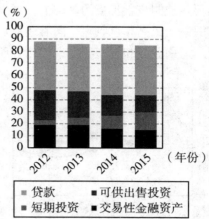

图5-26 瑞穗金控主要资产占比
资料来源：各公司年报。

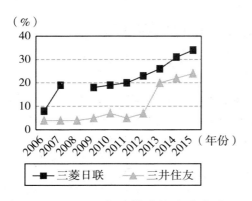

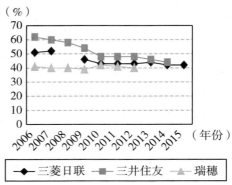

图 5-27　现金及等价物资产占比
　　资料来源：各公司年报。

图 5-28　贷款资产占比
　　资料来源：各公司年报。

2. 收入结构日趋合理

　　整体上，由于低利率环境，三大金控的利息支出大幅下降，非利息收入占比保持稳定在 50% 左右（如图 5-29、图 5-30 所示）。面对国内的低息差环境，日本大型银行均以推行银行、证券、信托功能的有机融合，增加非息收入为改革目标。例如，三菱银行提出要形成完全不消耗资本的全新商业模式，针对有资金需求的企业组合并销售证券化商品，实际资金从他行或机构投资人筹集，不仅能够满足企业资金需求，还可以在不占用自身资本的同时赚取手续费。瑞穗银行提出要在控制贷款规模的基础上，增强集团证券和信托功能，构筑与客户的全面合作关系，提高非息收入，同时还提出"脱银行"化构想，要把分散在集团内的资产运用业务和智库功能集约化管理，将其培育成新的主要收益来源。

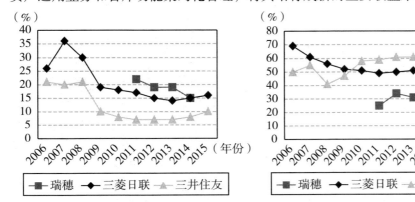

图 5-29　三大金控利息支出占比情况　图 5-30　三大金控非利息收入占比情况
　　资料来源：各公司年报。　　　　　　　资料来源：各公司年报。

币缘视角下银行体系的低利率现象

3. 利润前景仍然堪忧

受到资产结构调整和利息支出下降等因素的影响，日本主要银行的利润增长开始修复（如图 5 – 31 所示）。但是由于近年来负利率等不确定性因素增多，日本商业银行持有现金的成本增加，投资类资产又经历了较大的金融市场波动，导致日本银行的盈利前景不是很乐观，营业收入增长仍将乏力（如图 5 – 32 所示）；2016 年二季度，日本五大银行集团合计净利润 5859 亿日元，同比大幅下滑 27%，未来随着负利率效果的逐渐显现，预计 2016 全年日本银行业整体净利润将继续下行。

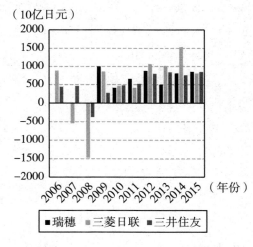

图 5 – 31　三大金控净利润情况
资料来源：各公司年报。

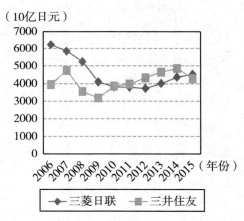

图 5 – 32　两大金控营业收入情况
资料来源：各公司年报。

4. 海外业务加速扩张

由于低利率环境，日本银行业在国内借贷市场的经营压力很大，近年来日本银行业开始加速海外扩展，通过收购和自设网点两种方式深度融入境外当地市场，寻找高收益资产。2008 年国际金融危机后，在各国对外投资大幅收缩的背景下，日本银行业的国外债权复合增速保持在 6% 以上，大型银行的海外投资并购动作频频，区域上大幅增加了对亚太和拉美的投资，例如三菱收购摩根士丹利 21% 股权；截至 2014 年末，日本三大金控的海外机构服务当地客户的数量和贷款余额占比分别达 45% 和 55%，海外收入占比达 29.2%（如表 5 – 1 所示），同时不良贷款率不足 1.2%，远低于国内 2% 以上的水平。

表5-1 三大金控海外收入和非利息收入占比情况

银行名称	占比	FY2012	FY2013	FY2014	FY2015	2012~2015年变化
三菱日联金融集团	非利息收入占比	53.38%	56.33%	54.70%	56.52%	3.14%
	海外收入占比	27.70%	32.00%	40.40%	—	12.70%
三井住友金融集团	非利息收入占比	52.82%	53.15%	53.70%	54.89%	2.07%
	海外收入占比	17.80%	18.90%	22.00%	—	4.20%
瑞穗金融集团	非利息收入占比	53.48%	53.03%	56.47%	62.97%	9.49%
	海外收入占比	21.60%	22.30%	25.30%	—	3.70%
平均	非利息收入占比	53.23%	54.17%	54.96%	58.13%	4.90%
	海外收入占比	22.40%	24.40%	29.20%	30.00%	7.60%

资料来源：各公司年报。

第六章 低利率环境下银行资产负债表的生成和变化：欧元区

一、欧元区是低利率的典型

（一）欧元区国家普遍进入负利率

自 2008 年金融危机后，美国、日本、欧盟等大国央行轮番实行量化宽松，但只是造成资产价格大幅度上涨，资金主要集中在银行系统空转，没有流入实体经济，通胀率仍然过低甚至通缩。实施名义负利率有利于降低实际利率，既可以压低汇率促进出口，同时也可提高通胀率促进投资和消费。

表 6-1 欧元区国家进入负利率时间

国家	项目	初次进入负利率时间	利率	项目	初次进入负利率时间	利率
欧元区	央行基准利率	2016 年 3 月	0	10 年期公债收益率	2016 年 6 月	-0.0245%
瑞士	存款利率	2015 年	-0.18%	10 年期国债收益率	2015 年 12 月	-0.04%
瑞典	央行基准利率	2015 年 2 月	-0.1%			

注：欧元区公债收益率时正时负，11 月 11 日为 0.3261%。

目前，已有欧元区的央行基准利率和 10 年期国债收益率均进入负利率，见表 6 - 1。瑞士的存款利率及 10 年期国债收益率进入负利率。瑞典的央行基准利率进入负利率，丹麦、挪威、荷兰、比利时、奥地利等西欧经济较好国家利率水平已经基本接近于零。值得一提的是，由于波兰、捷克、匈牙利等后起的东欧国家经济发展较佳，也进入了低利率时代。国债收益率接近于 0，有利于上述国家降低国债利息支出。相反，南欧国家国债收益率长期居于高位，希腊甚至达到8%，不得不用相当比例的财政收入用于偿债，令经济形势雪上加霜。

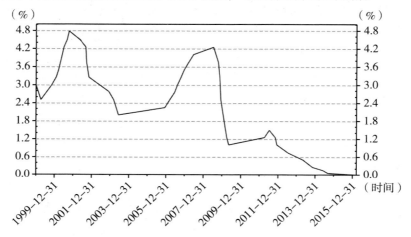

图 6 - 1　欧元区再融资基准利率

资料来源：Wind 资讯。

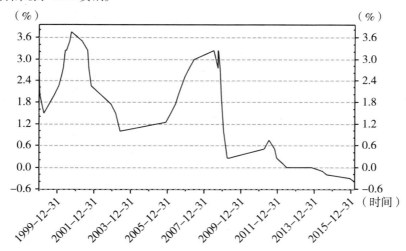

图 6 - 2　欧元区隔夜存款便利利率

资料来源：Wind 资讯。

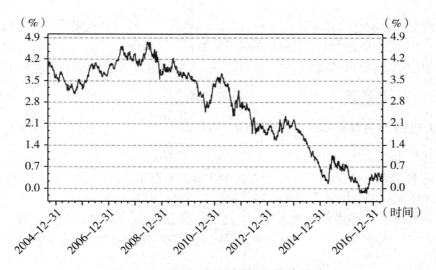

图 6 - 3 欧元区 10 年期公债收益率

资料来源：Wind 资讯。

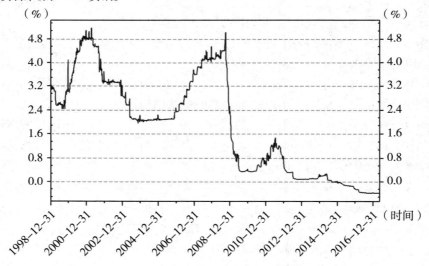

图 6 - 4 欧元区 1 周同业拆借利率

资料来源：Wind 资讯。

就欧元区而言，由图 6 - 1 可知，欧元区再融资基准利率已经降为 0%。由图 6 - 2，隔夜存款便利利率 2012 年 7 月降为 0 之后，2014 年 6 月降至 - 0.10%，2016 年 3 月更降至 - 0.40%。由图 6 - 3 可知，10 年期公债收益率是完全在 2016 年 6~10 月期间也进入负利率期间。1 周同业拆借利率在 2014 年 10 月以后，也进入了负利率区间。

但是，负利率直接损害的是银行利润，如果银行利润受到侵蚀甚至亏损，银行资本实力削弱，则银行可能将成本转嫁给客户。目前，欧盟、日本等国家和地区主要问题不是银行惜贷，而是客户没有贷款需求。负利率的实效性有待观察。

（二）欧盟国家普遍进入负利率的原因

1. 欧元区内部的不平衡，造成跷跷板效应

从货币政策看，欧盟经济最主要的经济体是欧元区。截至 2916 年末，欧盟 GDP 规模 148196 亿欧元①，欧元区 GDP 规模 107332 亿欧元，欧元区占比 72.4%。游离于欧元区的经济体主要是英国、波兰、捷克、匈牙利等国家。

2007 年，美国爆发次贷危机后，经济危机向全球蔓延。2009 年 10 月，希腊政府宣布，当年财政赤字占国内生产总值的比例将超过 12%，远超欧盟限定的 3% 上限，总体公共债务已占 GDP 的 115%，也远超欧盟限定的 60% 上限。全球三大评级公司落井下石，下调希腊主权债券评级。希腊债务危机爆发，但这仅是规模浩大、时间漫长的欧债危机的先导。此后，冰岛、西班牙、葡萄牙、爱尔兰、意大利均陷入经济危机，至 2017 年也没有彻底摆脱经济危机。正如幸福的人生都是相似的，不幸的人生各有各的不幸。同理，各国陷入经济危机的理由有共性，也有各自的个性。共性有以下三点。

（1）欧元区扩张太快。1999 年 1 月 1 日，欧元区开始实行单一货币欧元和在实行欧元的国家实施统一货币政策，当时包括德国、法国、意大利、荷兰、比利时、卢森堡、爱尔兰、西班牙、葡萄牙、奥地利、芬兰 11 个国家。希腊、斯洛文尼亚、马耳他、塞浦路斯、斯洛伐克、爱沙尼亚、拉脱维亚、立陶宛 8 个国家先后加入②。目前欧元区共有 19 个成员，人口超过 3.3 亿人。目前，欧元区实质分成三个部分，德国、法国、荷兰、比利时、卢森堡、奥地利、芬兰 7 个国家为第一集团，经济金融、财政收支基本良好，整体上经常项目为正，是标准的高收入国家，其中法国有坠入第二集团的风险；意大利、爱尔兰、西班牙、葡萄牙、希腊、塞浦路斯 6 国为第二集团，基本已经破产，其中爱尔兰成为首个摆脱纾困的国家，西班牙、葡萄牙有所好转，意大利的银行系统有恶化的趋势；斯洛文尼亚、马耳他、斯洛伐克、爱沙尼亚、拉脱维亚、立陶宛等 7 国为第三集团，

---

① 截至 2016 年末，欧盟一共 28 个成员，其中欧元区 19 个成员，英国、波兰、匈牙利、捷克、保加利亚、克罗地亚、丹麦、罗马尼亚、瑞典 9 个国家是欧盟成员，但没有加入欧元区。

② 2001 年 1 月 1 日，希腊加入了欧元区。2007 年 1 月 1 日，斯洛文尼亚加入欧元区。2008 年 1 月 1 日，马耳他和塞浦路斯（不包括北塞浦路斯）正式加入欧元区。2009 年 1 月 1 日，斯洛伐克正式加入欧元区。2011 年 1 月 1 日，爱沙尼亚正式加入欧元区。2014 年 1 月 1 日，拉脱维亚正式成为欧元区成员。2015 年 1 月 1 日，立陶宛正式成为欧元区成员。

经济较落后，但财政收支尚能实现平衡，经济增速较慢但整体结构尚好。目前，在欧元区内部已经矛盾重重，欧债危机后，在经济纾困问题，以德国为代表的第一集团与第二集团龃龉不断；因难民收留问题，第一集团与第三集团争吵不休。

（2）欧元区设计本身的脆弱性。欧元区内部，资本、劳动力、商品自由流动，但资本、商品的流动性更强，而尽管欧盟有申根协议，劳动力的流动性偏弱。德国、荷兰、比利时、北欧国家的产品竞争力强，储蓄率高，而南欧国家的竞争力弱，储蓄率低。在欧元区内部，南欧几国普遍福利过高，长期财政赤字，进而长期内经常项目逆差，依靠发行国债弥补经常项目赤字，而德国等西欧国家长期经常项目顺差，购买南欧国家的国债，短期内形成一个闭环，保持平衡。但当南欧国家国债/GDP 比例超过一定比例后，投资者对南欧国家能否偿清债务开始怀疑，对南欧国家国债开始敬而远之，南欧国家国债收益率直线上升，利息支出负担加重。当外国投资者不再购买南欧国家国债时，南欧国家无力承担福利支出以及弥补贸易赤字，于是财政崩溃，失业率上升，经济危机引发社会危机，甚至导致社会动荡，反过来进一步恶化经济形势。这样，南欧四国等经济表现较差国家的欧元国债与德国等国发行的欧元国债受市场偏爱程度完全不同。事实上，由于部分南欧国家限制居民取款、限制资本输出等因素，同样是一欧元，南欧国家的欧元价值已经低于德国的欧元。正是欧盟内部的跷跷板效应促使德国国债利率远低于南欧国家国债利率。

（3）欧元区对经济危机几乎束手无策。当一个国家由于财政赤字导致经济崩溃时，恢复财政平衡是有三种方法：一是本币贬值，提高本国商品、劳动力的竞争力，这是最快的方法，也是阻力较小的方法，同时也是最常用的方法；二是增加税收降低福利支出，解决财政赤字及由此导致的经常项目赤字，这是较痛苦的方法，但阻力也较大；三是劳动力输出的同时降低实际工资、实际物价，既降低失业率，又能够通过侨汇弥补经常项目赤字，还可以提高可贸易部门竞争力，但降低工资是波及面最广，也是最痛苦，损失最大，见效最慢的方法。

在欧元区内，第一种方法显然不可行。在欧洲左派长期执政下，税率、税收/GDP 比例已经过高，基本已无加税空间，而福利支出刚性，特殊利益集团通常以示威游行反对压缩福利。在民主选举下，压缩福利增加税收无异于政治自杀。尽管有申根协定，但欧元区内劳动力流动毕竟没有资本、商品流动快捷，随着就业市场科技含量大幅度提高，只有高技术年轻劳动力能够流动，但长期而言年轻人大量流失会损害当地长远经济发展。

就不同国家个体而言，不同国家略有不同。意大利财政严重赤字，银行体系已经严重资不抵债，整体其不良资产率高达 17%，已经技术性破产。爱尔兰、西班牙是房地产泡沫破灭，导致爱尔兰 5 大银行濒临破产，房地产绑架银行，银行绑架政府，这是爱尔兰陷入主权债务危机的简单逻辑。希腊问题最为严重，完全依赖对外借债消费。葡萄牙本身问题并不特别严重。近十年过去了，爱尔兰、西班牙、葡萄牙经济已经有步入正轨的迹象，而希腊、意大利问题仍非常严重，其中意大利有进一步恶化的迹象。

正是由于欧元区国家的跷跷板效应，导致由于南欧国家投资者质疑国家财政偿还能力，因此南欧国家国债被认为是高风险资产，国债收益率的风险贴水过高，而德国、瑞典、瑞士等国发行的国债成为避险资产，受到投资者的偏爱，导致上述国家国债收益率偏低。这样，资信差的南欧国家优质资产大量流出，追逐德国、瑞士国债，造成德国、瑞士国债收益率过低，甚至负利率，或者购买瑞士、瑞典、日本等国货币，以致瑞士、瑞典等国被迫出台政策驱逐这部分游资。

2. 欧元区财政收支长期赤字

图 6 - 5 是 1995 ~ 2014 年欧元区财政盈余情况。自 1995 年以来，欧元区从来没有实现过财政盈余。财政亏损最多是 2010 年，高达 5892 亿欧元，当年是欧债危机爆发的第二年。最低是 2000 年，达 192 亿欧元，但当年是欧元区成立的关键一年，各国有意识压缩了财政赤字幅度。由图 6 - 6 可知，截至 2016 年末，整个欧元区中央政府债务总额 81080 亿欧元，比 2010 年末增长 22.1%。欧元区中央政府债务总额仅 GDP 总量 107332 亿欧元，中央政府债务总额占 GDP 75.6%。如果计算包括地方政府债务的一般政府债务，则一般政府债务总额 95882 亿欧元，占 GDP 89.3%。

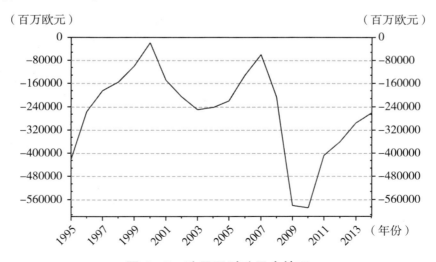

图 6 - 5　欧元区财政盈余情况

资料来源：Wind 资讯。

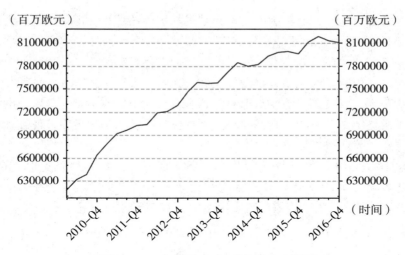

图 6 – 6 欧元区中央政府债务总额

资料来源：Wind 资讯。

图 6 – 7 是 1999 年 1 月至 2017 年 2 月欧元区贸易项目、经常项目、资本项目情况。欧元区贸易盈余、经常项目盈余基本为正值，连资本项目也长期为正。欧元区经常项目盈余超过贸易盈余，说明欧元区红利收入、利息收入、投资收益为正。

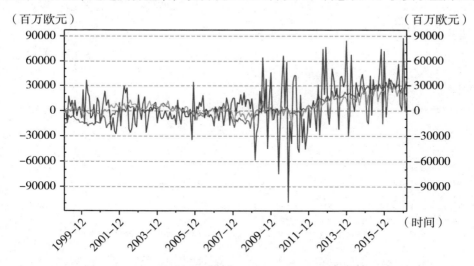

图 6 – 7 欧元区贸易项目、经常项目、资本项目情况

资料来源：Wind 资讯。

同样是财政赤字，欧元区与美国有质的区别。美国在储蓄率低于欧元区，在储蓄率过低的情况下，财政赤字挤压造成经常项目赤字，只要恢复财政平衡就能够恢复经常项目赤字，而美国运用美元是国际货币的优势，即利用国际铸币权弥补经常项目赤字。与欧元区相比，美国财政收入/GDP 比值比欧洲低。欧元区储蓄率较高，德国、荷兰等国产品质量佳，经常项目长期顺差，从而欧元区整体经常项目顺差。但欧元区税率、财政收支占 GDP 比例均高于美国，财政收入增长空间已达极限，财政赤字主要是因为福利支出太过于慷慨。相比美国，欧洲削减债务的手段更单一，只能是削减福利，因为税率已经达到了极限，继续加税反而可能会导致拉弗效应，造成税收下降。

截至 2016 年末，欧元区财政支出 23644 亿欧元，其中利息支出 2069 亿欧元，占比 8.75%。2016 年以来，目前欧元区国债利率水平已接近于 0，最高未超过 0.5%。因此，为了压缩利息支出金额，减轻财政支出压力，利率可能在长期内保持在较低的水平。

3. 欧元区央行量化宽松

美国为摆脱次贷危机，将联邦基准利率降至 0 ~ 0.25% 的超低水平，同时率先进行了四次量化宽松。量化宽松造成美元在全球的泛滥。为了对冲美元量化宽松，欧元区在 2015 年 3 月开始量化宽松。截至 2015 年 3 月末，欧元区央行信贷规模 6605 亿欧元，截至 2017 年 3 月末，央行信贷规模 19158 亿欧元，增长了190.1%。央行信贷主要用于购买政府债券。截至 2017 年 6 月末，欧元区尚未退出量化宽松进程。

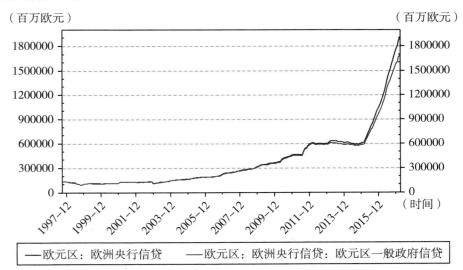

图 6 - 8　欧元区央行信贷规模及对一般政府信贷
资料来源：Wind 资讯。

4. 欧洲本土老龄化严重，基础设施投资需求低

欧洲本土老龄化严重，生育率低。外来移民通常是穆斯林、非洲裔黑人，教育程度低，就业率偏低，并没有很好融入进当地社会，消费能力弱。欧洲反恐形势不容乐观，恐怖袭击已经日常化，西欧有陷入低烈度战争的趋势，甚至不排除爆发大规模战争的可能。欧洲人口数量、人口结构导致信贷的需求下降。

欧洲基础设施发达，大规模基建投资受到环保专家、人权专家的阻碍，基建投资举步维艰，因此欧元区基建类项目贷款需求也偏低。

1997年9月，欧元区银行系统信贷规模为70436亿欧元，截至2017年3月，欧元区银行系统信贷规模增长至174152亿欧元，近20年仅增长147.3%。总体而言，欧元区信贷规模增长有限。其中，2012年1月后，总体信贷规模反而持续下降了一年多。这可能也是欧元区决定量化宽松的重要原因，见图6-9。

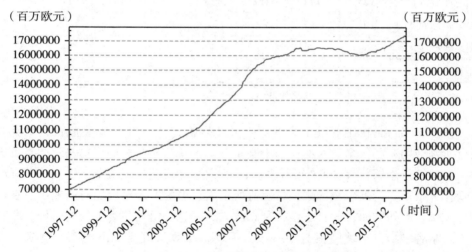

图6-9　欧元区银行部门信贷规模情况

资料来源：Wind资讯。

二、欧元区商业银行情况

欧元区的银行基本上是兼保险、证券、资产管理的综合性银行。德国、荷兰、意大利、西班牙各有一家全球系统重要性银行，分别是德意志银行、荷兰国际银行、裕信银行及桑坦德银行（如表6-2所示）。

表 6 – 2　　　　　　　欧元区其他 4 家系统性重要业银行数据变化

项目	德意志银行(OH7D)		荷兰国际银行		裕信银行		桑坦德银行	
	2008 年	2016 年	2008 年	2016 年	2006 年	2016 年	2006 年	2016 年
资产规模	22024	15905	12263	8422	10456	8595	8339	13391
存款	3956	5502	—	—	5665	5612	3877	7916
其他负债	—	—	9981	5785	—	—	—	—
贷款	3340	4205	4744	5602	6933	5541	5440	8400
所有者权益	219	648	289	479	582	511	471	1027
营业收入	253	300	680	179	234	181	162	442
利息收入	545	256	343	442	343	160	466	552
利息支出	421	109	221	309	221	57	370	241
利息净收入	125	147	122	133	122	103	96	311
手续费净收入	101	117	506	24	83	56	38	102
交易账户收入	74	14	47	4	15	12	77	37
净利润	– 38	– 14	– 7	50	61	– 120	53	75

资料来源：各家银行年报，来源于 Wind。

德意志银行是德国规模最大的综合性金融机构。2008 年雷曼危机，德意志银行研判准确，不仅全身而退反而小赚一把，但是雷曼危机最终仍殃及德意志银行，导致德意志银行在 2008 年亏损。由于德意志银行交易类资产大幅度下降，尽管存款余额、贷款余额等规模指标有所扩大，但资产余额反而有所缩小。在存贷款规模扩大的同时，德意志银行利息收入、利息支出均显著下降的时候，净利息收入略有增加。与美国银行相一致，手续费净收入规模、占比已经达到一个"瓶颈"，已无增长空间。由于德意志银行放松了衍生品交易方面的管控，交易账户收入大幅度下降。同时，德意志银行受到美国监管部门的指控，面临高额罚款的可能。2015 ～ 2016 年，德意志银行连续亏损。

荷兰国际银行是荷兰规模最大的综合性金融机构。在 2008 年金融危机中遭到重创，得到了政府 100 亿欧元注资并接管了其 277 亿欧元的坏账。10 年期间，荷兰国际银行不停剥离资产出售，资产规模由 2008 年的 12263 亿欧元下降至 2016 年末的 8422 亿欧元，降幅 31.3%。从收入结构看，由于保险板块出售，以及众多核心资产的出售，导致荷兰国际银行手续费收入和交易收入大幅度下降。例如，2011 年 6 月，ING 以 90 亿美元将旗下的美国网络银行事业（ING Direct）

出售给美国 Capital One Financial，其中 62 亿美元的现金与价值 28 亿美元的 5590万股 Capital One Financial 股票。但是，由于利率全面下降，就荷兰国际银行而言，利息收入、利息支出反而逆势增长。

裕信银行也是意大利最大的综合性银行。受制于意大利疲软的经济，裕信银行自 2008 年以来，资产余额、贷款余额、甚至存款余额均连续下降。在规模指标下降的同时，裕信银行连续亏损。不仅仅是裕信银行，整个意大利银行业资产质量均较差，具有 500 多年的西雅那银行濒临倒闭。

欧元区共有 8 家全球系统重要性银行，其中法国拥有 4 家。从表 6－3 中三家银行经营数据看，资产规模、存款规模、贷款规模增长幅度有限。从收入结构看，尽管利息收入、利息支出均下降显著，但由于利息支出比利息收入下降更为显著，因此利息净收入呈较快增长。手续费收入及交易账户收入增长空间有限。

表 6－3　　　　　　　　　　法国 3 大商业银行数据变化

项目	农业信贷银行		兴业银行		巴黎银行	
	2006 年	2016 年	2006 年	2016 年	2006 年	2016 年
资产规模	126130	15242	9568	13822	14403	20770
存款	4851	5218	4014	4820	4432	8418
贷款	5404	3463	3567	4769	4683	7596
所有者权益	399	639	334	657	548	1052
营业收入	162	169	674	627	875	992
利息收入	466	251	301	254	446	409
利息支出	370	133	269	161	355	224
利息净收入	96	118	32	93	91	185
手续费净收入	38	28				
交易账户收入	77	45				
净利润	49	35	52	40	73	77

资料来源：各家银行年报。

总之，欧元区银行中，以系统重要性银行为代表，资产余额、存款余额、贷款余额等规模类指标没有呈现出较快增长态势。随着低利率甚至负利率的来临，欧元区银行业同样利息收入下降幅度小于利息支出下降幅度，净利息收入呈增长趋势。手续费收入和价差收入基本呈下降趋势。

第七章 低利率环境下银行资产负债表的生成和变化：英镑区

一、英国已经陷入低利率

由图7－1可知，1998年1月，英国10年期国债收益率6.31%，然后基本逐年下降，最低是2016年8月，达0.6119%。总体看，英国国债收益率呈螺旋下降趋势。

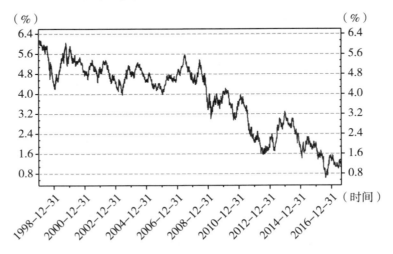

图7－1　英国国债收益率：10年

资料来源：Wind资讯。

由图 7－2 可知，英镑同业拆借利率也呈下降趋势。至 2009 年 9 月，该利率第一次下触到 2% 的低利率临界点，此后一直向下，最低点是 2017 年 6 月，该指标为 0.64%。此后几乎再未触碰至 2% 的临界点。相比 1980 年 4 月，该利率高达 17.41%。

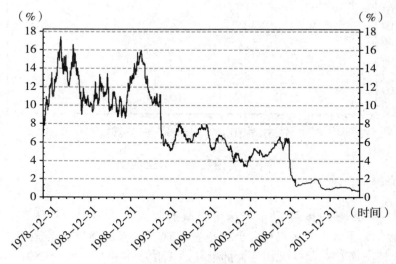

图 7－2　英镑同业拆借利率

资料来源：Wind 资讯。

从英国整体利率走势可知，英国的低利率尚在一个合理区间内，没有达到负利率的程度。

二、英国经常项目长期逆差

由于复杂的历史原因，英国曾经拥有广阔的殖民地，英镑也曾是国际货币，伦敦是国际金融中心。英国至今仍有一定的国际铸币权。2016 年，英国 GDP 达到 19396 亿英镑，占全球 GDP 总额的 3.85%。与其经济规模不相称的是，英镑仍是仅次于美元、欧元的第三大结算货币。

由图 7－3 可知，反映 1973 年以来英国贸易项目情况。自 20 世纪 80 年代撒切尔自由主义革命，英国基本抛弃了制造业，尽管英国有北海石油收入，从 1986 年开始英国连年贸易赤字，除了短暂的 1996 年、1997 两年，而且贸易赤字规模逐年扩大。进入 2010 年以来，英国每年财政赤字 250 亿～400 亿英镑。相对比，1973～1985 年，英国尚能够实现贸易项目平衡。撒切尔与里根所谓经济学革命，其实是革了制造业的命，大力发展金融业。

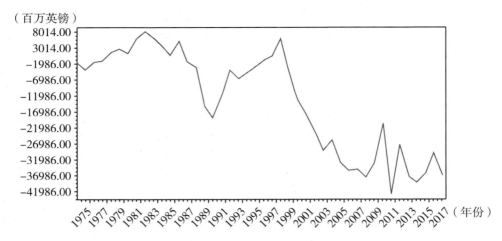

（百万英镑）

图7-3 英国贸易项目余额情况

资料来源：同花顺 iFinD。

图7-4反映1998年以来英国中央政府收入支出情况。从图7-4可知，2008年后，为了救助金融机构，英国也曾出现了巨大的赤字。英国中央财政收入、支出情况尚好，没有出现巨大的财政收不抵支的情况。截至2016年末，中央政府合并债务占GDP比87.1%。在发达国家中，英国债务负担相对较佳。

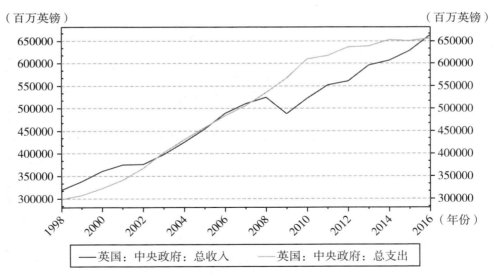

图7-4 英国中央政府收入支出情况

资料来源：Wind 资讯。

三、英国商业银行情况

英国的商业银行体系几乎是全球最古老的商业银行系统，其发展程度也仅次于美国的商业银行体系。英国汇丰银行、渣打银行、巴克莱银行、苏格兰皇家银行4家银行列入系统性重要银行。

表 7 - 1   **英国 3 大商业银行数据变化**   单位：十亿英镑

银行	汇丰银行		渣打银行		巴克莱银行		苏格兰皇家银行	
	2006 年	2016 年	2006 年	2016 年	2006 年	2016 年	2006 年	2016 年
资产规模	9482	19361	1356	5272	9968	11493	8714	7987
存款	5210	11165	885	3332	818	489	3842	3810
贷款	5368	6853	724	2086	3132	4360	4669	3520
所有者权益	586	1488	89	397	274	714	455	494
营业收入	277	371	40	87	216	191	280	126
利息收入	387	346	66	106	218	145	247	113
利息支出	211	103	39	42	127	40	141	26
利息净收入	176	243	27	64	91	105	106	87
手续费净收入	88	104	66	26	72	68	52	25
交易账户收入	50	67	6	14	46	41	27	10
净利润	80	20	12	- 2	46	21	64	- 53

资料来源：Wind 资讯。

由表 7 - 1 可知，汇丰集团国际化程度高，过半的业务位于中国香港、中国内地、东南亚、印度、美洲等地，依赖境外业务，所以汇丰集团能够平安渡过2008 年的欧债危机。汇丰银行是香港发钞行之一，汇丰（中国）银行是中国内地规模最大的外资法人银行。[①] 汇丰银行资产规模增长了一倍多，但贷款规模增长有限。由于存款利率下降很快，所以利息收入比利息支出下降得慢，导致利息净收入增长得很快。汇丰银行手续费净收入、交易账户收入也有所下降。由于2016 年汇丰银行综合收益下降，导致当年净利润也有所下降。

---

① 截至 2017 年末，汇丰银行资产规模 4217 亿元人民币，存款 2684 亿元，贷款 1632 亿元，净利润42 亿元，营业收入 104 亿元。营业网点 178 个。

渣打银行业务大部分在国外，业务主要集中在中东、东南亚、中国香港等地，几乎完全依赖境外业务。渣打银行也是香港发钞行之一，渣打（中国）银行是中国内地规模第三大的外资法人银行。所以渣打银行不仅在欧债危机中全身而退，反而迎来规模大发展的良机。2006～2015年，渣打银行整体盈利情况较好。2016年由于多计提了贷款损失准备，渣打银行在当年净利润为负。

巴克莱银行业务主要集中在欧洲境内。在欧债危机中受到一定损失。资产规模指标增长有限。尽管在2016年盈利情况尚可，但与2006年以前相比，盈利水平大为下降，某些年份甚至亏损。影响利润水平的主要因素仍是贷款损失准备过高。

2007年10月，苏格兰皇家银行与富通银行、桑坦德银行三家银行联合以710亿欧元收购荷兰银行，结果欧债危机来临，荷兰银行成为"毒药"，导致苏格兰银行巨额亏损，不得不由英国政府在2008年收购。与2006年相比，2016年的苏格兰皇家银行规模指标反而下降。规模指标下降的同时，收益指标也大幅度下滑。其中，净利息、手续费及佣金净收入、交易账户净收入均持续下降，而营业支出无法压缩，导致2008～2016年净利润持续亏损。

英国4家系统性重要银行体现出的特点及共性为：一是国际化程度水平决定英国商业银行的经营情况。从英国4家全球系统性重要2006～2016年11年的经营情况来看。无论是英国本土，还是欧洲，甚至是北美，银行业务已经饱和，没有太多发展空间。渣打银行、汇丰银行过半的业务规模在欧洲之外，经营业绩表现优异。以2016年汇丰集团为例，汇丰集团地区分部为：欧洲、亚洲、中东、北美、拉丁美洲五个部分，上述五个分部列账基准除税前利润分别是－68亿美元、138亿美元、15亿美元、2亿美元、－16亿美元，而风险资产占用则分别是2984亿美元、3340亿美元、591亿美元、1507亿美元、343亿美元。汇丰集团的业绩完全由亚洲和中东支撑。2016年度，渣打集团地区分部为：中央、欧洲与美国、非洲与中东、东盟与南亚、大中华及北亚五个部分，营业收入分别是2.57亿英镑、6.07亿英镑、12.77亿英镑、20.26亿英镑、16.84亿英镑，来自发展中国家的营收占部分。相反，巴克莱银行、苏格兰皇家银行业务几乎全部集团在英国本土以苏格兰皇家银行为例，营业收入126亿英镑中，英国本土高达116亿英镑，经营业绩表现较差。二是英国央行规模扩张并未引起商业银行规模的同比例扩张。汇丰集团、渣打集团规模扩张主要集中在境外，其本土并没有扩张。巴克莱银行、苏格兰皇家银行业务主要集中在欧洲，其本土业务也没有扩张。三是手续费净收入与交易账户收入也遭遇"瓶颈"。银行利润来源回归净利息收入。

第八章 中国经济将进入低利率时代

一、中国低利率环境的形成

（一）低利率时代即将到来

　　自1989年2月市场体制改革以来，以一年期短期贷款利率为标的，我国经历了三轮完整的利率调整周期，目前正在经历第四轮利率调整，利率低点尚未到来（如图8－1所示）。

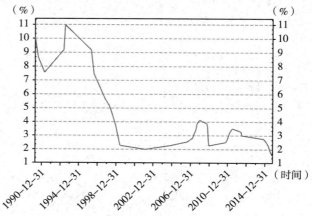

图8－1　6个月至1年（含）基准贷款利率
资料来源：Wind资讯。

第一轮：由 1989 年 2 月上一轮的峰值开始向下调整，1991 年 4 月到达本轮最低点 8.64%，随后利率开始上升，到 1995 年 7 月达到本轮峰值 11.34%，共历时 6 年 5 个月。

第二轮：由 1995 年 7 月开始向下调整，2002 年 2 月到达本轮谷底 5.31%，2007 年 12 月上升到本轮峰值 7.47%，共历时 12 年 5 个月。

第三轮：由 2007 年 12 月的上一轮峰值开始向下调整，2008 年 4 月到达本轮谷底 5.31%，再上升到 2011 年 7 月本轮峰值 6.56%，共历时 4 年 7 个月。

第四轮：由 2011 年 7 月开始向下调整，2015 年 10 月到达 4.35%，尚未达到利率低谷。从 2015 年 10 月至截至 2017 年 3 月，由于外汇储备外流不允许减息，但国内经济形势低迷又不允许轻易加息，利率尚未发生调整。

由四轮利率周期来看，随着时间推移，基本上每轮周期利率峰值均低于上一期的贬值，利率低谷也低于上一期的低谷。长期内，一年期贷款基准利率走低局面已经形成。

不仅一年期贷款基准利率逐年走低，1~3 年、3~5 年以及 5 年以上中长期贷款基准利率也体现了相同的特点。同理，1 年期整存整取利率也体现了相同的特点（如图 8-2 所示），央行发布的其他类型的存款基准利率同样如此。10 年期固定国债发行利率和 10 年期国开债发行利率也同样如此。以上几种利率反映了无风险利率变化趋势，无风险利率是监管意志或政府意志的体现。

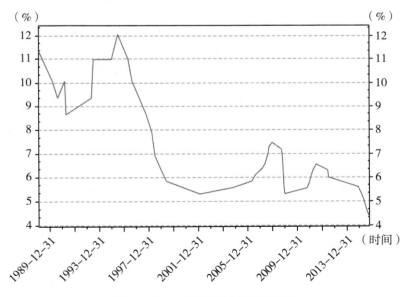

图 8-2　1 年期整存整取利率

资料来源：Wind 资讯。

币缘视角下银行体系的低利率现象

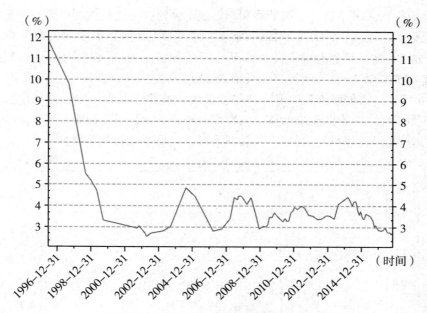

图 8 - 3　10 年期固定国债发行利率

资料来源：Wind 资讯。

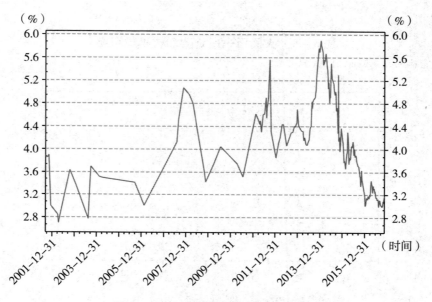

图 8 - 4　10 年期国开债发行利率

资料来源：Wind 资讯。

金融机构人民币贷款加权平均利率是加上风险权重之后的利率水平，完全是市场化行为。图 8 – 5 反映了 2007 年 4 季度至 2016 年 3 季度的一般贷款利率（不含融资租赁、票据融资）变化情况，同样市场化的贷款利率也呈下降趋势。我国票据融资市场被公认为市场化程度最高，最反映短期资金供求状况。由图 8 – 6 可知，票据融资利率下降的幅度最大，起伏也最大，目前票据融资利率正在逐季下降，尚未降至最低点。人民币一般贷款加权平均利率和票据融资加权平均利率属于高风险贷款利率，其利率下行趋势没有监管利率明显。

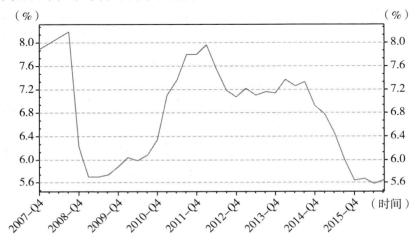

图 8 – 5　人民币一般贷款加权平均利率

资料来源：Wind 资讯。

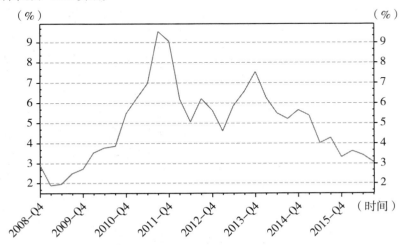

图 8 – 6　票据融资加权平均利率

资料来源：Wind 资讯。

图8-7、图8-8分别是个人住房贷款平均利率和10年期3A级公司债利率，个人住房贷款不良率低，能够体现长期低风险资金市场价格，利率也呈下降趋势。10年期3A级公司债也是低风险产品，也能够体现长期资金市场价格，公司债发行利率也是急遽下降。相较而言，个人住房贷款平均利率更受监管政策影响，而公司债发行利率市场化程度更高。

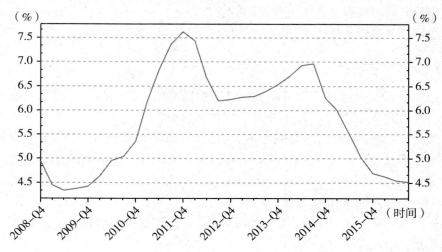

图8-7 个人住房贷款平均利率

资料来源：Wind资讯。

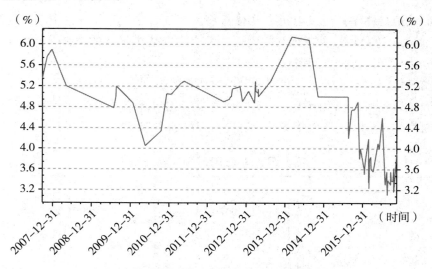

图8-8 10年期3A级公司债

资料来源：Wind资讯。

（二）低利率来临的原因

利率周期与我国经济周期较为一致，当经济低迷时，政府通过降息刺激经济，同时政府实施财政刺激。但本轮降息与以往不同，这次降息后利率水平很难再恢复以往的高度。参照国外利率市场化进程，除非爆发金融危机，预计央行基准利率及无风险利率将逐年走低，同时类似房贷、3A级公司债等标准化低风险利率也将逐年降低，高达6%以上的10年期国债利率将一去不返。

1. 供给端因素

（1）货币投放过多。2007年美国爆发次贷危机，2008年欧洲爆发主权债务危机，2012年安倍上台后开始推出"安倍经济学"，2014年以俄罗斯、巴西为代表的大宗生产国爆发经济危机，美、欧、日、英、中等全球主要央行均采取了积极的货币政策。由表8-1可知，截至2017年9月末，美国基础货币增长了3.63倍，日本增长了4.19倍，中国增长了2.0倍。由表8-2可知，美国、日本、欧元区、英国M2增幅远比基础货币增幅小得多，分别只有86.3%、36.0%、51.0%、50.3%，而中国M2增幅315.7%，远比基础货币增幅大。无论哪个指标均显示货币超发严重。

美国、英国的金融系统以股市、债市直接融资为主，欧元区、日本、中国以银行系统间接融资为主，但无论哪种融资方式，发达经济体基础货币增发并没有进入商业银行体系，更没有进入实体经济。相反，中国基础货币增发，造成了M2、商业银行存贷款更高比例的增长，说明我国货币投放的大部分还是流入了实体经济，促进了经济的增长。

与其他国家不同的是，我国低利率时代伴随着利率市场化进程。相反，许多国家和地区先实行利率市场化，实行利率市场化后部分国家存贷利差反而扩大。随着时间的推移，利率逐年下行。目前，我国利率市场化实质已经完成。

表8-1　　　　　　　　　美、日、中三国基础货币变化

国家	基础货币	
	2007年末	2017年9月末
美国（亿美元）	8372	38745
日本（百亿日元）	9078	47112
中国（亿元人民币）	102000	306000

资料来源：Wind资讯。

表 8 – 2　　　　　　　美、日、中、欧、英五大国家和地区 M2 变化

国家	M2	
	2007 年末	2017 年末
美国（亿美元）	74713	139166
日本（百亿日元）	72856	99110
欧元区（亿欧元）	74369	112306
英国（亿英镑）	15583	23419
中国（亿元人民币）	403401	1676769

资料来源：Wind 资讯。

（2）资本管制逐步放宽及人民币国际化。随着资本管制的打破及人民币国际化，境内封闭的资金市场逐步与境外接轨，两方面均有利于压低人民币贷款利率。第一，日元、欧元等货币已经进入负利率时代，英镑、美元的利率水平也接近于 0。前几年，由于人民币贷款利率过高（往往 8% 以上），只要锁定汇率风险，通过国际银行间市场，从境外拆借外币资金到境内投放，在锁定汇率风险前提下，外保内贷仍有一定的盈利空间。近一年，随着国内人民币贷款利率下调，内保外贷也开始有一定市场。资金由境外向境内单向流动向境内境外互动转变。第二，随着人民币国际化，以中国香港、中国台湾为中心，境外形成了人民币离岸市场。截至 2017 年 6 月末，香港人民币存款余额 5261 亿元，台湾人民币存款余额 3092 亿元，在高峰时期离岸人民币存款规模高达 2 万多亿元，客观上已经形成境内离岸两个人民币汇率利率市场。长期以来，由于离岸人民币使用范围有限，离岸人民币利率长期低于境内，同时离岸人民币汇率长期也低于境内。近两年，随着境内企业发行离岸人民币债券，境内离岸人民币流动壁垒逐步打通，境内离岸人民币利率价差、汇率价差均被逐步打破，目前境外人民币存贷款利率水平基本与境内持平。

2. 需求端因素

（1）大规模基础建设高潮期即将结束，开始走下坡路。由美国、欧洲、日本经济发展阶段来看，当金融深化到一定程度，企业、政府融资主要由资本市场直接融资，同时征信体系的完善，金融欺诈减少，在一定程度上压低了市场利率。政府、企业的融资规模与大规模基础设施建设密切相关。当大规模基建已经完成，其折旧时间往往长达 50～100 年，这意味着基建建设完工之后，长期内只需要小修小补，对资金的需求将直线下降。经过改革开放后近 40 年的"大干快上"，我国基础设施已经趋于完善。根据中国铁路总公司发布的《中长期铁路网

规划》，截至 2015 年末，我国铁路营业里程达到 12.1 万千米，其中高铁 1.9 万千米。我国已经建设完成全球里程最长的高铁网络，目前以珠三角、长三角、京津冀为枢纽的营利性最好的高铁项目已经基本建设完工。我国包括洛阳、徐州等三线城市在内的 46 个城市正在修建地铁，其中包头地铁已被叫停。北京、上海、成都、深圳等一线城市正在修建第二机场。营利性较佳的基建项目已经基本建设完毕，大规模基建高潮的顶点已经快过去。我国新增固定资产投资完成额及占 GDP 的比例逐年上升，1995 年新增固定资产投资完成额为 1.01 万亿元，2017 年末达到 38.27 亿元，同时期新增固定资产投资完成额占 GDP 比由 16.5% 上升至 46.3%，比起 2015 年的峰值 56.0%，已经开始逐年回落。

（2）金融深化进程也达到顶峰。截至 2017 年月末，我国 M2 达 167.68 万亿元。近 10 年来，股票、债券、PE、资产证券化、理财、信托等金融资产总市场价值倍增。随着房价暴涨，房地产总市值规模也日益膨胀。在资产市场下，石油、铁矿石等大宗商品也已经实现金融化。珠宝、古董、字画、文玩等艺术品市场也已经资本化了。商标、专利、版权等相对"有形"的无形资产也日益资本化。滴滴打车、快车等新商业模式、概念也开始资本化，而且估值巨大。实物资产和金融资产的财务要求不同，实物资产每年计提折旧，其价值及使用价值日益缩水，而金融资产则要求保值增值。当一个社会越来越多的概念被资本化时，那么这个社会的金融资产总量将越来越庞大，每年金融资产增值额也水涨船高。一个社会 GDP 总量是有限的，每年金融资产增值额不可能超过 GDP 总额。那么反映到市场上，一般会有三个后果：一是金融业创造增加值占 GDP 的比重日益提高；二是无风险资产收益率越来越低，如 10 年期国债利率，连带低风险资产收益率也逐步降低，包括存贷款利率、理财收益率等；三是不同资本市场价格大起大落，房地产价格、股市价格、大宗资产价格往往在短期内暴涨暴跌，各种金融泡沫此起彼伏。

（3）政府、企业、个人财务负债率高企。随着金融深化，无论中央政府还是地方政府，无论是企业还是家庭，各个经营主体，其债务支出/财政收入、利息支出/息税前净利润、债务支出/个人收入占比均日益攀升。随着中国经济增长方式的转变，中低速增幅将成为常态，不论是财政收入、企业息税前净利润还是个人收入，年增幅也将回落，越来越难以负荷高利率的财务费用。因此，政府也会将低利率作为保持经济平稳发展的客观需要。

由图 8-9 可知，我国中央政府总负债由 2007 年的 5.6 万亿元，直线上升到 2013 年的 10.2 万亿元，6 年累计增幅达 82.1%。2014 年以后，我国经济进入新常态，经济增速由高速调整为中速，为了刺激经济增长，中央政府实施了积极的财政政策和稳健的货币政策。可以预期，中央政府总负债规模仍保持快速增长。

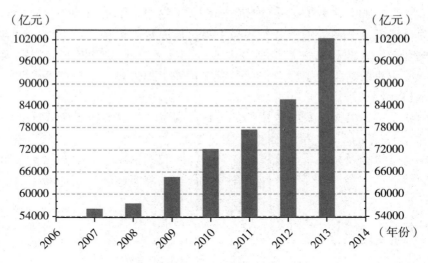

（亿元）　　　　　　　　　　　　　　　　　　　　　　　　　（亿元）

图 8 - 9　中央政府总负债

资料来源：Wind 资讯。

由图 8 - 10 可知，我国地方政府总负债由 2007 年的 13.9 万亿元，直线上升到 2013 年的 30.3 万亿元，6 年累计增幅达 118.0%。同期，地方政府总负债/GDP 比由 2007 年的 51.5% 略降到 2013 年的 50.9%。但是，由于地方政府政绩冲动，许多地方政府平台企业大量贷款没有计算在统治口径之内，大量产业基金、PPP 项目以明股实债方式不仅从银行融入资金，而且从证券、信托等机

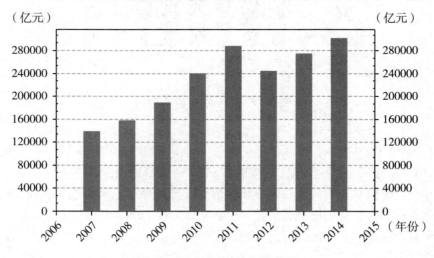

（亿元）　　　　　　　　　　　　　　　　　　　　　　　　　（亿元）

图 8 - 10　地方政府总负债

资料来源：Wind 资讯。

构借入资金，部分中西部二三线城市资金成本高于东部沿海地区。2014～2017年，为了降低地方政府的财务负担，中央政府通过允许地方政府发行地方政府债，国开行实施低利率贷款等多种方式，部分盈利项目采用 PPP 方式筹集资金，同时中央政府强化了财政纪律。可以预期，地方政府总负债规模将呈快速增长态势。

由图 8-11 可知，我国居民部门金融负债由 2004 年的 2.8 万亿元，直线上升到 2014 年的 23.1 万亿元，10 年内增幅达 725%。2015～2017 年，随着新一轮房价暴涨及按揭贷款规模的攀升，同时我国信用卡贷款余额、汽车贷款余额、消费信贷余额也保持快速增长，预计居民部门金融负债总额还仍将继续大幅增长。

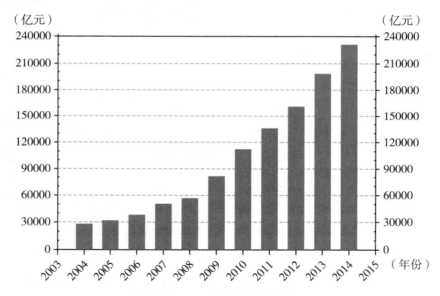

图 8-11　居民金融负债

资料来源：Wind 资讯。

由图 8-12 可知，我国非金融企业总负债由 2000 年的 24.6 万亿元，直线上升到 2014 年的 201.9 万亿元，增幅达 721%。尽管同期我国经济高速发展，非金融企业资产规模快速增长，整体非金融企业资产负债率由 44.0% 上升到 59.8%，非金融企业的财务费用负担显然在加重。同样，在 2015 年、2016 年，随着资产荒的来临，各家商业银行扎推向央企、优质民营企业放款，预计非金融企业负债总额仍将大幅增长。

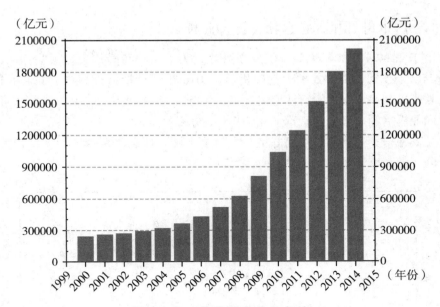

图 8 – 12　非金融企业总负债

资料来源：Wind 资讯。

（4）人口红利消失，生育率下降，未来社会总需求下降。人口红利开始消退。对中国而言，由于计划生育、城市化、女性受教育年限提高和注重生活质量，少子化成为趋势。15～64 岁劳动年龄人口占总人口比重在 2010 年达到 74.5% 的峰值，此后下滑，到 2014 年这一占比已经降至 73.4%，意味着人口红利拐点已现，预计 2020 年该占比会降至 70% 以下。

生育率急遽下降。2016 年是全面开放二孩的第一年。根据统计局数据，2017 年我国新出生婴儿 1723 万人，人口出生率为 12.43‰，比 2016 年（1786 万人）出生的人数少生了 63 万人。相比，2016 年出生人口比上年增加 131 万人。二孩新增人口效应不及预期且即将释放完毕。结构更加可怕，二孩占比达 51.2%，即 2017 年新生人口多由"80 后"产妇完成，而"90 后"年轻一代结婚、生育意愿极低。预计我国将采取鼓励生育的政策。由日本、中国台湾、中国香港、韩国近几十年人口增长情况表明，即使政府鼓励人口生育，人口出生率也很难恢复。

因此未来几十年，资金需求下降是大概率事件。低利率条件已成熟，而且中国一旦陷入低利率环境，低利率将长期持续。

（三） 中国为什么迟迟没有进入低利率

由于 2014~2017 年期间外汇储备外流，为了对冲我国基础货币收缩，央行通过 MLF、逆回购等方式扩大基础货币。2016 年，尽管央行没有上调商业银行存贷款基准利率、人民银行法定（超额）存款准备金利率，但由图 8-13 可知，银行同业拆借利率大幅度上涨。由 2016 年初的 3% 左右上涨至 2017 年的 5% 左右，尤其在跨季、跨年时点利率更是大幅度上涨。那么，是否中国就比较特殊，不会陷入低利率环境？

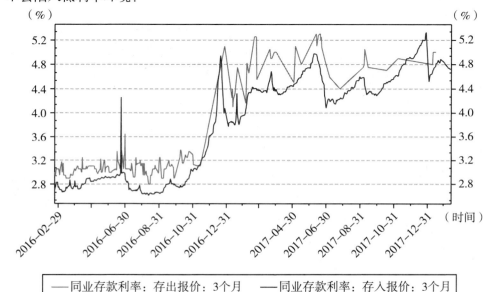

图 8-13　同业存款利率

资料来源：Wind 资讯。

本书认为，之所以中国没有陷入低利率有两个原因：第一是中国商业银行理财产品刚兑，混淆了风险定价；第二是地方政府债、PPP 模式等金融工具没有普及，地方政府承担大量基础建设。

1. 刚兑混淆了风险定价

长期内，为了回避资本监管，银行、证券、基金、保险、信托实际都在从事理财通道业务。由于客户心理预期银行会兜底，客户根本不认真研究理财产品的风险而只关心收益率。许多理财产品尽管是非保本理财，但银行怕亏损客户上门闹事而刚性兑付。

商业银行建立了企业债资金池、理财资金池。客户根据银行发行的理财产品预期收益率投资，银行先将所有客户理财的资金先进入资金池，然后投资到各具体项目。如果客户本金亏损，银行实际要承担一部分客户亏损。虽然银行推出了净值型理财产品，但由于不承诺刚兑，发行规模始终有限。同样，银行代销的3A级企业债，由于出现企业违约（如东北特钢），无法全部甚至部分偿还本金利息，而银行通过建立企业债资金池，代替企业偿还本金利息。客户购买的理财产品、企业债本来是低风险资产，但商业银行刚兑导致客户购买的理财产品成了无风险产品，进而导致银行理财产品收益率过高。

刚兑实际造成以下后果：

第一，刚兑导致我国资产抵押债券市场规模有限。由于银行无法真实出售风险资产，机构（如保险公司、养老基金）也拒绝购买不兜底的资产。商业银行被迫持有大量按揭贷款，以及大量的信用卡贷款、汽车贷款，同时银行还被迫持有大量高铁、地铁、机场等长期优质的基础建设贷款，导致商业银行资产规模过高。

第二，银行宝贵的资本金被长期占用。资本金是商业银行最宝贵的资源，除了按揭贷款风险资本占用仅50%，"铁公机"等政府基建贷款、汽车贷款等风险较低类贷款的风险资本占用也是100%。如果银行大量风险资本长期被低风险资产占用，造成政府低风险的基建贷款、汽车贷款、居民按揭贷款利率始终无法与相对高风险的企业贷款、信用卡垫款、消费贷款拉开利差。

第三，扭曲了商业银行经营行为。由于资产无法出表，银行利润增长更多取决于贷款规模，造成商业银行的规模冲动。国外商业银行经营重点早已转向资产业务，而中资商业银行经营重点仍放在负债业务。由于资本长期占用，商业银行的净利润无法满足商业银行风险资产自然增长需要，非但无法向股东回馈现金红利，而且一再要求股东增资扩股。

第四，抬高了居民、政府的融资成本，商业银行的吸储成本，最终也抬高了同业存款利率。居民按揭贷款、政府优质有稳定长期现金流的基建贷款等低风险资产无法出表，导致这些低风险资产利率偏高，既增加了购房人的购房成本和政府的财务成本，又提高了商业银行的吸储成本，商业银行同业存款利率。

第五，导致投资者风险意识淡薄。客户只在乎理财产品的收益率，不在意背后的风险，不利于整个社会风险文化的培养。

以上几点又共同导致我国商业银行系统风险贴水定价不清晰银行存款（定期或活期）、央票、国债（政策性银行债券）无风险利率居高不下。此外，刚兑还导致我国贷款额、M2值虚高。金融体系失衡，我国金融体系中，银行部门过于庞大而债券资本市场过小。

随着一行三会各项打破刚兑强监管政策的出台，商业银行刚兑终将被打破，各种资产抵押债券的大量发行，风险定价将日趋合理，无风险资产收益率将下降到一个合理的水平。

2. 地方政府基础建设抬高了贷款利率

由于各种原因，省（市县）等各级地方政府承担了地铁、公路、机场、排污等基础建设任务。由于相对低成本、风险占用低的地方政府债规模过小①，以及 PPP 模式没有普及，地方政府通常以土地出让金为担保，通过贷款模式或产业基金承担了大量基础建设。

第一，政府平台贷款。地方政府通过其控制的平台公司，向商业银行贷款。其中由于历史原因，绝大多数城商行是政府控制，部分城商行由省政府控股，部分城商行由市政府控制②，真正民营控股的城商行较少。农商行中，也有相当一部分被市政府或区（县）政府控股。部分地方政府通过其控股的金融机构贷款解决融资需求，但融资成本较高。部分地方金融机构主要贷款项目是市政贷款。

第二，政府产业基金。自 2014 年开始，为了避免监管，部分地方政府采用了政府产业基金模式，即由商业银行用同业资金、理财资金、私财资金对接政府平台基建项目，不占用商业银行资本金。由于同业资金成本较高以及商业银行抽取手续费，同样造成大量资金被占用。

3. 刚兑即将被打破，大量银行贷款转化为地方政府债

一是刚兑有望在的近期内被打破。自 2017 年以来，监管部门三令五申要求商业银行打破刚兑。之所以商业银行都刚兑，是因为其他银行刚兑，如果自己不刚兑则既丢失客户又怕客户闹事。如果监管部门出台政策禁止刚兑，则原先的博弈被打破，刚兑有望在短期内打破。

---

① 根据银监会 2012 年《商业银行资本管理办法（试行）》，财政部、人行以外，其他收入主要源于中央财政的公共部门，省级（直辖市、自治区）以及计划单列市人民政府的债权风险权重 20%。

② 截至 2016 年末，我国共有 134 家城商行，1114 家农商行。其中，134 家城商行中，江苏银行、北京银行、上海银行、天津银行、重庆银行、吉林银行、龙江银行、中原银行、长安银行、徽商银行、华融湘江银行、甘肃银行、宁夏银行等规模较大的城商行由省政府（直辖市）控股，而其他规模较小的洛阳银行、平顶山银行、攀枝花银行等地级市银行多由市政府控股。浙江稠州商业银行、浙江民泰商业银行、浙江泰隆商业银行、宁波通商银行、宁波东海银行等少数银行是民营银行。2014 年以来，银监会新批准成立了部分民营银行，隶属城商行序列，如前海微众银行、天津金城银行、温州民商银行、上海华瑞银行、浙江网商银行。1114 家农商行中，只有重庆农商行、上海农商行、北京农商行是直辖市（省级）控股，广州农商行、深圳农商行、青岛农商行由市政府控股，其他大多数由区政府或县政府控股。

二是省级地方政府将原有的高成本银行贷款转化为相对较低成本的地方政府债。地方政府债规模也逐年扩大。地方政府债托管量由 2013 年末的 0.86 万亿元增长至 2017 年末的 14.74 万亿元，大部分是原有高成本的政府平台贷款转化。截至 2017 年末，全国地方政府债务限额已高达 18.82 万亿元。

三是公益类项目更多采用 PPP 方式。通过政府和社会资本合作，降低政府财政支出，同时降低私营企业的投资风险。

二、低利率对中国经济的影响

在无风险利率下降的同时，住房抵押贷款利率、企业债收益率、新车贷款利率等能够用大数据标准化的低风险贷款产品利率也大幅下降，但是，个人消费贷款、信用卡贷款、企业贷款等高风险贷款利率下降幅度不显著。

（一） 对金融资产价格的冲击

商品价格由供给需求关系决定，而金融产品价格由套利模型决定。黄金、石油、粮食等大宗商品已经实现了金融化，价格脱离了供求关系。石油、黄金、粮食等大宗商品价格更多由位于纽约、伦敦的大宗商品交易市场决定，由高盛集团、摩根士丹利等投行做市商决定，而不由沙特等欧佩克石油生产国决定，也不由中国、日本等石油消费国决定。在低利率时代，低利率不仅会使各类资产价格暴涨，而且利率的微小振动将引起国债、大宗商品、股市、楼市、外汇等资产价格的巨大变化。此外，即使利率不变，某些预期收益的微小改变也往往会导致各类资产价格的巨大变化。

无风险利率水平不停下降的同时，对不同国家金融资产的价格有不同的体现。在日本体现为国债泡沫。日本央行直接购买国债，赤字财政导致国债收益率为负，截至 2015 年末，日本国债/GDP 高达 209.22%。在美国体现为股市泡沫。不仅表现在道琼斯工业指数、纳斯达克指数、标普 500 等二级市场上，股市市值屡创新高，而且表现在硅谷科创企业等一级资本市场，长期现金流为负的"独角兽"公司也越来越常见。在中国体现为房市。

由于购房普遍通过按揭贷款方式，因此购房总金额更应该按照既定利率下的总还款额计算。当按揭利率下降，则总还款额也下降，因此降低利率往往会抬高房价。2015 年以来，北京、上海、深圳一线城市房价持续飞涨，苏州、南京、厦门、成都、济南、石家庄等二线城市房价也持续走高。个人住房贷款利率的走低过程往往就是房地产价格的涨价过程，持续的低利率往往意味着房地产价格持续高位。

（二）对实体经济和产业的冲击

对寿险公司、养老金机构、邮政公司等纯存款机构而言，长期低利率会造成长久持续的损害。养老金机构、社保机构、邮政公司重要盈利来源是协议存款利息，长期低利率无疑会损害上述存款机构。寿险机构的资金主要投资对象是国债等无风险资产，此外在前两年高利率时期部分寿险理财产品形成利率倒挂，长期低利率状态对寿险公司的损害是持久的。

在低出生率下，由日本安倍经济学实施效果表明，即使日本央行增发基础货币，由于企业贷款意愿有限，造成资金空转，2%的通胀目标迟迟不能实现，名义和实际的 GDP 增幅均将下降。

对实体经济而言，无风险资产是低利率，低风险资产利率也将降低。优质大型综合集团企业不仅发起成立财务公司以节省财务成本，而且发行公司债、短期融资券、股权融资质押等多种形式降低资金成本。地方政府也将更多通过地方政府债、国开债置换而降低利息成本，同时项目融资更多通过 PPP 等方式进行。个人按揭贷款等低风险利率也将持续下降。但是，信用卡、消费信贷、中小企业贷款等高风险业务贷款利率下降幅度有限。

在低利率时代，由于金融业对实行的侵蚀，造成厂家没有商家盈利多，商家没有银行盈利多，从事实业收入相对低微。又由于各种资产价格转换异常迅速，大起大落，因此特别考验公司、个人的理财能力。

三、国外低利率环境对中国银行业的启示

总体上看，低利率环境并不是造成日本银行业资产负债结构变化的决定因素，日本在泡沫破裂后经济结构的深度变化才是主导因素，但是低利率环境客观上加剧了日本银行业的竞争，使得银行必须进行结构调整，多元化和跨境经营，甚至追寻高收益的资产，避免破产和被收购。

我国当前虽然没有面临类似美国、日本那样的资本泡沫破裂和长时期的低利率环境，但是随着金融深化的推进，金融资产也出现了泡沫的苗头，地方债务杠杆在放大，实体经济也进入了增长的停滞期，企业端也出现了贷款需求萎缩等现象，预计利率也将在很长一段时间内相对低位运行；同时在国家去杠杆降成本的背景下，未来财政政策将作为主导的宏观政策发挥作用，这些都将作为银行未来经营的大的宏观背景，并对银行的资产负债管理起到决定性作用。参考日本、美国的经验和教训，对我国银行业大致有以下几个启示。

（一） 提升非利息收入占比是个长期任务

日本银行业在低利率时期加快了多元化发展的步伐，以应对不断萎缩的利差收入，即使后来破产的以发放长期企业贷款著称的长期信用银行也一直努力朝投行等非传统银行业务转型。分析美国商业银行手续费收入构成，信用卡服务、按揭服务、资管、托管手续费收入仍占大头，虽然增长已陷入"瓶颈"，但占比仍十分可观。我国银行业当前也正在朝多元化经营的方向转型，商业银行应该及早关注股权投资、衍生品投资等高收益类资产，加快推进信贷资产证券化，大幅提升债券等交易类资产的占比，持续推动银行交易能力的提升。

（二） 务必根据经济结构的变化及时动态调整资产负债表

金融资产终究是实体资产的放大，银行的资产负债总体上由中央政府、地方政府、企业和居民四者的资产负债决定，这四类主体资产负债的变化影响了低利率时期美国及日本银行业资产负债表结构的变化。例如，美国表现为商业银行持有债券数量及占比的上升，商业贷款占比下降；日本表现为负债端企业存款的上升和居民存款的下降，资产端政府债券大行其道和企业债券的萎缩。同时，长期低利率压缩了货币基金规模，同时压缩了商业同业存款占比、大额定期存单占比。我国银行业当前同样正在经历经济结构的变化，政府和居民仍在加杠杆、企业在去杠杆，商业银行应该加大资产端对政府贷款、居民消费贷款、抵押贷款等资产的配置，适度降低企业贷款等资产的配置，在负债方面，在资产收益率下降的同时，注重资产负债匹配，降低负债久期，避免利率风险。

（三） 积极布局海外分支机构，加大跨境资产的配置

美国银行业国际化程度极高，如花旗银行机构业务分部中，来自北美之外的营业收入占比62.1%。高盛集团的投行业务、经纪业务遍布全球，是中国许多上市企业的保荐人。纽约梅隆银行在全球范围内进行资产管理和托管。日本银行业虽然经历了长期的低利率环境和资产泡沫破裂，但是目前营业收入趋于稳定，其长期的不断升级的海外经营布局功不可没。欧洲国家凭借几百年的殖民历史，在广大亚非拉国家有广泛的银行网络。例如，西班牙桑坦德集团、毕尔巴鄂比斯开银行（BBVA）在墨西哥、哥伦比亚、乌拉圭、巴西等广大拉丁美洲业务量巨大。英国汇丰银行、渣打银行在中东、印度、东南亚、中国香港业务规模巨大，是上述两家银行在2008年金融危机中全身而退的主要原因。我国银行业目前海

外经营能力仍处于日本银行业 20 世纪 80 年代的水平，深度和经营的拓展空间巨大；未来要利用"一带一路"倡议等机会，通过收购和自建网点等手段，加快海外机构布局，提升海外收入占比，一方面要为国内大型企业"走出去"服务，为这些企业提供投融资等综合金融服务；另一方面，要深度融入有潜力的海外地方经济，参与当地的金融生态，通过参与基础设施项目贷款和银团贷款等手段参与并推动当地经济的升级。

（四）加快向零售银行转型

贷款利率可以拆分为无风险利率、流动性贴水、风险利率的加总。在低利率时代，无风险利率被压缩，而信贷资产证券化导致利率曲线扁平化，流动性贴水也被压缩，类似小企业贷款、信用卡、消费信贷等高风险信用贷款是市场竞争的重点。同时公司业务投行化，纯粹的商业贷款占比逐步下降，优质企业更多通过发债筹集资金，应顺应时代潮流加大发债力度，同时加大房贷、汽车贷款等低风险贷款拓展力度。长期以来，我国研究机构过度关注了公司业务脱媒，忽视了零售业务自身也存在脱媒现象。信用卡、车贷、消费贷款等传统商业银行零售业务，美国均存在许多专业的非银行系金融公司。例如，信用卡业务有 capital one、运通、Synchrony（通用资本）等专业信用卡公司；通用、福特、克莱斯勒均有自己的汽车金融公司，切走了相当部分车贷业务；沃尔玛、Sears 等大型零售商也提供消费金融服务。目前，美国消费金融业务经营较佳的商业银行均成立了消费金融法人机构，如花旗集团下辖的花旗金融（citifinancial）、富国银行下辖的富国金融、汇丰美国控股下辖的汇丰金融、BB&T 控股的 BB&T 金融。预计，我国越来越多的商业银行也将拆分消费金融业务，成立独立的法人机构。商业银行在向零售业务转型的同时切莫骄傲自大，否则会被非银行系金融机构抢占市场份额。例如，除了按揭贷款，日本的信用卡、消费信贷业务主要控制在非银行系金融公司手中。

（五）错位竞争

在低利率时代下，在向零售转型的同时要有意识地与其他商业银行错位竞争，在区位、客户定位、国际化程度、综合经营等方面，或者在公司业务、投行业务、交易业务等具体产品打造核心竞争力。经过 20 多年的发展，中国股份制银行开始分化，招商银行全面领先，并在零售业务远超其他银行。兴业银行在同业业务独领风骚。民生银行在公司业务有比较优势。光大银行在理财业务有比较优势。中信银行在国际业务相对较强。平安银行在消费信贷、互联网金融、黄金业务有比较优势。

（六） 加强资产负债管理

低利率时代，资产荒可以与资金荒同时并存。对商业银行资产负债管理提出了更高要求，确保在加息周期时，利息收入涨幅不低于利息支出涨幅，在降息周期时，利息收入降幅不高于利息支出降幅。美国四大商业银行的事实证明，只要加强资产负债管理，利息净收入反而会提高。

（七） 审慎涉足交易业务

花旗集团、美国银行、摩根大通自营业务在次贷危机时均蒙受巨额亏损，教训深刻。花旗集团在 2007~2008 年亏损 342.7 亿美元，美国银行亏损 97.4 亿美元，摩根大通亏损 91.4 亿美元。花旗集团一蹶不振，至今没有恢复元气。自营业务风险大，收益高。摩根大通自营交易占营业收入比长期超过 10%，是创收的重要来源。因此在控好风险的前提下，审慎做好交易业务。

（八） 预防保险收入下降

在低利率时代下，保险收入随着市场利率下降而下降。花旗银行、富国银行保险收入均大幅度下降，美国银行出售了旗下保险业务。因此银行旗下的保险公司应提前做好预案，做好资金匹配，减少利差损失。

（九） 优先发行优先股补充资本

在低利率时代下，股权融资相对债权融资成本更加昂贵。在新巴赛尔协议中，优先股是一级资本。在普通股、优先股、次级债、可转换债券几类资本补充方式中，优先股股东没有选举及被选举权，一般而言也没有公司的经营参与权，优先股股东不能退股，只能通过优先股的赎回条款被公司赎回，但是能稳定分红的股份。优先股既能够补充一级资本，还可以避免稀释普通股股东的决策权，避免摊薄收益，又可以避免在经营业绩较差，现金流紧张时强制还本付息。在低利率时代，对投资者而言，优质上市银行的收益较有保证。近十年美国商业银行优先股发行量增长了十几倍。因此，在监管政策许可的条件下，商业银行应尽量发行优先股来补充资本。

（十） 改变规模扩张方式

在金融资源稀缺的过去，银行牌照是非常稀缺的资源，银行牌照是地方政府眼里的香饽饽。但随着城商行重组，农商行改制，村镇银行在全国范围内大规模铺设，尤其是民营银行牌照的放开，2016 年以来银行利润普遍下降，与 2012 年以前相比银行牌照含金量下降。在 2012 年以前，商业银行扩大规模的方式主要是扩大存贷款规模，利差一定，不良率可控的前提下商业银行扩大利润的主要方式是扩大业务规模。在利率自由化下，商业银行破产倒闭将成为常态，规模扩张完全可以通过收购兼并。只要经营业绩良好，资本充裕，手握大量现金流，静待时机，完全可以把握机遇，廉价收购相对优质资产，扩大业务规模，如富国银行。

附表一：

太平洋战争历次海战

时间	战役名称	实力对比	结果	备注
1941 年 12 月 7 日	偷袭珍珠港	日本航空兵优势	日本完胜	全歼美国太平洋舰队主力
1941 年 12 月 9 日	马里亚海战	日本航空兵优势	日本完胜	全歼英国远东舰队
1941 年 12 月 8 ~ 23 日	威克岛登陆战	日本全面优势	日本惨胜	登陆成功，损失较重
1942 年 1 月 20 日	巴里区板海战	盟军局部优势	盟军胜利	小型夜袭战，阻击成功
1942 年 2 月 19 日	突袭达尔文港	日本航空兵优势	日本完胜	重创澳大利亚达尔文港
1942 年 2 月 26 日	泗水海战	日本鱼雷优势	日本完胜	全歼联军水面舰队
1942 年 2 月 28 日	巴达维亚海面海战	日本鱼雷优势	日本完胜	全歼联军水面舰队
1942 年 4 月 5 ~ 9 日	印度洋海战	日本航空兵优势	日本完胜	重创英国远东舰队
1942 年 5 月 7 日、8 日	珊瑚海海战	势均力敌、各有千秋	日本略胜	日本战术性胜利
1942 年 6 月 4 日、5 日	中途岛大海战	日本总体占优势，局部不明显	美国大胜	决战，日本大意失荆州
1942 年 8 月 8 日	萨沃岛海战	日本总体占优势，局部劣势	日本胜利	日本偷袭成功，但放弃扩大战果，美国麻痹大意，实战经验欠缺
1942 年 8 月 24 ~ 25 日	东所罗门大海战	日本总体占优势	美国略胜	重要战役，美军见好就收
1942 年 10 月 11 日	埃斯帕恩斯角海战	美国略占优势	美国胜利	美军总结经验教训，雷达优势开始显现

时间	战役名称	实力对比	结果	备注
1942 年 10 月 26 日	圣克鲁斯大海战	日本略占优势	日本惨胜	日本优秀舰载飞行员损失殆尽
1942 年 11 月 12 ~ 14 日	瓜达卡纳尔大海战	美军略占优势	美国惨胜	决战，日本损失惨重，无力再战
1942 年 11 月 30 日	塔萨法隆格海战	美军占优势	日本胜利	日本鱼雷战发挥作用
1943 年 1 月 29 ~ 30 日	伦内尔岛海战	日本占优势	日本胜利	日本空袭成功
1943 年 3 月 26 日	俾斯麦海海战	美军压倒优势	美军完胜	美国陆军航空兵发挥重要作用，日本损失惨重
1943 年 3 月 23 ~ 26 日	科曼多尔海战	日本略微占优	日本略胜	北极圈内日战，日本坐失良机，没有乘胜追击
1943 年 6 月 30 日	新几内亚战役	美军优势	美澳联军全胜	由一系列登陆战组成，主要是陆战，联军以实击虚，基本全歼日军，是战损比最悬殊的战役
1943 年 7 月 3 ~ 5 日	库拉湾海战	美军占优势	日军惨胜	小型夜间袭击战，美军没完成任务
1943 年 7 月 6 日	科隆班加腊海战	美军占优势	日军惨胜	小型夜间袭击战，美军没完成任务
1943 年 8 月 6 日	佛拉湾海战	美军占优势	美军完胜	小型夜间袭击战，美军完成任务
1943 年 10 月 7 日	佛拉拉佛拉海战	势均力敌	美军失败	小型夜间袭击战，美军未完成任务
1943 年 11 月 10 ~ 24 日	吉尔伯特海空战	美军占绝对优势	美军胜利	美军以惨重代价赢得塔拉瓦登陆战胜利

时间	战役名称	实力对比	结果	备注
1943 年 11 月 1 ～ 2 日	奥古斯塔皇后湾海战	势均力敌	美军胜利	中型日军破袭夜间战，日军未完成任务
1943 年 11 月 5 日	突袭腊包尔	美军占优势	美军胜利	美军海军航空兵突袭，给日军造成一定损伤，腊包尔基地失去作用
1943 年 11 月 26 日	圣乔治角海战	美军占优势	美军完胜	小型夜间袭击战，美军完成任务
1944 年 2 月 17 ～ 18 日	空袭特鲁克	美军压倒优势	美军完胜	大型战役，特鲁克基地失去作用
1944 年 6 月 13 ～ 20 日	马里亚纳大海战	美军压倒优势	美军完胜	决战，美军完成战役任务，日本海军航空兵基本覆没
1944 年 6 月 15 日 至 7 月 9 日	塞班岛战役	美军压倒优势	美军获胜	登陆战，日军全军覆没
1944 年 7 月 24 日 至 8 月 2 日	提尼安岛登陆战	美军压倒优势	美军完胜	由于日军是二线部队，美军以较小代价全歼日军
1944 年 9 月 12 日 至 11 月 27 日	佩里硫岛登陆战	美军压倒优势	美军惨胜	日军是精锐 14 师团，美军以惨重代价全歼日军
1944 年 10 月 20 ～ 25 日	莱特湾大海战	美军压倒优势	美军胜利	决战，美军犯下严重失误，但完成战役任务，日本海军损失近半
1945 年 2 月 19 日 战斗至 3 月 26 日	硫磺岛战役	美军压倒优势	美军惨胜	登陆战，日本指挥得力，美军伤亡超过日本
1945 年 4 月 7 日	坊之岬海战	美军压倒优势	美军全胜	日军自杀攻击，全军覆没
1945 年 5 月 15 日	马六甲海战	英军压倒优势，局面也优势	英军获胜	英军精心准备的伏击战
1945 年 3 月 18 日 至 6 月 22 日	冲绳战役	美军压倒优势	美军胜利	登陆战，日本组织神风敢死队

附表二：

全球最重要海峡运河

海峡	位置	物流量	地理状况	重要性
英吉利多佛尔海峡	欧陆与英国之间，沟通北海与比斯开湾	年通过船只12万艘	长：580千米，宽：30~240千米	欧洲到美洲、非洲的必经之地
直布罗陀海峡	伊比利亚半岛与摩洛哥之间	年通过船只18万艘，航运量占世界的25%	长：89千米，宽：12~43千米	西方的生命线
马六甲海峡	位于马来西亚、新加坡、印度尼西亚之间	年通过船只8万艘，日通过石油量2600万桶，年运量95亿桶	长：1185千米，宽：37~370千米	中国（包括台湾）、日本、韩国生命线
黑海海峡	黑海进入地中海门户，亚欧分界线	年通过船只5万艘，其中油轮5500艘，日通过石油量200万桶	长：375千米，水深40~100米	欧亚之钥，俄罗斯、奥地利帝国魂牵梦绕之处
霍尔木兹海峡	伊朗与阿曼之间，阿曼波斯商人在历史上控制印度洋贸易	年通过油轮4万多艘，日通过石油量200万桶	长：150千米；宽：64~97千米；水深70~219米	石油海峡，近代战争必争之地
苏伊士运河	亚非分界线	年通过船只2万艘，货物4.56亿吨，为最繁忙的运河	长：190千米；宽：34~280米；水深22.5米	沟通地中海与印度洋的要道
曼德海峡	阿拉伯半岛与非洲大陆之间，沟通地中海与印度洋	日通过石油量320万桶	长：18千米，宽：25~32千米	世界战略心脏
巴拿马运河	南北美洲的分界线	年通过船只1.5万艘，货物2.1亿吨	长：81.3千米，宽：150~304米；水深13~15米	国际贸易量仅次于苏伊士运河
麦哲伦海峡	南美洲大陆与火地之间		长：563千米；宽：3.3~33千米；水深117米	南大西洋通过太平洋的钥匙

参 考 文 献

[1] 李兵：《国际战略通道研究》，中共中央党校出版社 2005 年版。

[2] 贡德·弗兰克：《白银资本》，刘北成译，中央编译出版社 2000 年版。

[3] 服部卓四郎：《大东亚战争全史》，商务印书馆 1984 年版。

[4] 伊藤正德：《联合舰队的覆灭》，海洋出版社 1991 年版。

[5] 利德尔·哈特：《第二次世界大战战史》，纽先钟译，上海人民出版社 2009 年版。

[6] 蒂佩尔斯基希：《第二次世界大战战史》，赖铭传译，解放军出版社 1986 年版。

[7] 阿诺德·汤因比：《第二次世界大战战史》，周国卿等译，上海译文出版社 2015 年版。

[8] 梅新育：《大象之殇：从印度低烈度内战看新兴市场发展道路之争》，中国发展出版社 2015 年版。

[9] 斯皮克曼：《和平地理学》，刘愈之译，商务印书馆 1965 年版。

[10] 兹比格纽·布热金斯基：《大棋局》，中国国际问题研究所译，上海人民出版社 2010 年版。

[11] 波特：《外国著名军事人物传记丛书：尼米兹》，蒋恺等译，中国人民解放军出版社 2005 年版。

[12] 弗里德里希·哈耶克：《货币的非国家化》，姚中秋等译，新星出版社 2007 年版。

[13] 宋宜昌：《燃烧的岛群》，山东人民出版社 2010 年版。

[14] 杰弗里·萨克斯、费利普·拉雷恩：《全球视角的宏观经济学》，费方域等译，上海三联书店，上海人民出版社。

[15] 王湘穗：《币缘论：货币政治的演化》，中信出版社 2017 年版。

[16] 乔良、王湘穗：《超限战》，中国社会出版社 2005 年版。

[17] 王湘穗：《中国奇迹的奥秘》，党建读物出版社 2014 年版。

[18] 弗朗西斯·加文：《黄金、美元与权力》，社会科学文献出版社 2016 年版。

[19] 梁亚滨：《称霸密码：美元霸权的金融逻辑》，新华出版社 2012 年版。

[20] 哈·麦金德：《历史的地理枢纽》，林尔蔚、陈江译，商务印书馆 1985 年版。

［21］马汉：《海权论》，萧伟中、梅然译，商务印书馆 1985 年版。

［22］富田俊基：《国债的历史——凝结在利率中的过去与未来》，彭曦、顾长江、曹雅洁、韩秋燕、王辉译，中央编译出版社，南京大学出版社 2011 年版。

［23］亨利·基辛格：《大外交》，顾淑馨、林添贵译，海南出版社 1998 年版。

［24］张文木：《地缘政治的本质及其中国运用》，载于《太平洋学报》2017 年第 8 期。

［25］张文木：《特朗普主义的可能选择与世界前途》，http：//zhangwenmu. blogchina. com/924733494. html。

［26］张文木：《全球视野中的中国国家安全战略》（上册），山东人民出版社 2011 年版。

［27］"希特勒与莫洛托夫的会谈德方记录"（1940 年 11 月 12 日），沈志华主编：《苏联历史档案选编》第 4 卷，社会科学文献出版社 2002 年版。

［28］查尔斯·金德尔伯格：《世界经济霸权 1500—1900》，商务印书馆 2003 年版。

［29］张振江：《从英镑到美元：国际经济霸权的转移（1933—1945）》，人民出版社 2006 年版。

［30］崔之元：《川普前顾问班农和传说中的普京顾问杜金之思想比较》，乌有之乡。

［31］盛田昭夫、石原慎太郎：《日本可以说不》，军事科学出版社 1990 年版。

［32］乔治·弗里德曼、梅雷迪恩·勒巴德：《下一次美日战争》，何力译，新华出版社 1992 年版。

［33］罗志如、厉以宁：《二十世纪的英国经济》，商务印书馆 2013 年版。

［34］加里·沃尔顿、休·罗考夫：《美国经济史》，王珏、钟红英、何富彩、李昊、周嘉舟译，中国人民大学出版社 2003 年版。

［35］保罗·肯尼迪：《大国的兴衰》，王保存、陈景彪等译，求实出版社 1988 年版。

［36］辜朝明：《大衰退》，喻海翔译，东方出版社 1988 年版。

［37］布赖恩·莱弗里：《海洋帝国》，施诚、张珉璐译，中信出版社 2016 年版。

［38］弗朗西斯·福山：《历史的终结》，远方出版社 1998 年版。

［39］兹比格纽·布热金斯基：《大棋局》，上海人民出版社 2010 年版。

［40］李伯重：《江南的早期工业化》，社会科学文献出版社 2000 年版。

［41］费尔南·罗布代尔：《15 至 18 世纪的物质文明、经济和资本主义（第 1 卷）》，北京：生活·读书·新知三联书店 1993 年版。

［42］道格拉斯·诺斯、罗伯特·托马斯：《西方世界的兴起》，厉以平、蔡磊译，华夏出版社 1989 年版。

［43］塞缪尔·亨廷顿：《文明的冲突与世界秩序的重建》，周琪、刘绯、张立平、王圆译，新华出版社 1998 年版。

［44］塞缪尔·亨廷顿：《我们是谁?》，程克雄译，新华出版社 2005 年版。

［45］塞缪尔·亨廷顿：《变化中的政治秩序》，王冠华、刘为等译，北京：生活·读书·新知三联书店 1989 年版。

［46］托马斯·皮凯蒂：《21 世纪资本论》，巴曙松、陈剑、余江、周大昕、李清彬、汤铎铎译，中信出版社 2014 年版。

［47］沃尔特·拉费伯尔：《美国、俄国与冷战——1945—2006》，牛可、翟韬、张静译，世界图书出版社 2011 年版。

［48］习近平：《习近平谈治国理政》，外文出版社 2014 年版。

［49］彼得·施魏策尔：《里根政府是怎样搞垮苏联的》，新华出版社 2001 年版。

［50］哈里·马柯维茨：《资产选择——投资的有效分散化》，首都经济贸易大学出版社 2000 年版。

［51］哈里·马柯维茨：《资产组合选择和资本市场的均值——方差分析》，上海三联书店，上海人民出版社 1999 年版。

［52］威廉·夏普、戈登·亚历山大、杰弗里·贝利：《投资学》，1998（8）。

［53］希勒：《非理性繁荣》金融工程学，人民大学出版社 2008 年版。

［54］理查德·泰勒：《“错误”的行为》，中信出版社 2016 年版。

［55］Merton, Continous – time Finance ［M］. Blackwell Publishers, 1900.

［56］Merton, R. "Theory of rational option pricing" ［J］. Bell Journal of Economics and Management Science, 1973, 4：141 – 183.

［57］Merton, R. "On the pricing of corporate debt: the risk structure of interest rates" ［J］. Journal of Finance, 1974, 29：449 – 470.

［58］Black, F., Scholes, M. "The pricing of options and corporate liabilities" ［J］. Journal of Political Economy, 1973, 81：637 – 654.

［59］Fama, E. "Agency problems and the theory of the firm" ［J］. Journal of Political Economy, 1980, 88：288.

［60］Miller, M., Modigliani, F. "Dividend policy, growth and the valuation of shares" ［J］. Journal of Business, 1961, 411 – 433.

［61］Modigliani, F., Miller., M. "The cost of capital, corporation finance, and the theory of investment" ［J］. American Economic Review, 1958, 48：261 – 297.

后　记

对低利率环境的研究兴趣起源于十几年前学生时代对经济史的阅读兴趣，我的经济史入门老师是厦门大学的刘经华老师，他是国内研究盐业史的权威专家，他在上课时对史实信手拈来的神采和令人别开生面的史学观点令人拍案叫绝。在他的影响下，研究生期间看了一批经济史著作，包括诺斯、布罗代尔等经济史学大家的经典著作。

毕业后一直在商业银行总部从事战略和业务策略相关的研究工作，闲暇之余一直保持对经济史的阅读兴趣，后来看了彭信威的《货币史》，惊为天人，觉得对历史史料的阅读十分必要，又陆续看了《通史》和几部断代史，包括市面上权威的经济史著作都翻了一遍，这样才有了底气从低利率的角度来切入研究。

近几年又开始接触地缘政治方面的知识，结合中国的近代派系政治的历史阅读，确定了从币缘角度来深入探讨低利率的形成环境，毕竟任何经济想象背后都是政治想象，没有从政治角度来解读经济现象或是纯粹的经济理论来解释都会很苍白，世界是在一个大体二维平衡的框架下受到内部诸多矛盾的牵扯一直向前发展的。

选择商业银行作为低利率环境的微观主体来观察是我的工作性质使然，具体来说，本书的主要工作目的就是观察低利率环境下全球系统性重要银行资产负债表的变化，包括美、日等主要发达国家二十年来银行系统资产负债情况的变化，从中总结低利率环境的冲击和实证后果，同时也探讨了在利率波动的环境下，银行如何策略性地调整资产负债表，成功的案例有哪些，失败的有哪些，这些对我国商业银行都有巨大的借鉴意义。

总的来说，低利率环境是一个很宏大的研究课题，但是国内着墨者寥寥，希望本书能够作一个小小的探索成果，激发后来者写出更好的作品。

感谢厦门大学宏观研究中心，虽然偏于东南一隅但一直保持独立、自由和高质量的学术水平，同时很荣幸成为宏观研究中心的兼职研究员，本书也很有幸参与到厦门大学宏观经济研究丛书的出版计划，成为丛书的一员。

感谢我的合作者，尤建强博士，尤博士是我心目中百科全书式的人物，他对生活和自我的历史定位非常令人尊敬；感谢平安银行总行研究决策部的负责人王晓总经理，她给予团队宽松的学术氛围使得本书得以酝酿；书的最后出版还要感谢崔庆伟同志，没有他热心的谋划这本书也不会出版。最后感谢我的父母，感谢他们把我带到这个世界并赋予我生命的意义。

佛家常说人身本就具足圆满，无须向外索求，写这本书的过程也是一个愉悦的内在获取的过程，在本书最终能够得以付梓之际，突然想起东晋支盾给后辈堕者的偈语："勤之勤之，至道非弥。妙觉既陈，又玄其知。过此以往，勿思勿议。敦之觉父，志在婴儿。"

李 杰

2018 年 3 月 10 日于深圳大剧院

图书在版编目（CIP）数据

币缘视角下银行体系的低利率现象：基于美、日等
国历史经验的实证研究／李杰　尤建强著．—北京：
经济科学出版社，2018.7
（厦门大学宏观经济研究丛书）
ISBN 978 - 7 - 5141 - 9557 - 6

Ⅰ．①币…　Ⅱ．①李…②尤…　Ⅲ．①利率 - 研究 -
世界　Ⅳ．①F831.2

中国版本图书馆 CIP 数据核字（2018）第 163640 号

责任编辑：齐伟娜　杨　梅
责任校对：靳玉环
责任印制：李　鹏

币缘视角下银行体系的低利率现象

——基于美、日等国历史经验的实证研究

李　杰　尤建强　著

经济科学出版社出版、发行　新华书店经销

社址：北京市海淀区阜成路甲 28 号　邮编：100142

总编部电话：010 - 88191217　发行部电话：010 - 88191540

网址：www.esp.com.cn

电子邮件：esp@ esp.com.cn

天猫网店：经济科学出版社旗舰店

网址：http://jjkxcbs.tmall.com

北京季蜂印刷有限公司印装

710×1000　16 开　13.25 印张　250000 字

2018 年 9 月第 1 版　2018 年 9 月第 1 次印刷

ISBN 978 - 7 - 5141 - 9557 - 6　定价：42.00 元

（图书出现印装问题，本社负责调换。电话：010 - 88191502）

（版权所有　翻印必究　举报电话：010 - 88191586

电子邮箱：dbts@ esp.com.cn）